한국인의 눈물

[原題] 월세 투자자는 바보투자자다

[부제] 자식들에게만 전해주는
월급쟁이와 가난뱅이가
부자 되는 방법

한국인의 눈물

原題 월세 투자자는 바보투자자다
부제 자식들에게만 전해주는
월급쟁이와 가난뱅이가
부자 되는 방법

개정증보2판 1쇄 발행 2019년 8월 12일
            2쇄 발행 2019년 10월 7일
            3쇄 발행 2019년 11월 30일
            4쇄 발행 2019년 12월 18일
            5쇄 발행 2020년 1월 22일
            6쇄 발행 2020년 3월 6일
            7쇄 발행 2020년 3월 23일
            8쇄 발행 2020년 4월 13일
            9쇄 발행 2020년 5월 25일
           10쇄 발행 2020년 9월 24일
           11쇄 발행 2021년 1월 21일

지은이 손대식
펴낸이 장길수
펴낸곳 지식과감성#
출판등록 제2012-000081호

디자인 박예은
편집 이현, 박예은
교정 김혜련
마케팅 고은빛

주소 서울시 금천구 벚꽃로298 대륭포스트타워6차 1212호
전화 070-4651-3730~4
팩스 070-4325-7006
이메일 ksbookup@naver.com
홈페이지 www.knsbookup.com

ISBN 979-11-6275-740-6(03320)
값 35,000원

ⓒ 손대식 2019 Printed in Korea

잘못된 책은 구입하신 곳에서 바꾸어 드립니다.
이 책의 전부 또는 일부 내용을 재사용하려면 사전에 저작권자와 펴낸곳의 동의를 받아야 합니다.

이 도서의 국립중앙도서관 출판예정도서목록(CIP)은 서지정보유통지원시스템
홈페이지(http://seoji.nl.go.kr)와 국가자료공동목록시스템(http://www.nl.go.kr/kolisnet)에서
이용하실 수 있습니다. (CIP제어번호 : CIP2019029935)

홈페이지 바로가기

Omnibus Edition

한국인의 눈물

原題 월세투자자는 바보투자자다

「재테크 비밀수첩」
「일본인의 눈물」 저자
(前 KBS 교양 전문 PD)
손대식 지음

월세투자, 갭투자, 해외투자, 주식투자, 금투자는
결국 한국인의 눈물이 된다.

· 숏텀 디플레시에는 4배 이상
· 롱텀 디플레시에는 10배 이상
= Big Money Big Cycle 이론과
  Diamond 달러교체투자법 =

개정증보
2판

지혜감정

부제 자식들에게만 전해주는
월급쟁이와 가난뱅이가
부자 되는 방법

머리말

표지갈이 및 개정증보판을 내면서

내 생애 첫 번째 책은
사실 전자책 전용으로 시험 삼아 발간해 본 《자식들에게만 전해주는 월세 투자 바보론》, 바로 이 책이다.

책이란 것은 교수, 연구소, 전문가 등등이 주로 낸다. 저자는 30년간 TV 교양 전문 프로듀서로 일하는 동안 제작한 수많은 프로그램 중 적지 않은 재테크 관련 프로그램도 전문가들과 제작 방송한 바 있다. 또한 약 50년간 부동산과 주식에 직접 투자한 실전 경험도 있다.

게다가 정년 후 정책대학원 CRO과정에서 정부의 부동산 정책, 경제 정책 등등을 큰 그림으로 다시 되돌아볼 기회도 가졌다. 그 후 그동안 익힌 경제학, 경영학, 회계학, 부동산학 등 관련 지식과 다양한 경험의 융합을 통해 기존의 재테크 책들과 완전히 시각을 달리한 새로운 재테크 내용들을 책으로 내게 되었다.

저자는 그동안 부동산, 주식 등에 투자하면서 이유도 모르고 작은 투자 실패들을 자주 하였고 몇 번의 큰 성공도 경험하였다. 그 이유를 늘 궁금해하던 차에 FRED(Federal Reserve Economic Data)에서 집계하는 전 세계의 경제 관련 데이터 및 그래프들을 통해서 비로소 그 이유들을 확인, 검증하게 된다. 만약 비슷한 상황이 반복된다면 미래의 움직임도 예측할 수 있기에 이를 책으로 내는 것이다.

이제 곧 본격화될 한국의 장기 디플레이션 기간 동안 주식, 부동산, 달러, 국채 등의 투자요령 등을 자식들에게만이라도 간접 경험이 되도록 남기려 시도한 것이 바로 이 책 《월세 투자 바보론》이었다.

이를 개정증보판으로 낸 것이 《월세 투자자는 바보 투자자다(부제: Gap 투자 후폭풍… 월세파산! 전세파산!)》이었다.

이를 다시 가독성(Ligibility)을 높이고 임팩트(Impact)를 주기 위해서 《한국인의 눈물》로 표지갈이를 하였다.
독자들이 헷갈리지 않도록 원래 제목인 '월세 투자자는 바보투자자다'는 原題로 그대로 사용하고 부제는 'Gap투자 후폭풍… 월세파산! 전세파산!'에서 '월급쟁이와 가난뱅이가 부자 되는 방법'으로 변경하고 내용 또한 일부 재수정, 보강, 편집하였다.

즉,
제1부: 월세 투자자의 눈물
제2부: 갭 투자자의 눈물
제3부: 해외투자자의 눈물, 주식투자자의 눈물
제4부: 월급쟁이와 가난뱅이가 부자 되는 방법으로 재편하였다.

무리한 갭투자로 또한 곧 본격화될 롱텀 디플레이션을 감안하지 않고 투자하고 있는 한국인들의 다양한 투자 행태를 분석한 결과 월세투자, 부동산 투자, 해외투자 등은 일본인들처럼 실패할 수밖에 없기에 제2권 《일본인의 눈물》에 이어 제3권을 《한국인의 눈물》이란 제목으로 임팩트를 준 것이다.

본 저서는 시중의 흔한 월세에 관한 재테크 책들처럼 업자(중개업소, 분양전문회사, 건설회사, 은행 등)나 정부편이 아니다. 즉, 그들의 입장에서 쓴 글이 아니며, 중간자 입장에서 쓴 글이다.

부동산이나 주식 등은 대개 내릴 때에는 아무도 투자하지 않는 경향을 보인다. 그래서 관련 정보 등의 진실이 왜곡되는 경우가 많다.

또한 물고기에게는 물이 보이지 않듯 이해관계가 있는 회사에 근무하거나 정부 측에 있다면 진실을 말할 수 없거나 볼 수 없다. 그러나 저자는 그런 위치에 있지 않다

또 하나 우리에게는 미운 친구인 일본이 늘 가까이 있다.
우리의 갑오경장(1895년) 격인 일본의 메이지유신(1853~1877년) 이래로 늘 우리보다도 먼저 성장과 번영을 누렸고, 우리보다 먼저 저금리 저성장 디플레 시절까지 맞은 일본이다.

일본은 늘 우리보다 20년 정도를 앞서가는 나라였다. 이들은 수익성 자산

으로의 몰입 투자와 몰락과정도 우리보다도 먼저 거쳤다.

일본인들은 30년 전부터 수익성 부동산에 대한 투자 즉 월세투자를 하지 않는다. 이제는 거주용 주택도 잘 사지 않는다. 즉 일본의 토지신화는 예전에 끝났다! 한국의 토지신화도 이번이 끝이다!

얼마 전부터 한국도 수익성 부동산으로 몰입투자하는 트렌드의 변화를 겪고 있다. 하지만 추세적으로 제2의 일본을 향해가는 한국의 수익성 부동산에의 투자 붐을 좀 더 명확히 정리해야 할 때도 되었기에 한국의 월세투자, 갭투자, 국내외 주식투자, 국채투자의 결과를 예측하여 향후 올바른 투자방향을 제시한다.

향후 10년 이상의 변동을 자신 있게 예측할 수 있는 이유는 바로 FRED의 자료들로 일본의 롱텀 디플레를 제대로 분석할 수 있기 때문이다.

이 저서는 디테일하면서도 개략적인 시각으로 수익성 자산에 대한 투자의 옳고 그름과 향후 추이를 분석한 최초의 책이다. 한 마디로 수익성 부동산의 수익성의 장래를 분석·해설함은 물론 이제는 한국에서도 토지신화는 끝났음을 알려 주는 책이다.

지금 전 세계는 저성장 시대 즉 뉴노멀(New Normal) 시대를 맞고 있다. 어떤 학자는 인류는 발전될 기술은 전부 발전시켜 더 이상 혁신에 가까운 기술개발은 이제 없다고 단언했을 정도로 모든 분야에서 기술발전을 이루었다고 주장한 바 있다. 이 말에 어느 정도 동의한다.

일본은 1990년 거품붕괴 직전까지 67개월 째 무역흑자를 이루고 있었고, 한국은 2018.12월 당시 83개월째 누적된 무역 흑자를 이루고 있었다. 그리고 한국도 1990년의 일본처럼 2013년부터 핵심 경제활동 인구가 이미 줄어들기 시작했다.

게다가 일본이 1996년부터 생산 활동 가능 인구가 줄어들었듯이 2018년부터는 한국의 생산 활동 가능 인구 또한 감소세로 돌아섰다.

따라서 우리보다 먼저 이런 과정들을 거친 일본을 살펴보면 미래의 한국이 보이는 것은 너무나 당연하다.

따라서 앞으로 자세히 설명할 것이지만 한국도 일본처럼 저출산 고령화를 맞고 있으므로 롱텀 디플레를 피할 길은 없다고 단언한다. 게다가 우리에게는 가계부채 문제가 추가로 주어져 있다.

정부나 일부 경제학자들은 한국과 일본은 다르다고 외치지만 여러 가지 객관적 사실로 미루어 이는 그들의 희망 사항임을 눈치 챌 수 있다.

따라서 우리는 일본의 과거 변화과정을 통해 우리의 10년 이상 그 후의 미래를 예측할 수가 있다. 본 저서는 이를 감안하여 쓴 글이다. 다 아는 사실도 활자화하면 믿음이 더 강해지는 마력이 생기듯이 누구나 기억하길 바라고 같이 생각해 봐야 한다고 쓴 글이다. 역시, 미래는 준비하는 자의 것이니까….

또 하나,
한때 일본의 저축률은 세계 최고였다.
하지만 1960년대 20% → 1990년대 5% → 2004년 40% → 2014년 0.6%로 급격히 줄고 있다. 2017년 일본의 가계 저축률이 58년 만에 마이너스 1.3%로 1955년 이후 처음이다. 이를 보고 일본 사람들이 변했다고 생각하겠지만 국민성은 쉽게 바뀌지 않는다.

기실 일본인의 저축률은 늘었을 것이다.
늘어난 저축액은 해외에 고스란히 투자된 해외순자산 3조 5천억 달러로 집결되었다.

그 후 지속되는 엔고로 국제금융시장을 떠돌며 일본으로 귀국도 못 하는 유령 달러(Ghost Dollar)가 되고, 일본인의 눈물이 되었다는 사실은 이미 책으로 출간한 바 있다. 환율은 예측이 중요한 것은 물론이지만 여기서 한 단계 더 나아가 환율이 변할 때 내 재산가치의 예상 변동치를 미리 알아야 투자에 성공하는 것은 말할 것도 없다.

가계 저축률마저 한국은 일본을 답습하고 있다.
일본은 국내 저축 감소와 해외 저축 증가로 디플레이션 탈출이 더 어려워질 것이고, 정부가 찍어내는 국채 소화력을 떨어뜨려 국가 재정에는 경고음을 낼 수도 있다. 지금 한국도 해외 투자 붐이 일고 있음 또한 사실이다.

그동안 일본 가계 저축은 기업 유보금과 함께 나랏빚을 지탱하는 주춧돌 역할을 해왔다. 일본 정부는 1천조 엔(GDP 대비 245%)이 넘는 부채를 국내 민간 부문의 저축으로 조달해 왔다. 그래서 국채의 대부분을 일본 국민이 보유하고 있어 국가 신용등급 강등에도 경제에 주는 타격은 제한적이었다.

그러나 게이오대학 도이 타케로 교수(경제학과)는 "개인 저축이 감소하기 시작하면 국채를 국내에서 소화하지 못한다. 거액의 부채를 지고 있는 일본 국채를 해외 투자자가 지금과 같은 초저금리에 사주지는 않을 것"이라고 우려한 바 있다. 때문에 "현재의 재정 운영은 지속 불가능할 것"이라고 경고했다.

일본의 국채금리는 2018년 연말 현재 마이너스 금리에서 벗어나 기록적인 초저금리인 0.04%대다. 기준금리는 아직도 -0.1%다. 한국도 이 상황들을 지속적으로 따라갈 것으로 보인다.

이 때문에 수익성 부동산의 수익성을 면밀히 검토해 봐야 한다. 그래야 타산지석의 지혜가 생겨나는 것이다. 우리도 미리 투자 행동을 결정해야 할 때가 거의 다 왔음을 알아야 한다.

모쪼록 이 책이 모두에게 앞으로의 수익성 자산으로의 투자행렬 즉 월세 투자를 멈추고 빠져나오는 계기는 물론 모든 부동산 투자에서 나오는 기회가 되어야 한다.

수익성 및 투자형 부동산에의 투자와 그 결과치인 미래를 '일본을 통해서 한국을 미리 내다보고 모든 부동산 투자에서 탈출하라'는 말을 전하는 것이 이 저서의 목표이다. 성공하는 투자가는 현재 보이는 것은 물론 보이지 않는 것도 볼 줄 알아야 한다.

한국은 인구구조, 가계부채, 소구형 주택담보대출 제도 때문에, 세계의 뉴노멀 추세 때문에도 롱텀 디플레이션에서 자유로울 수 없음을 설명한다. 그동안 양치기 소년의 거짓말에 속아서 사태의 심각성을 모르거나 의식적으로 위기의식을 회피하는 것은 어리석은 일이다.

《한국인의 눈물(原題: 월세 투자자는 바보 투자자다. 부제: 월급쟁이와 가난뱅이가 부자 되는 방법)》이 책을 통해 무작정 따라한 월세 투자자의 눈물과 갭투자자들의 눈물, 해외투자에 실패하게 될 해외투자자들이 눈물을 흘리지 않도록 미리 대비하는 계기가 되길 바라는 마음에서 쓴 책이다.

특히 표.지.갈.이한 이 책은 곧 본격화될 우리의 롱텀 디플레를 비관적으로만 보는 것이 아니라 이를 초대박 기회로 활용하는 요령을 제4부 월급쟁이와 가난뱅이가 부자 되는 방법이란 카테고리로 별도로 신설하여 재테크의 윤곽을 구체적으로 설명하였다.

자본주의 국가에서 급격한 부의 이동은 전쟁이나 금융위기, 디플레이션 때에만 일어난다. 평상시에는 계층간 부의 이동은 거의 일어나지 않는다. 즉, 선진국이나 안정된 사회에서는 부와 가난은 거의 영원히 대물림된다는 뜻이다.

이번의 롱텀 디플레이션 기회는 무려 70년 만에 한 번 찾아오는 기회다. 이번 기회를 활용하여 불과 몇 년 사이에 재산을 10~20배로 늘려갈 비법들이 이 책 요소, 요소에 숨겨져 있다. 지식인들은 이 기회를 놓쳐서는 절대로 안 된다.

미리미리 준비하면 미래는 두려운 것이 아니라 기대를 하고 맞을 수 있다. 이제 한국에도 일본처럼 겨울이 오고 있다. 아니 이미 겨울일 수도 있다.

이제, 우리 모두 금전감각을 길러야 할 때다!

2019년 1월

일러두기

이 책은 한국의 부동산 특히 수익성 부동산의 가격결정 기본 원리와 투자 요령 및 향후 10년 이상의 한국 부동산의 장래에 관해 쉽게 풀어 쓴 책입니다.

논리 전개상 이자율이나 세율, 가구수 변동 등등으로 많은 수치가 포함될 수밖에 없습니다. 앞으로도 정책 및 제도의 잦은 변경으로 인용된 수치들은 수시로 변경될 것입니다.

이 책의 관련 데이터들은 2018년 1월을 기준으로 적용한 수치들입니다. 따라서 실제로 투자나 투자 회수 의사결정 과정 등에서 적용하실 때에는 수치 등은 그 당시 수치를 확인하고 감안하셔야 합니다.

또한,
저자의 모든 책들은 국내 최초로 Omnibus Edition 방식으로 편집·저술되었습니다. 이 편집 방법은 관련 정보를 한꺼번에 많이 제공할 수 있는 장점이 있습니다.

저자도 다른 책의 독자이기에 그동안 책을 읽으면서 불편했던 점들도 먼저 개선합니다. 우선, 칸을 비교적 자주 바꿔 눈의 피로도와 독서 시의 답답함을 줄여 가독성(ligibility)을 높였습니다. 또한 컴퓨터 시대에 맞춰 들여쓰기도 하지 않았습니다.

무엇보다도 새로운 재테크 이론과 그동안 독자들이 생각하지도 못했던 내용이 많아 다소 이해가 어려울 부분이나 중요한 내용은 의도적으로 반복 부연 설명하여 이해와 기억을 돕습니다.

CONTENTS_

머리말   4

일러두기   15

제1부
월세 투자자의 눈물   20

1	일본의 월세 시장은?	25
2	한국의 월세 시장은?	35
3	해외 월세 투자 시 Best 국가는?	51
4	해외 월세 투자 성공 Key Point	65
5	임대사업자 등록은 재산권을 10년간 포기하는 것이다	69
6	유일한 구멍, 다가구 주택 임대업	76
7	갭(Gap)투자 후폭풍… 흑자부도, 월세파산, 전세파산	80
8	감가상각비도 못 건질 월세 투자	110
9	다가구 주택 월세가 먼저 위험해진다	120
10	월세 투자자는 결국 바보 투자자가 된다	125
11	월세 투자 大성공의 조건	130
12	월세 투자가 다시 현명한 투자가 되는 Time	142

제2부
갭(Gap)투자자의 눈물   149

1   老人의 도시… 日 다마 신도시의 경고   154
2   일본 셔터도오리의 교훈   158
3   한국 자영업자의 몰락이 의미하는 것은?   162
4   재건축·재개발이 더 이상 불가능해진다   167
5   제1기, 제2기 신도시도 사정권   175
6   한강 조망권은 지하철 역세권에 완패한다!   182
7   빌딩테크에 나서는 연예인들   203
8   일본, 땅값 27년 만에 올렸다   214
9   일본형 부동산 폭락은 없다?   226

제3부
해외 투자자의 눈물, 주식 투자자의 눈물   253

1   환율의 마법(a)   259
2   환율의 마법(b)   273
3   환율조작국 지정 시의 재테크   284
4   북한이 개혁·개방한다면, 투자 순서는?   300

제4부
월급쟁이와 가난뱅이가 부자 되는 방법 309

1	Big Money Big Cycle 이론에 맞춰 교체투자하라	315
2	부동산으로 돈을 벌려면, 주식도 알아야 한다	333
3	조선소와 철강소는 죽어서 땅을 남긴다	341
4	한국은 일본보다 더 급격한 디플레가 온다	356
5	월급쟁이와 가난뱅이를 부자로 만들어 주는 Ultra Gap 상품	369

마치며 400

번외

번외1	Three Times Principle(삼세번의 법칙)	405
번외2	American Dream과 Korean Dream	410
번외3	비운의 용산 땅에는 영구임대주택만 지읍시다!	417

제1부

제1부

월세 투자자의 눈물

저금리 시대를 맞아,
인기 책과 일부 스타 강사들의 무책임한 논리를 좇아 아파트, 오피스텔, 상가주택, 원룸, 상가 등에 월세투자, 갭투자했던 한국 부동산 투자자들의 장래가 어떻게 될까를 제대로 정리·분석해 보니….

결국 월세 투자자는 바보투자자가 된다라는 결론에 도달했다. 즉 이제 Gap투자 후폭풍으로, 아파트 가격 폭등 후 폭락 → 월세폭락 → 빚은 그대로 → 역월세 현상 발생 → 흑자부도 → 월세파산의 시대가 도래한다고 판단되었다.

지금 우리나라에서는 8.2&9.13 조치로 사실상의 주택담보대출이 막혔다. 즉 정부와 일반인들은 부동산 급등을 잡은 것으로 생각하기 쉬운 형국이 되었다. 하지만 저자가 연구한 바에 따르면 2021년 이전에 약 60% 이상의 확률로 주식시장과 부동산 시장에 약 50% 이상의 마지막 급등세가 남아 있는 것으로 보여진다.

즉, 일본이 그랬던 것처럼 우리 생애 마지막 거품 형성기가 한 차례 남아 있다. 하지만 약 40% 이하의 확률로 마지막 거품이 발생하지 않을 수도 있다. 마지막 버블이 있을 경우에는 20년 이상에 걸쳐, 일본처럼 부동산과 주식은 최대 80%가 폭락한다. 추가로 거품이 안 생길 경우, 즉 지금의 하락세가 지속될 경우에도 최소 50%가 끊임없이 내린다는 결론에 도달했다.

한국은 이미 초장기 디플레에 진입한지 7년 차이지만 마지막 급등 파동이 있다면 거품붕괴와 함께 디플레이션이 급격히 진행되면서 자산은 평균적으로 80%가 내리고, 아니라면 서서히 50%가 내리는 롱텀 디플레이션으로 진행될 것으로 보이기 때문이다.

그 후 한국의 디플레는 일본보다 2.5배 빠르게 디플레가 진행될 수 밖에 없음도 큰 우려 사항이다.

결국 마지막 거품 형성기 이후에는 누가 먼저 나오느냐가 생존 여부를 결정한다. 실제로 갭투자자들은 부채비율을 100% 이상으로, 가능한 한 많은 레버리지(Leverage)를 일으켰을 것이어서 매년 현금부족액이 수천만 원에 이르는 경우가 허다하게 발생하게 된다.

이런 경우에는 바로 대출 원리금 상환자금 부족 → 월세파산, 전세파산으로 가게 되는 것이다. 그러므로 Cash Flow가 부족하게 되어 흑자도산으로 인한 월세파산에 대비하여 월세 투자자 및 1 주택 이상인 자들은 미리미리 부채를 상환하거나 자산을 처분하여야 한다.

따라서 새로이 부동산에 진입하는 것은 위험천만하며 가진 것을 팔 시기만 조율하여야 한다. 그 시기와 이유, 근거를 거시적, 미시적으로 이 책에서 동시에 제시한다.

일본인들도 우리보다 30여 년 전에 수익성 부동산에의 몰입투자가 유행했었다. 이제 일본인들은 더 이상 수익성 부동산에 투자하지 않음은 물론 살 집도 잘 사지 않는다.
매달 월세수입만으로도 주택담보대출 원리금을 빼고도 돈이 남는데도 그들은 왜 월세투자를 하지 않을까.
그들은 다 바보일까?
그 현상과 이유들을 곳곳에서 설명하여 타산지석의 지혜로 삼을 계기를 제공한다. 마지막으로 딱 한 차례 남은 최적의 월세 투자자산의 자금 회수시기 즉 철수시기(tipping point)를 이 책을 통해 제시한다.

주택을 자녀에게 증여하는 시기는 주택가격이 제일 쌀 때 하여야 증여세를 줄이게 되며, 주택연금의 가입 시기는 주택이 까짓것 올랐을 때 하여야 유리함을 말할 것도 없다.

이 책을 통해서 최근 대 유행인 강남지역의 증여바람은 증여시기 판단 착오의 결과였으며, 앞으로 다가올 최적의 증여시기, 최적의 주택연금 가입 시기도 본 저서를 통해서 저절로 알게 된다. 즉 이 책을 통해서 앞으로 모든 부동산의 투자시기, 회수시기를 알게 된다.

한국은 일본의 20년 뒤를 거의 모든 분야에서 뒤따라 다닌다.

한마디로 20년 전의 일본을 읽으면, 현재의 한국의 경제 상황, 정치 상황, 민도도 보인다.

뒤늦은 버스를 탔던 한국의 월세투자는 결국 일본처럼 된다.
꼭지 전문 투자자들은 이제서야 지나간 버스를 타려고 시도하기도 하는 변환기이다.

한국이 일본에 항상 뒤처지는 이유는 1877년에 완료된 명치유신과 1895년 갑오경장의 19년 차이로 본다. 개혁·개방 시기가 이렇게 중요함을 알면 지금 의료개방을 막고 있는 한국 의료시장의 미래도 훤히 보인다.

다가올 10년 이상의 한국 아파트의 장래가격과 월세시장을 수요공급의 법칙을 적용하여 철저히 분석했다. 거기에다가 장기적인 환율 예측을 통해 한국의 자산시장을 더 심층 분석하여 적용한 내용들이다.

이제 월세 투자자들의 파산도 이어짐을 미리 알아야 한다. 한국도 이미 60세 이상 노인이 1,098만 명으로 이들이 아파트 670만 채를 보유한다. 20년쯤 지나면 이 집은 후손들에게 다 물려주고 간다. 부수고 가는 게 아니다.

현재의 일본인들은 주택분 재산세를 안 내려고 집을 허물기까지 한다. 이를 통해서 우리나라도 월세 투자자의 꿈은 월세 투자자의 눈물로 변하는 때에 직면해 있음을 알아야 한다.

제1부에서는 우선적으로 월세시장의 현재와 미래를 분석해 앞으로의 투자방향을 제시한다. 제2부에서는 갭투자를 통한 부동산 장기투자자의 미래를 예측해 보는 시간을 갖는다.
제1부와 제2부를 통해서는 한마디로 월세수입과 전세금이 연기처럼 사라진다는 사실과 그 이유를 설명한다.

이어서 제3부에서는 최근 국내의 투자처가 마땅치 않다고 해외의 주식이나 해외 배당주에의 투자, 월세부동산 투자에 나선 해외투자자의 장래 수익성을 환율의 마법을 통해 미리 예측, 분석해 보는 기회를 갖는다.

마지막으로 제4부에서는 월급쟁이와 가난뱅이가 부자가 될 수 있는 방법을 소개한다. 결국 제4부가 핵심 리딩포인트(Reading Point)가 된다.

그럼 우선 본 저서의 비교검토의 밑바탕이 되고 있고, 우리나라에 앞서 롱텀 디플레이션이 지속되고 있는 일본의 현재의 월세시장을 먼저 살펴보자.

1 일본의 월세 시장은?

일본의 수도 도쿄는 23개 구와 도쿄市部로 구성되고 서울은 25개의 자치구로 구성된다.
23개의 구 중 비싼 지역은 신주쿠구, 지요다구, 추오구, 시부야구이지만 일반적인 집보다는 회사 등 상업 시설이 많다.

주택지 중 비싼 곳은 교육환경 및 시설이 좋아 일본인들이 매우 살고 싶어 하는 지역으로 메구골구, 세타가야구, 나카노구, 스기나미구, 분쿄구 등이 있다.

여기 5구는 신축 3LDK(한국의 국민주택 규모) 기준으로 7~8억이 간다. 이외에도 도쿄 시부 중 키치죠지, 미카타 등도 비싼 지역에 속한다. 23개 구 중 별로 선호하지 않는 지역인 아다치구, 스마다구는 4LDK 기준 신축주택 기준으로 4.5~6억이다.

자본은 국가 안에서도 뒤에서 설명할 Big Money Big Cycle 이론에 따라 수익을 좇아 자동적으로 흐르지만 전 세계적으로도 흐르므로 수익률이 차이가 크게 나는 경우에는 그 이유가 타당해야 한다. 일본의 월세가 높다고 알려져 있으나 보증금이 한국처럼 몇 억이냐, 1~2개월분이냐에 따라 다르므로 수익률로 비교하여 검토해야 한다.

특히, 일본의 롯폰기는 六本木(나무 6그루란 뜻)라고 적는데, 도쿄도의 미나토 구에 있는 지역이다.

잘 사는 동네이자 최고의 번화가인데, 롯폰기힐스가 위치한 지역으로 유명하다. 유명 백화점은 없으나, 롯폰기힐스, 도쿄 미드타운, 샘가든 타워 등의 복합 건물이 번화가를 이룬다. 게다가 스페인 대사관, 스웨덴 대사관 등의 외국 공관, 롯폰기 7가에는 미군 시설(헬리포트, 〈Stars and Stripes〉 신문사 등)이 있어 외국인의 모습이 많이 눈에 띈다. 외국인을 위한 음식점도 많다.

또한 수많은 유럽 기업의 일본 사무소도 롯폰기에 있다. 투자 은행인 크레디 스위스, 골드만삭스, 로펌 Allen & Overy, Davis Polk & Wardwell, Orrick, Herrington & Sutcliffe 그리고 Skadden, Arps, Slate, Meagher & Flom 등이다.

이 롯폰기 지역의 중심은 54층 규모의 초고층 건물인 모리타워(Mori Tower)빌딩이다. 안에는 모리예술관을 비롯해 극장, 식당, 카페, 상점은 물론 TV 아사히 같은 기업이 입주해 있어 롯폰기를 찾는 관광객들의 필수 코스다.

롯폰기힐스가 생기기까지 일본 정부는 무려 17년간 수백 번의 주민 간담회를 열어 결국은 주민 100%의 동의를 받아냈다고 한다. 롯폰기 일반 지역 월세는 35평 정도의 3LDK(거실+식당+부엌+쓰리룸) 월세가 350만 원이다. 고급아파트는 210~430만 원이고 높은 빌딩의 최고급 주택은 500만(원룸)~1,300만(투룸) 원이나 된다.

그러나 앞으로 일본 중심가의 월세 가격은 하락할 가능성보다는 집값이 약간 상승하거나 현재 가격을 유지할 가능성이 크다. 2020년에 도쿄 올림픽이 임박해 있어서이기도 하다.

관광수지 13조 흑자국인 일본은 규제를 풀어 도심을 재개발하여 2030년에는 관광객 6천만 명을 목표로 한다.
도쿄 도심 재개발로 관광명소가 된 롯폰기힐스에 이어 마루노우치, 도라노몬힐스, 롯폰기 아트 트라이앵글(roppongi art triangle)도 개발했다. 이어서 도쿄 곳곳에 제2, 3의 롯폰기를 개발하고 있다.

서울디지털대학교 부동산학과 김준환 교수의 논문에 따라 일본 도심 5구의 신규 주택과 중고 주택 등 수익형 부동산의 월세 변동과 가격분석(2007~2011년) 결과를 요약해 보자.

① 신축 주택의 월세가 당연히 중고 주택보다 더 높다. 가격 등락 폭보다 수익률 변동은 더 안정적이다.

② 월세 변동은 중고 주택이 덜 변동적이고 더 안정적이면서 장기적으로 수익률도 더 높다.

③ 투기 열풍에 의해 일시적으로 급등한 가격은 가격 상승분만큼 월세가 상승하여 월세 수익률이 유지되는 경우에는 그 가격 수준이 유지되지만,

> 만약 임대료(월세) 상승이 동반되지 못하는 경우에는 임대 수익률이 낮아지게 되어, 결국 가격은 적정 수준의 수익률을 얻을 수 있는 가격 수준으로 다시 하락한다는 점이다.

수요 공급의 원칙에 따라 당연한 결론이다.
수익률이 높으면 돈은 결국 거기로 흘러 수익률을 맞추기 때문이다.

이렇게 높은 월세에도 불구하고 현재 일본에서는 1년간의 월세 수익이 1년간의 주택담보대출 원리금상환액+자기자금이자 상당액 등을 넘어서도 집을 사지 않는다. 즉, 일본의 토지신화는 이미 30년 전에 끝났다!

그 이유가 무엇일까?
그 이유는 바로 1년간의 (대출 원리금 분할 상환액+월세 순수입+자기자금이자 상당액 등)보다도 1년간의 수익성 자산의 시세 하락이 더 크기 때문이다. 1년 동안 열심히 은행 융자 원리금을 갚아도 오히려 손해인 것이다. 디플레이션으로 인해 부동산은 물론 모든 자산들은 가격이 매년 떨어지고 있기 때문이다.

일본에는 서브리스(Sub lease)라는 월세위탁관리 제도도 있는데, 이는 임대관리전문업체가 개인 소유자로부터 건물 전체를 임차한 뒤 이를 다시 개별 임차인에게 재임대하는 것을 말한다. 한국의 분양형 호텔 운영 방식과 유사하다.

업체는 소유주에게 보통 10년간 고정 임대 수익을 보장하는 대신 입주자 모집과 시설 관리, 임대료 수납 등을 직접 담당한다. 하지만 이제는 전문 업체들마저 파산하여 결국에는 개인 월세 투자자들까지도 연쇄 파산시키는 지경에 이르렀다.

2018년 7월 29일 자 한국일보에 따르면 '인구 감소·주택 과잉… 日 임대주택 소유주 파산 급증'이라는 기사를 통해 알 수 있다. 인구 감소에 따른 공가(空家)는 누구도 당해낼 재간이 없는 것이다. 롱텀 디플레이션 중인 일본에 더 이상의 토지신화는 없다.

이 말은 한국의 강남불패 신화도 영원하지 않다는 뜻도 된다. 그래서 일본 정부에서 아무리 주택 구입을 권유해도 직접 디플레 과정을 통한 경험을 통해 얻은 정보로 일본인들은 이제 집을 사지 않는다. 월세 거주를 선호한다. 너무나 당연한 일이다.

부모들의 재테크 실패를 지켜본 일본의 젊은 세대들은 더 이상 수익성 부동산은 물론 주거용 부동산에도 투자하지 않고 월세를 선호한다. 대신에 밸런스형 펀드에 투자한다. 밸런스 펀드는 선진국 주식과 후진국 주식에 분산 투자하는 중위험, 중수익 해외펀드다.

일본의 3040세대들은 자국 내에 계속되는 디플레이션으로 수익을 낼 만한 투자 수단이 마땅치 않기 때문에 번 돈을 주로 해외로만 투자(저축)하고 있다.

일본의 정기예금 이자율은 20년 이상 0% 대이며, 10년물 국채 수익률은 0.01%이다. 주식은 한때 최대 80%까지 내린 후 회복되고 있으나 곧 찾아올 아베노믹스의 끝을 생각하면 불안하기만 하다.

부동산은 최대 90%까지 내린 이후에 대도시 및 지방 대도시 상업지역 7곳만 27년 만에 조금 올랐다. 그러니 부동산 리츠에도 투자할 수 없다.

즉, 일본 내에서는 아무 곳에 투자하더라도 적정 수익률을 확보할 수가 없다. 그 결과 해외 투자로만 나가고 있으니 일본의 내수는 점점 부진해지고 디플레가 장기화되는 악순환(Vicious Circle)의 고리가 만들어진 것이다. 이것이 일본의 롱텀 디플레이션(Long Term Deflation)이고 약 1~2년 후부터 본격화될 디플레이션으로 이는 10년 그 이상의 한국의 미래 모습이 된다.

일본인들은 돈이 생기면 월세로 살고 돈을 적극적으로 굴려 노후를 미리미리 대비하는 것이다. 하지만 이런 투자행태가 일본 경제를 지속적으로 갉아먹고 있음을 개인들이 알 리도 없으며 관심도 없다. 일본 정부도 이러한 경기의 하강구조 악순환의 고리를 파악하고 대책을 세우고 있는 것 같지도 않다.

최근의 일본의 경기호전은 양적완화로 인한 돈의 힘이 일시적으로 작용하는 것으로, 지속될 수 있는 방법이 아니다. 그들도 금명간 양적완화를 중단하고 금리를 올려야 하기 때문이다.

아베노믹스로 동경도 23구 등은 집값이 약간 오르고 있지만 아직 전국에서는 이 가격 하락에서 빠져 나오지 못하고 있다. 아베노믹스란 것은 하이퍼인플레이션으로 가는 전주곡이 될 가능성이 아주 크다.

하이퍼인플레이션이 무엇인지를 설명하려면 주제에서 벗어나므로 인터넷에서 베네수엘라를 검색해서 공포감을 느껴 보길 바란다.

버블 붕괴 이후 맨션(한국의 아파트에 해당) 신규 공급가는 2000년 초까지 하락하다가 이후 정체 혹은 약간 상승하고 있는 상태이며, 1인당 국민소득의 하락에도 불구하고 동경도 일부 지역의 주택임대료는 2배 이상 오르기도 했다.

그러나 월세(임대료)는 디플레로 인한 부동산가격 하락분을 충분히 보전하지 못함은 물론 연간 감가상각비 등을 가감한 해당액에도 턱없이 부족하다.

콘크리트 건축물인 아파트 등은 어느 나라나 30~50년이 지나면 감가상각이 완전히 끝난 자산이 된다. 실제로는 30년이 지나면 아파트 등은 낡고 이용이 불편하여 재산 가치는 거의 없다고 보고 이 저서에서는 30년에 걸쳐 아파트 등의 취득원가를 감가상각하는 것으로 논리를 전개한다. 한국의 경우에는 30년이 지나면 재건축 대상이기도 하니까….

즉, 콘크리트 건축물인 아파트 등의 공동주택은 준공연도부터 매년 3%씩 30년간 상각하면 잔존가치 10%를 남겨두고 90%를 상각완료하게 된다.

그러니까 매년의 감가상각비 해당액 3%와 주택담보대출 원리금 합계액+자기자금이자 상당액 등에서 임대소득세와 보유세 등의 경비를 제외하고 적정수익이 보장되는 월세 투자처는 없다.

결국 어느 나라에서나 지속적인 인플레이션, 재건축, 재개발 등으로 가격 폭등이 실현되지 않는다면 월세 투자자는 실제적으로는 계속해서 손해를 보고 있다는 사실이다.

일부 선진국에서는 이미 감가상각비 중 일부를 임차인에게 부담시키고 있는 것으로 추정된다. 감가상각에 관한 보다 자세한 내용은 제1부 [챕터8]에서 설명을 이어 가기로 한다.

일본 부동산의 매매 가격이 그렇게 하락했어도 일부 지역의 월세는 꾸준히 올랐다는 얘기는 일부의 매입수요가 임대수요로 옮겨지는 현상인 것이다.

1991년부터 시작된 부동산의 대세 하락 10년 후부터 극히 일부 지역에서 나타난 일이다. 그 후 아베노믹스로 돈이 엄청 풀리고도 한참 후인 지금 현재의 현상이다.

일본의 생산 활동 가능 인구가 줄어들기 시작한 지 20년 후쯤의 일이니, 한국도 2018년부터 줄어든 생산 활동 가능 인구 감소를 기점으로 2037년쯤에 생길 일이다.

이는 일부 전문가들과 저자가 주장하는 2032~2033년부터 인플레 경제로의 회귀는 한국에는 해당하지 않을 수도 있음을 의미하는 것이다.

시기가 똑같을 것이라고 할 수는 없으나, 한국도 당연히 이렇게 될 터인데, 부동산 소유에 집착하면 큰 낭패를 당하게 됨은 물론 집을 처분하고 싶어도 처분하지 못하게 될 수도 있다.

이득이 없으니 집을 살 리도 없으며 한 자녀를 두는 게 추세이므로 장차 아파트를 3채(본가상속분+처가상속분+본인구입분)를 가진 자손들도 나오게 된다. 그 결과 주택에 부과되는 보유세라도 피하기 위하여 일본에서는 집을 허물어 나대지로 만드는 일까지 비일비재하다. 하지만 그렇다고 해서 택지에 부과되는 세금까지 피할 수는 없다.

최근 일본에서는 일본 지자체와 지역 커뮤니티가 운영하는 '아키야(あきや)은행(빈집은행)'이 유행하고 있을 정도로 헐값이나 무료로 주택을 내놓는 사례도 많아졌다고 한다.

집은 더 이상 가치 있는 자산이 아니라 세금을 짊어져야 하는 골칫거리가 됐다. 지금으로서는 상상조차 할 수 없는 일이 우리 앞에도 다가와 있다. 월급쟁이들의 꿈이라는 상가 주택이나 다가구 주택의 월세 수입도 서서히 사라지고 있음을 간접적으로 증명해 주고 있는 것이다.

월세가 발생치 않는 상가 주택이나 다가구 주택을 본인이 보유했다고 생각해 보라. 방이 빈 집은 흉흉하기 그지없고 결국에는 슬럼화된다. 그래도 재산세는 부과된다.

게다가 현 제도 하에서는 토지소유권을 포기할 수도 없다.
물론 앞으로 법률이 개정되어 국가나 지자체로의 무상 증여가 가능해질 수는 있겠으나 가격 상승, 월세 수입 등의 이득도 없이 세금 부담만 생긴다면 큰 짐이 아닐 수 없다.

이런 상황이 발생하면, 월세 입주자가 줄어들거나 없어지므로 상가 주택이나 다가구 주택, 상가의 월세 수입은 서서히 0으로 수렴하는 것이니 미리 대비해야 한다.

따라서 부동산에 새로이 투자를 해서는 안 된다. 마지막으로 한 차례 급등 후, 연이어 찾아올 급락시기에 매도시기를 놓칠 가능성이 크기 때문이다.

혹 마지막 매도시기를 놓치면 10년 이상 지속되는 디플레로 큰 손해를 보기 때문이다. 게다가 마지막 급등 시기가 없을 가능성도 40% 정도는 된다.

다가올 10년과 이후 10년까지, 한국에는 무슨 일이 닥쳐올까를 예측해야 한다. 한마디로 수익성 자산의 투자를 피해야 할 시기가 앞에 다가와 있다. 그래서 위기를 기회로 바꿀 재테크 지식이 필요해진다. 그래야 살아남을 수 있다. 다음 챕터에서는 한국의 월세시장을 검토해 본다.

2 한국의 월세 시장은?

특정 지역의 주택 수를 가구 수로 나눈 것을 '주택 보급률'이라고 한다. 전국의 주택 보급률은 102.6%다.
2016년 서울의 주택 보급률은 96.3%, 무주택자 비율은 54.3%였다. 서울의 주택 보급률도 2010년 94.4%에서 2016년 96.3%로 높아졌다.

자기 집을 보유한 가구 비율은 '자가 보유율'이라고 한다.
2016년 전국의 자가 보유율은 59.9%인데 서울은 45.7%로 내 집을 마련한 가구가 절반에도 못 미친다.

서울의 주택 보급률이 높아진 데 비해 자가 보유율이 크게 떨어진 이유는 2012년에는 서울에서 집을 두 채 이상 보유한 다주택자가 30만 명이었는데, 2016년에는 37만 4천 명으로 24.7% 증가했기 때문이다. 다주택자 가운데 세 채 이상 보유자도 9만 4천 명으로 10만 명에 육박한다.

주택 보유자 중 다주택자 비중 역시 같은 기간 13.1%에서 15.5%로 높아졌다. 특히 강남구(21.3%)와 서초구(20.1%)는 다주택자 비중이 20%를 넘는다. 주택이 새로 공급되는 족족 집 부자들이 가져갔다는 얘기다.

주택 가격이 내리면 이에 따라서 월세도 디플레 되는 것 즉 월세 가격이 내리는 것은 너무나 당연하다. 반대로 주택가격이 오르면 월세도 인플레 된다.

즉 월세 가격이 오른다는 것 또한 너무 당연하다.

하지만, 장기적으로 길게 보면 은행의 정기예금 이자율과 월세의 순수익률은 거의 같아진다. 지금 현재 일본의 정기예금 금리는 20년 이상 0%대다. 보다 자세한 내용은 제1부 [챕터7]에서 설명한다.

먼저, 우리나라의 과거와 현재의 월세시장을 알아보기 위해서 부동산 가격이 오르기 전 2017년 10월과 주택 가격이 대폭 오른 이후인 2018년 10월의 서울 5곳의 아파트 월세 수입 변동 내역을 살펴보자. 지역별 상승 폭도 간단히 비교된다.

너무나 당연한 얘기이지만 주택 가격의 하락에 따라서 월세가 디플레 즉 다운되는 현상은 이 데이터로 쉽게 확인할 수 있다.

시중에서는 보증금 1억당 보통 월세 30만 원(연간 3.6%수익률)으로 환산·적용하고 있으므로 같은 방법으로 환산·적용하였다. 비교 대상인 표준지도 임의 선정하였다.

예를 들어 보자.

	2017년 10월 시세	2018년 10월 시세

① 경희궁의 아침 2단지(124㎡, 37평)

가격	12억	14억
보증금	1억 (환산 수입 월 30만 원)	매물 없음
월세	280만 원	매물 없음
수익률	3.1% (보증금 해당액만큼 1억당 월 30만 원을 월세 수입으로 간편 계산. 아래의 아파트도 같다)	

② 목동 아파트 5단지(118㎡, 35평)

가격	12억	16.5억
보증금	4억 (환산 수입 월 120만 원)	4억
월세	100만 원	120만 원
수익률	2.2%	1.7%

③ 목동 아파트 5단지(90㎡, 27평)

가격	9억	12.5억
보증금	2억 (환산 수입 월 60만 원)	4억
월세	80만 원	30만 원
수익률	1.9%	1.44%

	2017년 10월 시세	2018년 10월 시세

④ 역삼 푸르지오(104㎡, 32평)

가격	12억	18억
보증금	1억 (환산 수입 월 30만 원)	1억
월세	220만 원	270만 원
수익률	2.5%	2%

⑤ 동소문동 한진(109㎡, 33평)

가격	4.6억	5.7억
보증금	5천만 원 (환산 수입 월 15만 원)	5천만 원
월세	120만 원	125만 원
수익률	3.5%	2.9%

간단히 요약정리를 해 보면,

월세 수익률 비교는 비교적 장기간 부동산 시세가 변동이 없던 2017년 10월의 월세 수익률과 부동산 가격이 대폭 오른 1년 후의 월세 수익률을 비교 대상으로 하였다.

① 지역에 따라 월세 수익률이 다르다.

인기 지역인 강남 역삼동(2.5%)보다도 강북 지역인 동소문동(3.5%)의 수익률이 가장 높았다. 위치나 학군이 좋고 주변 환경이 좋다고 평가되는 목동(2.2%)의 월세 수익률이 가장 낮았다.

② 평형 즉 면적에 따른 월세 수익률도 일률적이지 않다는 사실이다. 목동(2.2%)과 강남 역삼동(2.5%)의 같은 30평대 아파트의 수익률도 달랐다.

③ 한편 같은 목동 5단지의 35평형(2.2%)과 27평형(1.9%)의 월세를 비교해보면 부동산 가격에 따른 수익률이 차이가 있음을 알 수 있다. 오히려 큰 평수의 수익률이 약간 더 높았다.

④ 또 한 가지 가능한 추론은 약 1년 전에 비해 주택 가격은 폭등세를 보였지만, 월세에는 아직 반영되지 않는 것으로 봐서, 향후 주택 가격이 내리거나 월세가 오르게 될 것임을 간접적으로 추론할수 있다.

이처럼 월세는 부동산 가격에 항상 후행한다. 즉, 월세가 부동산 가격보다 먼저 오르거나 먼저 내리는 경우는 없다. 주택은 투기적 수요, 투자 수요 등으로 인한 가수요가 있지만 월세는 전부 실수요이기 때문이다.

결론적으로 월세 수익률은 주택 크기에 비례하는 것도, 인기 지역에 비례하는 것도 아니며, 주택 가격에 비례하는 것도 아니다.

월세가 이처럼 들쭉날쭉한 현상은 교통, 시장 위치, 교육 환경 등의 이용 가치 즉 편리성을 월세 가격에 더 반영하고 있는 것으로 보인다.
또한, 월세 제도가 아직 정착되지 않은 관계로 주택 가격 및 크기에 비례한 적당한 월세 가격이 형성되지 않고 있다고도 보인다.

추가적으로 한 가지 더 말하자면 현행 월세 전환율은 법률상 규정이 있는 것도 아니고 지역이나 주택 종류 등에 따라 주먹구구식으로 적용돼 임대인, 임차인 모두 혼란을 겪고 있다.

월세 투자자나 세입자는 전세에서 월세나 반월세로 전환하는 경우 적정 월세 전환율을 적용받아야 한다. 월세 전환율이란 전세금을 월세로 전환할 때 적용하는 이자율이다. 정확히는 전월세전환이자율로 바꿔 사용해야 할 듯하다.

한국감정원이 신고 기준 실거래 정보로 산정한 결과 2018년 11월, 월세전환이자율은 경북(8.9%) → 전남(7.5%) → 대구(7.2%) → 광주(6.9%) → 대전(6.9%) → 부산(6.5%) → 인천(6.5%) → 경기(6.3%) → 세종(5.6%) → 서울(5.3%)순으로 서울의 월세전환이자율이 제일 낮으며, 전 지역이 약간씩 내림세이다.

주택 유형별로는 단독 주택(7.5%) → 연립·다세대(5.7%) → 아파트(4.7%)로 아파트가 월세전환이자율이 제일 낮으며 역시 전 주택 유형의 월세전환이자율도 하락 중이며, 전국의 월세 가격은 역대 최저치이다.

이 데이터들로 보면 일반적으로 주거선호도가 더 높은 지역과 인기가 많은 주택 유형의 월세전환이자율이 더 낮음을 알 수 있다.

월세전환이자율은 같은 서울의 경우에도 강남, 강북, 목동 등 세부 구역 기준으로는 또 다르다. 주거 선호도가 높은 강남, 목동 지역의 월세전환이자율이 서울의 평균 월세전환이자율 5.3%보다 훨씬 더 낮은 3.6~3.7% 대이다.

일반적인 수요공급의 법칙에 반하는 결과이다. 그 이유가 이들 인기 지역의 월세 매물 즉 공급이 수요보다 훨씬 많아서가 아니라면 이들 지역의 월세가 앞으로 크게 오를 소지가 있음을 뜻한다.

그것도 아니라면 이들 지역의 주택 가격은 내리고, 월세는 일정액이 오르면서 장기적으로 월세전환이자율은 서울 전 지역이 비슷하게 맞춰지게 될 것이다. 이 사실들은 한국의 월세 시장이 아직 합리적이지 않으며, 정착 단계임을 뜻하기도 한다.

이번 사례에서는 월세전환이자율을 3.6%로 비교·분석하였다. 월세전환이자율은 시중 금리 수준에 따라서 달라져야 맞다.

시중 주택담보대출 변동 금리에 적당한 마진을 붙인 금리가 적당할 것 같다. 그러나 장기적으로는 이 월세전환이자율은 정기예금 금리와 거의 같아질 것이다.

수익성 부동산 즉 월세 투자자 입장에서는 현재 은행 정기예금이자율이 2%대인 반면 월세전환이자율은 보통 더 비싸므로 월세가 전세보다 더 유리하다.

바로 이런 이유 때문에 집주인들이 월세를 더 선호하고 레버리지(Leverage) 효과를 보기 위해서 주택담보대출 융자를 거의 매번 받는 것이다.

월세에 관한 자료는 국내 어느 기관에서도 제대로 공급하지 않는 관계로 포털사이트(다음)가 제공하는 위의 5곳의 시세를 통해서 간접적으로 비교하였다.

2017년에 비해 주택 가격은 지역에 따라 상승률이 약간씩 다르지만 큰 폭의 상승세를 시현하였음을 위의 표로도 간단히 알 수 있다. 이처럼 월세 수입이 꾸준히 나오면 주택 가격은 수시로 오르므로 월세 투자자는 그 동안 너무나 좋은 시절을 보낸 것임을 알 수 있다.

즉, 월세 수입은 고스란히 월세 투자자의 몫이었다. 앞 [챕터1]에서도 말했지만 만약 일본처럼 월세 수입이 확보되더라도 주택 가격이 1년간의 '순월세 수익+주택담보대출 원리금 상환금액 + 자기자금이자 상당액 등' 보다 더 내린다면 장기적으로는 큰 손해를 보게 된다.

이것이 바로 장기간 디플레이션이 닥친 일본에서 사람들이 집을 사지 않는 가장 큰 이유가 된다고 설명한 바 있다.

주택 가격이 내리면 이에 따라서 월세도 디플레 되는 것 즉 월세가 내려간다는 것은 너무나 당연하다.

만약 부동산 가격의 하락에도 월세가 그대로라면 투자자들은 해당 부동산을 경쟁적으로 매수하게 되므로 부동산 가격이 올라서 결국에는 같은 지역 타 부동산과 수익률을 비슷하게 변동시키게 된다.

그 이유는 수익성 부동산 구입자가 구입대금의 100%를 전부 주택담보대출의 융자금으로 샀다고 가정해 보면, 주택담보대출 이자보다 월세 수입이 적으면 주택을 팔고 은행융자금을 갚아야 유리하다는 것이 당연하기 때문이다.

물론 임대 수익을 감안 시에는 부대비용과 세금, 공과금 등 모든 경비도 포함하여 판단해야 되기 때문에 순수익률도 비교하여야 한다.

그러나 그동안은 임대 수익률이 은행 이자율보다 조금 낮다고 해도 팔지 않고 버티면 다 해결되었다. 그동안 전 세계는 인플레이션경제 시대여서 매년 혹은 꾸준히 부동산 가격이 올랐기 때문이다.

그러나 이제 이런 시절은 이미 한국에서도 시작된 디플레이션 시대가 끝나고, 다시 인플레이션 시대가 오기 전에는 기대하지 말아야 한다. 많은 전문가, 학자를 비롯하여 저자 또한 적어도 2032~2033년 이후에 다시 인플레 시대를 예상해 볼 수 있다고 보기 때문이다.

그 주된 이유는,

한국도 2013년에 이미 핵심경제활동인구(35~55세)가 줄어들기 시작했기 때문이다. 핵심경제활동인구가 주로 주택을 구입하는 인구 계층인데, 줄어들기 시작한 지 이미 7년이 지났다.

작년부터는 생산 활동 가능 인구(15~64세)마저도 줄어들기 시작했다. 우리나라도 인구 감소에 따라 자연스레 주택 수요의 감소가 시작된 것이다.

잘 알다시피 주택 구매층은 주로 핵심경제활동인구(35~55세)이다. 일반적으로 49세가 넘으면 집을 잘 사지 않는다. 특히 핵심경제활동인구의 마지막 연령인 55세가 지나면 주택을 거의 구매하지 않는다.

그러나 지난해인 2018년에는 주택을 가장 많이 구매한 계층이 60대 이상이었다. 시중의 저금리를 피해 수익률이 높아 보이는 소형주택으로의 러시였다. 하지만 이는 일시적인 미풍이며 장래를 예측하지 못한 투자로 보인다.

지금부터 1~2년 후에는 주택 가격의 장기간 하락에 따른 월세 수익률의 하락을 앞두고 있는 시점이다. 마지막 한 차례의 가격 폭등 후부터는 디플레의 지속으로 주택 가격 하락에 따른 월세의 하락이 예상된다.

부동산의 가격 하락이 지속된다면 월세 투자자들은 임대한 수익성 자산의 가격 하락 손실을 보전받기 위해서 까마득히 잊고 있었던 감가상각비를 월세에 반영하기 시작한다. 이는 월세 인상 요인이 된다.

따라서 앞으로는 월세 상승 요인과 월세 하락 요인의 균형점을 찾는 과정이 상당 기간 지속될 것으로 보인다. 임차인은 싸게 살수록 좋고 임대인은 비싸게 세를 놓을수록 좋기 때문이다.

어느 쪽도 일방적으로 손해를 보려 하지는 않을 것이기에 이 힘겨루기는 오랜 세월을 두고 사회적 합의 혹은 힘의 균형을 이룰 것이다.

현재까지는 30년쯤 지나면 아파트는 재건축·재개발이 되었으므로 땅 지분 가격이 평당 4~5천만 원은 기본이었고, 억 단위가 되었지만 재건축·재개발이 전제되지 않는다면 아파트단지의 작은 지분의 땅은 필요 없는 땅이 된다.

재건축이 안 된다면 내용 연수가 지난 아파트는 철거 비용으로 오히려 건축비의 약 10% 정도를 부담해야 한다. 상상할 수도 없는 일이 온다.
재건축·재개발이 전제되지 않는 아파트는 사용연수나 기간경과에 따라 가격 상승보다는 가격 하락 쪽으로 기울 것은 너무나 뻔하다.

2017년 당시 주택담보대출 원리금 상환 시기가 도래한 비율이 약 50%나 되고, 감독당국이 사실상 대부분의 신규대출을 분할상환 방식으로 유도하면서 이 비율은 점점 늘어난다.
2013년 국토연구원이 발표한 자료에 따르면 서울의 아파트 월세는 전 세계 도시 중 9위로 발표된 적이 있다.

다른 선진국이 우리보다도 월세 절대액이 더 많고, 수익률이 더 높은 이유는 우선,

(1) 감가상각비를 임차인이 부담하는 것 때문으로 보인다.
이들은 이미 예전부터 전세 제도 자체가 없었고 월세 제도가 일반화되었기에, 임차 기간 동안의 가장 큰 비용인 감가상각비를 임차인이 부담하기 때문이다. 논리적으로 감가상각비는 임차인이 임차 기간에 비례해서 부담하는 것이 옳다.

사용 기간 동안 해당 건축물이 지속적으로 노후화되기 때문이다. 이는 우리가 현재 임대 주택에 대한 특별수선충당금을 임대인이 전액 부담하는 제도를 보면 이해할 수 있다.
결국 우리도 사회적 합의 과정 혹은 긴 세월을 거쳐 감가상각비의 부담자나 부담률이 서로 합의되어야 하는 것이다.

(2) 월세 보증금의 차이 때문이다.
보통 외국은 월세 보증금 및 특별수선금 보증금으로 약 1~2개월의 월세 해당액을 선납한다. 반면 한국은 보증금만으로 몇 억을 내는 경우가 허다하다.

이 경우 몇 억의 보증금은 외국의 월세 보증금제도와 달리 실제로는 보증

금이라기보다 임차인의 부담을 줄여주기 위한 것이거나, 전세제도의 잔재로 보인다.

고가의 아파트에 월세를 산다는 것은 임차인에게 너무나 큰 부담이고, 임대인도 필요한 자금을 부분적으로 회수하여 활용하는 기존의 전세제도의 장점을 서로 취한 형태로 보인다.

따라서 현재의 전·월세 제도는 비싼 월세에 대한 부담능력이나 임대인, 임차인 간의 필요에 따라 전세제도와 월세의 절충식으로 귀결될 것으로 보인다. 즉, 반전세 형태로 존재할 것이다.

또한 지금은 아파트 보증금의 월세전환이자율이 너무 낮아서 다른 수익성 부동산에 비해서 사실상 아파트의 월세가 제일 싼 편이므로 장기적으로는 아파트의 보증금이나 월세가 인상될 요인인 것 또한 맞다.

하지만 오랜 기간의 가격결정 과정이나 적응과정이 필요할 것으로 보인다. 수용자 즉 임차인의 부담능력과 감가상각비의 부담비율 등등이 적절히 조절되어야 하는 기나긴 시간이 필요하다.

이 조정과정 중 임대인의 손실부담률이 더 클 것은 자명하다. 그동안은 생각지도 않았던 비용의 추가발생분이기 때문이다.
즉, 월세 투자자들의 '도랑 치고 가재 잡고'의 70년 세월은 그 수명을 다 해가고 있다.

마지막 한 번의 폭등세가 시현된 이후이거나 더 이상 폭등세가 없을 가능성을 감안한다면, 지금부터 월세 투자자들의 호시절은 끝나가고 있다고 생각하는 것은 당연하다.

오피스텔의 경우도 살펴보자.
한국감정원의 발표에 따르면 서울 오피스텔 임대 수익률은 지난 2018년 1월 4.97％에서 10월 4.87％까지 하락했다. 매매 가격이 오르거나 월세 가격이 떨어지면 수익률이 하락한다. 금리가 오를 경우에도 임대 수익률 하락은 불가피하다.

오피스텔은 아파트 대체 상품으로 인기는 이어지고 있지만 공급 과잉이 예사롭지 않다는 것을 고려해야 한다. 오피스텔 투자는 서울 등 공급물량이 적은 곳을 택하고, 임대수요가 꾸준한 역세권 등 특정 지역을 선택해야 한다.

오피스텔 수익률 4％대도 무너질 수 있다. 특히, 건설업자들의 분양 광고를 그대로 믿어서는 안 된다. 오피스텔과 원룸 등은 임차인을 찾기 위한 잦고 짧은 기간의 공실 등으로 1년을 사실상 10개월로 생각하고 투자 의사결정을 하는 것이 좋다.

아파트, 오피스텔 등 현재의 월세 시장을 간단히 살펴보았지만 월세 수익의 전망이 좋을 것으로 보이지는 않는다.
특히 아파트나 오피스텔 등에 비해서 상가는 주거시설이 아니기에 빈 상가로 남을 가능성이 더 큰 것을 감안해야 함은 물론이다.

9·13조치 시에 월세 투자자들에게는 부동산임대사업자 등록으로 초특급 혜택을 부여하고 있지만 장차 이 혜택들은 없어질 것으로 보인다.
정부 입장에서도 이 혜택들은 곧 무용지물이 될 것으로 예측한 것으로 보인다. 가장 큰 혜택인 양도 소득세의 전액 면제조치가 부동산 대폭락 시에 무슨 혜택이 될 수 있으랴!

또 유의할 점은 주거용 오피스텔이나 원룸을 임대하면 1가구 다주택자 신분이 된다는 점이다. 현행법상 1가구 1주택자는 집을 팔았을 때 매매차익에 대해 양도 소득세를 면제해 주지만 다주택자는 혜택이 없다는 점도 알아 둬야 한다.

2018년 11월 당시 기준금리가 연 1.75%여서 아직은 약간의 수익이 나지만 한국의 기준 금리도 미국 기준 금리에 맞춰 1~2차례 정도는 오를 가능성이 큼을 감안해야 한다. 월세 수익률은 하락세지만 아직은 약간의 수익이 발생하는 것으로 보인다.

그러나 대출 규모가 클 경우 원리금 상환 부담이 심해 월세 수입의 절대액으로 매월 원리금 상환액을 부담할 수 없으며, 특히 공실이 발생했을 때 대처할 수 있어야 한다.
일본의 월세 시장처럼 월세 수익보다 가격 하락분이 더 클 경우에는 보유기간이 길수록 손실 폭이 더 커짐을 알아야 한다.

현재까지 한국의 월세 시장에서 월세 투자자는 '꿩 먹고 알 먹고'였다. 게다가 월세 가격도 불합리함 그 자체였다. 하지만 이제는 아니다.

향후 세계는 뉴노멀(New Normal) 시대여서 저금리가 계속될 것이기 때문에 공금리 이상의 월세 수입을 거둘 수 있는 부동산은 안정적 투자 수단 중 하나인 것은 맞다.

하지만 감가상각비 등을 가감한 금액 이상을 받을 수 있는 월세투자 부동산이어야 함은 물론이다. 한국은 롱텀 디플레이션의 심화단계가 1~2년 후에 도래한다.
그럼에도 결국에는 월세가 집값 하락의 마지막 하락 방어선 역할을 하게 된다.

제1부 [챕터7]에서 다시 구체적으로 이야기를 이어가기로 한다. 상가 분석은 제2부 [챕터3]에 별도로 기술하였다.

3 해외 월세 투자 시 Best 국가는?

은퇴자들의 꿈이라는 월세 투자. 지금은 자본자유화 시대여서 해외투자에 나서는 사람들도 많으므로, 어느 나라의 수익성 자산에 투자하면 최고의 월세 수익을 올릴 수 있는가를 검토해 보자.

먼저 해당 국가가 위기에 처한 경우와 평상시의 경우에는 Best 대상 국가가 다르다는 것을 먼저 알아야 한다.

1) 최고의 월세 수익률은 위기국가에 있다

다른 나라의 수익성 자산에 투자하여 월세 수익과 막대한 시세차익을 올리고자 하는 투자자라면 다이아몬드 달러투자법(Diamond Dollar Investment method)에 따라 단연코 외환위기나 경제위기 등의 위기에 처한 국가에 투자해야 한다.

그 나라의 국내 달러 가격이, 가장 비쌀 때의 국제 달러 가격인 달러 인덱스와는 큰 차이를 보이는 것은 당연지사다. 바로 이때가 위기국으로 진입할 시점이다.

단지 해당국에 달러만 가지고 가서 현지 화폐로 환전해도 40~50%는 쉽게 남는다. 게다가 현지의 수익성 자산을 포함한 모든 자산(부동산, 주식 등등)은 현지 달러 가격이 오른 만큼 폭락한다.

위기국가의 달러 가격 폭등에 따른 환전이익과 폭락 후의 시세로 현지 자산을 사므로 매매차익만으로도 단기간에 약 3~4배 정도의 이득을 취할 수 있다. 즉, 보통 금융위기는 2~3년이면 진정되거나 해결되므로 이때 위기국의 실물자산에 투자하면 큰 기회를 잡는 것이 된다.

이 자산을 계속 보유하면서 월세 수익만 올려도 평생 동안 정상 월세수익의 3~4배가 나오는 것은 당연하다. 자산의 구입 가격이 평소 가격의 1/4 정도로 낮았기 때문이다.

여기서 고려해야 할 점은 해당 국가의 위기탈출 능력이다. 즉 일시적인 위기국이어야 한다. 베네수엘라, 브라질, 아르헨티나, 러시아 등 만성적인 위기국가는 대상에서 제외하거나 투자시점을 잘 포착하여야 한다.

위기국가여도 IMF 구제금융이 확정되는 순간 일시적인 자산시장의 급등 현상을 보여 왔기 때문이다. 그러나 장기적인 회복력은 해당국의 경제회복에 달려 있다.

구체적 사례로 지금 현재 2016년 6월 23일 브렉시트로 추락한 영국의 파운드화의 가치와 다음의 그래프를 통해서 폭락한 영국의 주거용 부동산 가격과 주식 시세를 간단히 확인해 볼 수 있다.

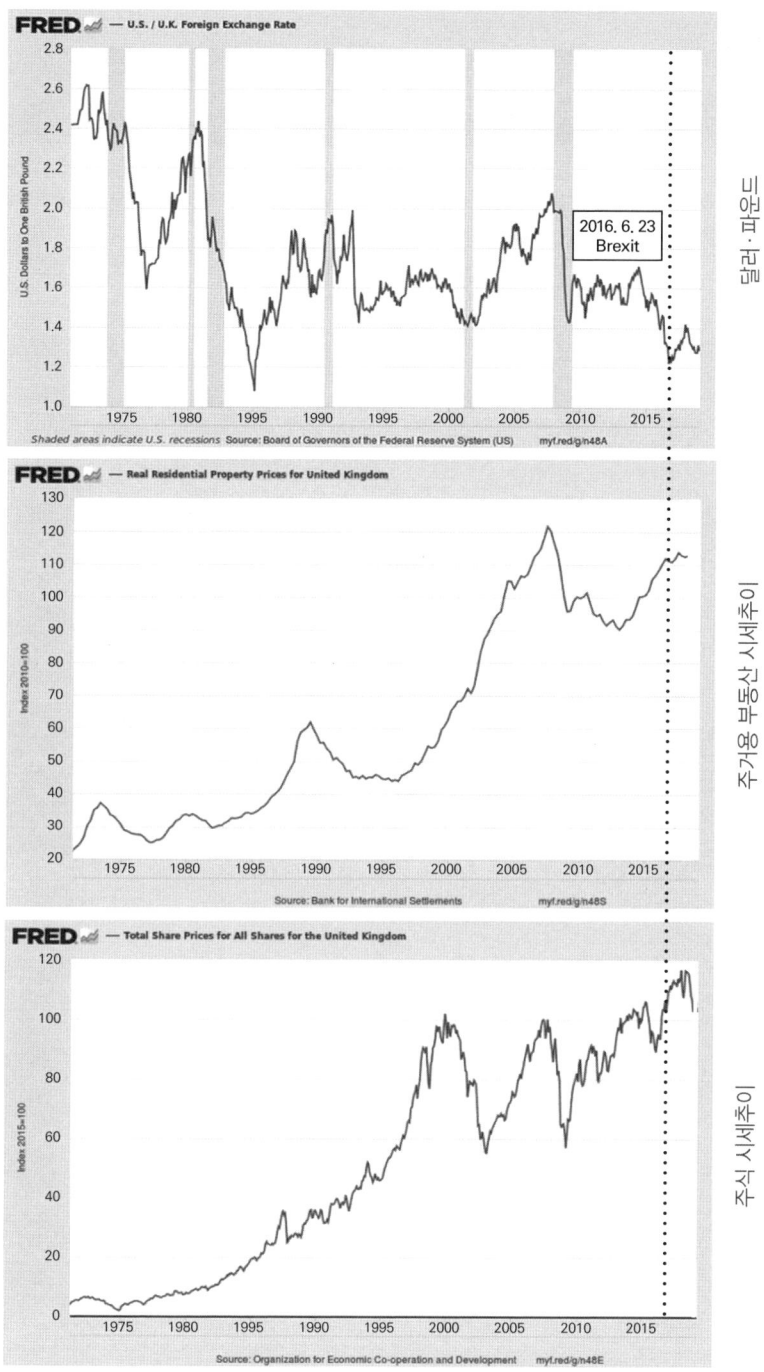

[그림1] 달러. 파운드. 주택지수. 주식 시세추이

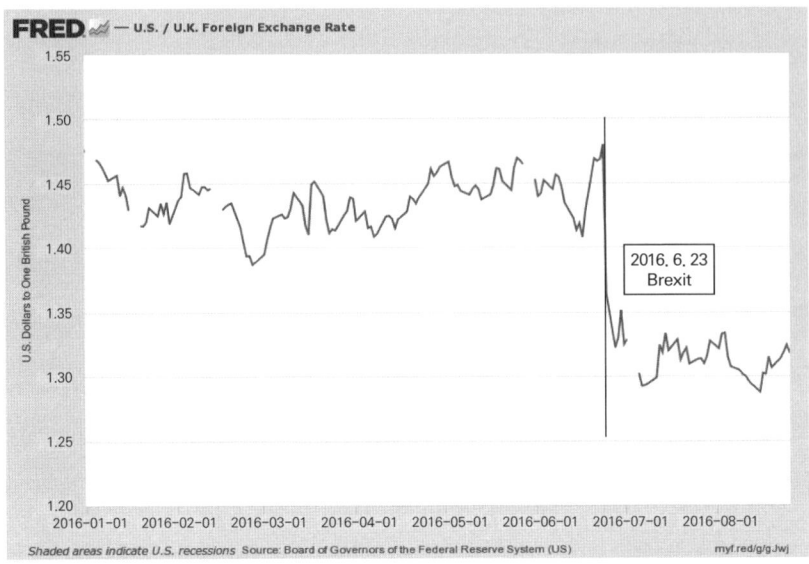

[그림2] 브렉시트 당일 달러·파운드 환율

2018년 3월 23일경에 일단 파운드화의 1차 바닥은 확인한 것으로 보인다. 저자는 영국에의 투자 즉 파운드화에 대한 투자 결정은 천재일우의 기회로 보고 있다.

단, 노딜 브렉시트(EU와 합의 없이 결별)가 되는 경우와 북아일랜드와의 국경 문제 등이 원만하게 해결되지 않을 경우 파운드화의 추가 폭락을 대비한 투자여야 한다.

[그림2]를 통해서는 브렉시트 당일 약 4%에 달하는 영국 파운드화의 폭락(주가는 6% 폭락) 상황을 볼 수 있다. [그림1]의 맨 위의 그림인 파운드화의 장기그래프를 통해서는 아직도 회복되지 못한 파운드화의 장기 동향을 읽을 수 있다.

[그림1]의 그래프를 관통하여 그려진 수직점선을 보면 브렉시트로 파운드화 가치변동에 따른 부동산, 주식 등 자산들의 가격 변동 상황을 한 번에 볼 수 있다.

영국도 주거용 부동산과 주식은 브렉시트 당시의 가격을 회복한 후 약간 더 올랐음을 알 수 있다.

하지만 같은 기간 중에, 전 세계 주요국의 자산시장은 미.EU,일 등의 양적완화 조치로 약 50% 이상씩 대폭등했음을 감안해서 보아야 한다. 결국 영국의 주식 부동산 등 자산들은 국제 상승률과 비교하면 아직 큰 폭으로 내린 상태가 된다.

2019년 3월 29일부터 시행예정이었던 브렉시트는 일단 연기되었지만 추이에 따라 파운드화의 추가적인 가치 폭락 가능성이 더 크다는 점도 고려해야 한다.

하지만 지금 현재 영국이 최대의 승부처인 것은 틀림없다. 앞 페이지의 그래프들을 통해서 브렉시트 전후의 영국 자산들의 변동 상황을 확인해 볼 수 있고, 큰 기회가 왔음을 알 수 있다.

영국 외에도 위기가 발생한 국가의 자산 가격 변동은 위기발생국 모든 나라에서 확인할 수 있다. 단지 손쉽게 얻을 수 있는 현지의 데이터가 없을 뿐이다. 우리가 외환은행을 헐값에 넘긴 한국의 외환위기로도 확인할 수 있음은 물론이다.

[그림14]와 [그림16]을 통해서 한국의 IMF 사태 당시의 상황과 일본의 위기 상황을 추가로 확인해 보라! 브렉시트를 앞둔 영국의 파운드화는 폭락 시세 혹은 국제시세를 아직 회복하지 못했다. 따라서 당연히 영국은 아주 좋은 월세 투자 대상 국가이다.

그러나 미국은 베스트 수익을 올려줄 나라는 아니다.
이익을 좇는 세상의 모든 돈이 미국에 이미 투자 중이다. 그리고 선진국 시장은 평상시에는 자본자유화로 이미 수익률이 평준화되었다고 보면 맞다.

미국에의 투자는 투자자금 회수나 정상이익률은 거의 매번 확보되지만 초과이익률을 올릴 수 있는 나라가 아님을 알아야 한다. 게다가 중장기적으로 달러화의 지속적인 약세도 이미 예정된 것이나 마찬가지이기 때문이다.

한 가지 꼭 고려해야 할 것은 위기 국가의 위기 탈출 능력임을 다시 강조한다. 같은 외환위기였으나 한국은 약 3년(1997.12.3~2000.8.23) 만에 위기에서 탈출하였고, 아르헨티나 등은 수시로 외환위기에 처해서 작년에 정기적 행사처럼 또다시 IMF에 구제금융을 신청한 바 있다.

환율 변동에 따라 자산 가격이 급변동을 자주하였기에 오죽하면 아르헨티나의 부동산은 1990년부터는 달러로만 거래한다. 연속 다이아몬드형 달러투자법을 보면 간단히 그 이유를 알 수 있다.

즉 다이아몬드 달러투자기법도에서 주식, 부동산 등은 한국 시세 대신에 각국의 현지 시세를 (현지 화폐)로 대입하면 그대로 적용된다. 금, 원유, 곡물 등은 국제 원자재이므로 어느 나라 어느 시대에도 국제가격과 달러의 반비례 관계는 항상 성립된다.

결국 달러가격 변동이 잦은 아르헨티나에서는 달러로 부동산 등을 거래해야만 단지 달러환율 급변동에 따른 현지 부동산의 시세 반영분은 제외하고, 현지의 수요공급의 변동 등에 따른 적정 시세로 부동산 등을 매매하게 되는 것이므로 달러로만 거래하게 된 것이다. 잦은 외환 위기로 아르헨티나 국민들이 현명해진 것이다.

또한 이 사실은 이 나라에는 엄청난 규모의 달러 암시장(Black Market)이 존재함을 의미한다.

2) 평상시 베스트 월세 수익을 올려줄 나라는?

2013년 당시 서울의 아파트 임대료는 1㎡당 27.78달러(약 2만 9,471원)로 아시아 도시들 중에서 도쿄(일본), 홍콩(중국), 싱가포르보다 낮고 뭄바이(인도)보다 높은 것으로 나타났다.

세계 주요 18개 도시 중에서는 9위로 뉴욕, 런던, 파리보다는 낮지만 로마, 베를린, 토론토 시민보다는 높은 임대료를 지불하고 있는 것으로 조사됐다.

국토연구원이 발표한 '부동산 시장 조사 분석' 자료에 따르면 2013년 상반기 세계 주요 도시별 아파트 임대료 비교 결과 1㎡당 아파트 임대료가 가장 높은 도시는 뉴욕(미국), 도쿄(일본), 모스크바(러시아), 홍콩(중국), 런던(영국) 등으로 55달러 내외 수준으로 나타났다.

발표되는 자료들은 발표기관에 따라 그 순위가 약간씩 다르다. 또한 매년 발표되지도 않는다. 오늘날 거의 모든 분야를 미국이 선도하듯이 부동산 가격의 변동도 뉴욕이 선도한다고 보면 맞다. 즉 가격의 오름세나 내림세의 시작과 끝을 뉴욕이 리드하는 것이다.

이렇게 비싼 월세는 개인들이 부담한다기보다 주로 기업에서 부담하며 기업의 경비로 처리하는 경우가 더 많다. 세계에서 부동산이 비싸고 전 세계 부호들이 집을 갖고 싶어 하는 곳 중의 하나가 바로 런던이다.

그러나 브렉시트가 시행되면 장차 달라질 것으로 보인다. 런던의 45평 아파트 정도 크기의 최고급 아파트 매매가는 우리 돈으로 약 200억에 달한다.

영국은 주택 가격이 비싸니까 당연히 월세도 비싸다.
런던의 월세는 살인적이라고 소문이 나 있다. 보트 위에서만 사는 보트피플(Boat People)과 주택 대용 카라반을 양산하고 있는데, 추정되는 보트피플만 33,000명이라고 한다. 보트 가격은 3,700만 원, 카라반은 3,400만 원이라고 한다.

(1) 런던의 고급 아파트는 주로 중국부호들이 투자 및 별장용으로 보유하는데 평상시에는 거의 다 비워 놓는다고 한다. 즉 투자용이기 때문이다. 한편 런던의 원룸 아파트 가격은 5~7억이고 월세는 260만 원 정도라고 한다.

공동 주거형 방 한 칸 월세는 90만 원이고, 공과금 월 10만 원은 별도이다. 수익은 260만 원×12개월=3,120만 원이고 연간 수익률을 계산해 보면 3,120만 원/7억=4.45%로 의외로 높지 않은 셈이다.

(2) LA의 원룸아파트 월세는 우리 돈으로 250만 원 정도이고, 뉴욕 맨해튼의 2017년 2월, 스튜디오(미국에서는 원룸을 스튜디오라고 부른다)의 임대료 중간값은 2,500달러(한화 290만 원)로 2015년 1월 이후 가장 낮은 가격으로 집계됐다. 또 원룸형 스튜디오의 가격은 8억 정도다.

수익률을 계산해 보면 290만 원×12개월=3,480만 원이 연간 월세 수입이고, 주택 가격은 8억이므로 3,480만 원/8억 원=4.35%로 런던과 비슷하다.

(3) 일본 최초의 콤팩트시티인 롯폰기 일반 지역 월세는 35평 정도의 3LDK(거실 + 식당 + 부엌 + 쓰리룸) 월세가 350만 원이다. 고급아파트는 210~430만 원이고 높은 빌딩의 최고급 주택은 500만(원룸)~1,300만 원(투룸)이나 된다고 한다.
일반적으로 일본의 주택 가격이 한국보다 훨씬 싼 것을 감안하면 월세가 비싸다고 할 수 있다. 하지만 역시 주택 가격을 파악할 자료가 부족하여 수익률 산정은 불가능하다. 또한 보증금제도가 다르므로 단순 비교도 맞지 않는다. 개략적으로 일본도 4%대의 임대 수익률이 나온다고 한다.

(4) Seoul 중구 정동의 상림원의 경우
2018년 초 시세는 70평을 기준으로 15억 정도이며, 월세는 약 700만 원이다.
연간 월세 수입은 700만 원×12개월=8,400만 원. 수익률은 8,400만 원/15억=5.6%이다. 세전 수익률이 5.6%이다.

사대문 안의 고급주상복합 아파트나 고급 오피스텔, 새로이 생겨날 콤팩트 시티형 아파트는 국제도시들에 비하여 못할 것이 전혀 없는 곳이다. 즉, 남북 간의 통일이나 영구적인 평화가 찾아온다면 서울은 국제적인 부동산 투자처로서 항구적인 Asset Parking 도시로서도 손색이 없는 곳이다.

한국의 번영을 대표해 주고 있는 광화문이나 남산 근처 주상복합단지, 문화의 보고 정동 등에는 외국 부호들에게 추천할 만한 아파트들이 꽤 많이 있다.

이들 고급아파트를 사서 외국의 외교관, 상사원, 국제기구 등의 직원들에게 고급 아파트를 임대하여 수입을 올릴 수도 있다. 이들은 주로 임대료를 회사에서 경비로 직접 지불하므로 임대료 계산 시에 까다롭지도 않다.

1년 치 월세를 달러로 선불하는 경우가 많으며, 세무신고도 하지 않아서 소유자의 소득으로 노출되지 않는 경우도 꽤 많은 것으로 알려져 있다.
이 지역은 캐나다 대사관 등과 상사 회사원들의 주거지로 인기여서 한국의 다른 아파트와 달리 거액의 보증금이 없이 월세 형태로 거래되지만, 월세나 매매 물건이 많지는 않다.

국내에서는 거액의 보증금이 거의 없이, 월세로만 거래되는 유일한 지역일 것으로 보인다. 게다가 지금 월세 수익률을 비교한 상림원 아파트는 원룸이 아니라 투룸이다. 그러나 수익률로 비교하면 되므로 자료로서의 가치는 충분하다.
한편 파리 7구역 약 35평 아파트의 월세는 450만 원, 베이징 38평 정도의 월세는 200만 원이다.

전 세계에서 월세가 가장 비싼 도시로는 뉴욕과 홍콩이 1위를 주고받는다. 장기레이스에선 뉴욕이 1위인 경우가 더 많다.
하지만 자료들은 같은 평수와 비슷한 주거환경을 가진 지역을 비교했는지 확실하지 않다. 만약 수익률에서 큰 차이가 난다면 지금처럼 자본의 이동이 자유화된 때에 자연스런 자금의 이동으로 수익률 또한 비슷하게 조정될 것은 뻔하다.

선정적 기사나 홍보에 현혹되지 말고 수익률을 철저히 따져 봐야 한다. 즉 월세의 절대금액이 아니라 수익률로 비교해야 한다. 2013년에 국토연구원이 발표한 서울의 아파트 월세 순위는 세계 9위, 아시아 4위로 확인된다.

여러 국가의 월세를 비교·분석해 볼 자료는 충분하지 않다. 발표기관마다 수치도 약간씩 다르고 조사 시기도 달라 객관적 비교하기가 쉽지 않다.

게다가 수용자 즉 임차인의 형편을 고려한 한국의 월세 제도는 보증금을 몇 억으로 높게 책정하여 월세 부담을 줄여 주는 형태가 일반적이어서 객관적인 비교가 어렵다.

다른 선진국은 월세의 경우 보증금은 1~2개월간의 월세 해당액이고 전체를 월세화하여 결정되므로 한국의 고급주택 월세와의 객관적 비교도 어렵다. 한국에서만 특유한 보증금의 월세환산이자율도 적정하지 않아 객관적 비교도 곤란함은 이미 설명한 바와 같다.

고급 아파트에의 최적의 투자 시기는 주식 시장의 대세 하락과 동시에 주식을 팔고 달러나 달러레버리지 ETF, KODEX 200인버스 레버리지 2X 등에 투자하고 있다가, 달러 가격이 가장 비쌀 때가 부동산이 가장 싼 시기이니 이때가 교체 투자 최적기가 된다.

하지만, 일반 아파트의 매수 적기는 이때가 아니다. 이번 부동산 대세 하락기에는 고급아파트일수록, 고가일수록 하락 폭은 더 크다.

오래전부터 City Bank는 40대 후반 세대에는 새로운 대출을 해 주지 않는다. 한국에서도 40대, 50대의 명퇴가 유행하고 고용이 불안정해진 우리나라의 실정을 가장 먼저 반영한 것으로 보인다.

그러기에 이 은행은 40대 이후의 부동산 투자는 이미 위험한 투자라는 것을 간접적으로 설명해 주는 것이다. 40대 이후에 부동산에 투자한다면 반드시 돈이 들어오는 투자여야 한다.

즉 수익성 부동산이어야 기본적인 요건을 갖춘 것이 된다. 하지만 다른 요건들을 추가적으로 검토해야 함은 당연하다. 본 저서를 통해서 수익성 부동산의 수익성의 장래를 계속 검토해 나가도록 한다.

(5) 평상시에 Best 수익을 올려줄 국가는 결국 후진국 중에서 빠른 속도로 경제 발전이 가능한 나라여야 한다.

1978년 12월 18일 덩샤오핑의 개혁·개방 노선 후에 중국의 1인당 GDP는 63배, 외환보유고는 1.7억 달러에서 3조 달러로 늘었다.

도시 지역 부동산은 약 15배 이상 올랐다. 부동산 가격의 급등에 따라 월세도 급등하였음은 물론이다. 현재 북경의 35평 아파트 월세는 월 200만 원 정도이다.

한국의 부동산 시세도 말죽거리 배추밭이 1천 배 이상 오른 것을 생각해 보면 된다. 농업 국가에서 공업 국가로 발전하려는 의지와 능력이 있는 나라, 급속한 도시화로 도시 지역의 부동산이 급등할 가능성이 큰 나라를 고르면 된다.

바로 베트남과 인도 등에 투자하면 부동산의 가격 상승으로 재산을 불리고 부동산이 오르면서 월세도 오른다. 한마디로 인플레이션이 지속될 나라를 고르면 되는 것이다.

현지 화폐도 경제 사정이 나아지면서 달러 대비하여 오르게 된다. 따라서 투자자금을 회수할 때, 즉 달러로 환전 시에도 유리해진다.

세 마리 토끼를 한꺼번에 잡는 투자처는 바로 베트남과 인도 등이라는 것은 간단히 알 수 있다. 다만 개미 투자자들이 투자하기엔 너무 달러가 많이 필요할 뿐이다.

이들 지역에만 특화된 리츠를 찾아 투자하는 것도 한 방법이긴 하지만 리츠의 양심적이고 성실한 운영을 기대하기에는 아직 좀 이른 것 같다고 생각한다. 그렇다면 해외에 직접 월세 투자를 한다면 성공할 수 있는 조건은 무엇일까를 살펴보자.

4 해외 월세 투자 성공 Key Point

제1부 [챕터3]의 세계의 월세를 보면 해외의 부동산에 투자해서 한국에서보다 높은 월세를 받고 싶은 것은 인지상정일 것이다.
현대는 자본의 이동이 자유로운 금융자유화 시대이다.

즉 국제간에도 수익성 부동산의 수익률이 큰 차이가 날 가능성은 거의 없다. 수익이 많이 나는 나라로 자본이 자동적으로 이동하여 수익률을 떨어뜨려 평준화시키기 때문이다. 월세수익의 절대액이 크게 차이가 나는 것은 바로 보증금 액수의 차이에 기인하는 것임을 알아야 한다.

일부 발 빠른 연예인들은 이미 해외에 부동산 투자를 해 놓은 것으로 알려져 있다. 그들은 쉽게 돈을 많이 벌기도 하거니와 해외에 체류 중에 그 나라를 알고 이미 투자해 놓은 것이다.

일본인들은 1990년 이전부터 지금까지 주로 미국의 해외부동산에 투자해 놓았지만 엔화 급등으로 국내로 들여오지도 못하는 현실을 《일본인의 눈물: 자식들에게만 전해주는 달러 투자로 재산 4배 불리는 기법》에서 자세히 설명한 바 있다.

그들이 해외에 투자한 막대한 달러는 유령 달러(Ghost Dollar)가 되어 몇 십 년간 귀국도 못 하는 신세다. 해외 투자는 결국 달러 투자인 셈인데 그렇게 쉽지는 않다는 것을 강조한다.

이렇게 직접 해외 투자를 하는 방법도 있지만, 해외 리츠 자산에 간접적으로 투자하는 방법도 있다. 리츠란 일종의 부동산 펀드이다.

어느 시대, 어느 나라나 자산의 수익률은 전 세계가 평준화되므로 국내 투자보다도 더 큰 투자메리트를 가지려면 역시 월세 수익보다는 환차익과 시세차익에 그 목표를 두고 나라와 투자시기를 골라야 할 것이다.

결국, 해외의 월세 투자에 성공하려면,

(1) 우선은 해외에 투자한 부동산의 가격이 올라야 한다. 즉 월세 수익이 나오더라도 가격이 하락한다면 무용지물이 된다.
그러나 국내 부동산의 가격 추이도 파악하기 힘든데, 해외부동산의 시세 흐름을 파악하기는 쉽지 않다. 컨설팅 업체나 지인의 도움을 받는 것도 한 방법이지만 결국 스스로 공부하여 판단하여야 한다.

(2) 언젠가는 국내로 들여와야 할 달러 자금이므로 원화 약세가 투자자금 회수 예정 기간 동안 꾸준히 유지되어야만 한다. 엔화 강세 시에 투자한 일본인들처럼 자국 통화가 계속 강세를 시현하면 환차손만으로도 투자한 나라의 부동산 가격 상승분이나 월세 수입을 전부 날리게 된다.

그러므로 그 자금은 자연스레 환차손을 피해 국내 반입 시 큰 손실이 되므로 유령달러가 될 가능성이 많다. 장차 원화는 일본처럼 지속적인 강세를 유지할 가능성이 훨씬 더 큼을 알아야 한다.

(3) 결국 [국내 반입 달러액의 환산 원화 총액-(부동산 가격 상승+누적 월세 수입+투자금액)]이 양의 수치를 유지해야 돈을 벌게 된다는 것이 된다는 점이 핵심이다.

물론 현지에 본인이 장기간 체류하거나 유학생 자녀들의 생활비나 학자금으로 활용한다면 적어도 소비분에 대한 환차손은 없는 것이지만 국내로 전액을 반입한다면 반입할 시점의 환율이 모든 수익을 결정하게 된다.

(4) 그러므로 IMF 상황이나 경제위기 등으로 국내 달러가 급등했을 당시가 국내로 투자액을 반입할 절호의 기회가 된다.
일반적으로 일반인들이 해외 월세 투자 등으로 성공을 거두기에는 복잡한 일이 너무 많다. 즉 성공하기가 쉽지 않다. 재산이란 가까이 두고 관리하고 써야 보유 목적에도 부합하는 것이다.

따라서 일반 투자자들은 해외 투자를 고려하기보다는 국내자산에의 투자가 더 중요하다. 해외 투자를 권유하는 일부 컨설팅 회사나 증권회사 등은 그들의 수수료 수입을 노리는 것이지 투자자를 위한 경우는 거의 없음을 항상 잊지 말아야 한다.

(5) 반대로 해외 이민을 가면서 혹은 해외에서 장기체류를 목표에 둔 경우, 국내에 월세 자산이나 병원·기업 등을 두고 해외에서 거주하며 매월

월세를 받아서 쓰는 방법도 있다.

이른바 국내에 빨대를 꽂아놓고 출국하여 소비생활을 즐기는 방법이다. 현재 이런 형태로 해외에 거주하는 한국인도 엄청 많은 것으로 알려져 있다.

이들 중 일부는 국내에 오피스텔을 하나 구입해 두고 매년 1회씩 입국하여 그동안 모여진 월세를 전부 쓰면서 멋진 휴가를 한국에서 즐기는 부러운 인생을 사는 사람들도 꽤 많다.

젊은 시절에 병원을 키워 놓고, Pay doctor에게 운영 전체를 맡기고 미국에서 거주하면서 매월 약속한 금액을 송금 받는 의사들도 있다.
또는 회사를 만들어 관리책임자를 두고 매월 수익을 배분하는 시스템 혹은 상가, 오피스텔 등 수익성 부동산의 관리자를 두고 운영수익을 매월 송금받는 방법도 있다.

5 임대사업자 등록은
　　재산권을 10년간 포기하는 것이다

정부는 9·13조치를 발표하면서 주택임대차정보시스템(RHMS)을 통해 모든 임대차 정보를 투명하게 관리하겠다고 공언했다. 2019년 즉 금년부터는 모든 주택 임대 소득은 과세 대상이 된다.

그러나 9억 원 이하의 단독 주택(다가구 주택 포함)의 주택 임대 소득은 1가구 1주택인 경우 100% 면세 조치된다. 즉 과세하지 않는다. 이것이 유일하고도 가장 큰 구멍이다.

이를 제외하고 임대 소득 2천만 원 이하도 15.4%의 분리과세나 종합과세 중 하나를 선택해야 한다. 필요 경비율도 60%(사업자등록 시 70%, 미등록 시 50%로 개정 예정)로 세금 부담은 너무 적다.

가진 자(Have)와 가지지 못한 자(Have not) 중 가진 자를 위한 초특급 대우다. 2018년 9월 말 기준 등록된 전국의 임대사업자는 총 37만 1천여 명이다. 이들이 보유한 임대주택은 무려 127만 3천여 채다. 임대사업자 1인당 평균 3.43채를 보유하고 있다.

정부는 각종 혜택까지 얹어 다주택자에 활로를 활짝 열어줬다. 등록한 임대사업자는 종합부동산세까지 면제+8년 이상 준공공 장기임대로 등록하면 양도 소득세의 70%+여기에 2년을 더하면 100%를 양도세를 면제할 뿐 아니라+건강보험료 인상분의 80%도 감면된다.

국가유공자보다도 더 큰 혜택이 주어진다.
잘 알다시피 임대 소득은 거의가 상속이나 증여로 이뤄진 재산에서 나오는 대표적인 불로 소득이다. 이 임대 소득이 소득 양극화의 주범이다. 이 불로 소득에 정부는 초특급 대우를 해 줬다.

서울 37만 채, 경기 36만 5천 채, 인천 3만 7천 채, 부산도 12만 채가 임대주택이다. 임대사업자는 송파구(1만 4,119명), 강남구(1만 2,699명), 서초구(9,295명) 순이다. 많기도 하다.

이 특혜들은 일몰제 적용이나 법 개정으로 반드시 폐지해야 한다. 하지만 정부 고위 관료나 법을 만드는 국회의원 상당수가 다주택자인 만큼, 현실화될지는 여전히 의문이긴 하다. 국회의원은 299명 가운데 119명이 다주택자이다.

이번의 임대주택 등록 활성화를 거쳐, 임대주택 등록 의무화로 가는 것은 너무나 당연하다. 또한 비과세에서 중과세로 가는 것도 너무나 당연하다. 대표적인 불로 소득이고, 임대 소득이 재산 양극화. 소득 양극화, 신분 양극화의 주범이기 때문이다.

이번의 임대사업자 초특급 혜택 부여 등록 시에도 신고를 하지 않는 임대

소득자는 철저히 발본색원하여 과태료 부과와 함께 중과세하여야 한다. 일단 미신고자들은 탈세 의도가 있다고 보이기 때문이다.

국토부의 실거래가 신고 자료, 건축물대장 소유정보, 확정일자 신고 자료, 건축물 에너지정보, 국세청의 월세 세액공제 자료, 행안부의 재산세 대장, 주민등록 자료, 한국감정원 시세 자료, 주택 임대사업자 등록 자료 등을 데이터베이스화해서 임대 소득을 철저히 파악하여 과세하고 추후 지속적으로 관리하여야 한다.

은행 이자가 100원만 나와도 과세하는 것을 생각해 보면 좀 지나쳐도 좋을 것이다. 공평과세를 지향하고, 과세가 공평하기만 하면 누구나 불만은 없다. 한때 국세청은 화대(花代)에까지 과세하겠다고 설친 적이 있음을 국민들은 다 알고 있다.

이번에 임대사업자로 등록한 임대주택은 원칙적으로 임대 의무 기간 내 매각이 금지되고, 무단 매각하면 주택당 최대 1천만 원의 과태료가 부과된다.

다만, 지방자치 단체에 신고한 뒤 다른 임대사업자에게는 양도할 수 있다. 2년 연속 적자 등 사유로 임대사업자가 지자체 허가를 받은 경우엔 일반인에게도 양도할 수 있다.

하지만 정확히 보면 10년간 재산권 행사가 금지되는 셈이다. 즉 등록자가 재산권을 10년간 포기하는 셈이다.

작년 4월 1일 이후 양도세 중과 배제와 종합부동산세 합산 배제 혜택을 받으려면 8년 임대주택(준공공임대주택이라 부름)으로 등록해 8년 이상 임대를 해야 한다.

다만 이미 임대주택을 등록한 사업자 중 내년 3월 31일까지 새로 등록하고 현재와 같이 5년간 임대하면 양도세 중과 배제와 종합부동산세 합산 배제 등등의 혜택을 받는다. 단, 9·13조치 이후 취득한 주택 중 조정대상지역에 소재한 주택은 여전히 중과세되고, 종부세 과세대상이다.

그래도, 이렇게 큰 혜택은 없다.
오히려 임대사업자 육성책이다.

그러나 임대사업자로 등록하면서 생각해 볼 일은,
(1) 최대 10년간 재산권을 포기하는 것이라는 사실을 알아야 한다. 물론 중도에 포기해도 되지만 그 혜택은 사라진다. 그 혜택이 아까워서라도 중도에 매각하기는 쉽지 않을 것이다. 그래서 결국엔 10년간 재산권을 포기한 것과 같다.

(2) 하나 더,
이르면 2020년 연말쯤, 늦으면 2021년 연말쯤이 한국의 부동산이 롱텀 디플레이션에 진입하게 되는 타임이다. 32년간의 한국의 경기순환 궤도를 그대로 대입하여 산출한 경기하강 연도이므로 적중률은 100%에 가깝다.

이번에 주어지는 모든 혜택을 상쇄하고도 남을 가격 대폭락이 온다. 이 하락세는 약 2032~2033년까지 지속된다.

9·13조치로 2018년 11월 아파트 등의 부동산이 정부와 일부 전문가들의 예상처럼 잠시 조정기를 맞고 있다. 그러나 Big Money Big Cycle 이론에 따라서 롱텀 디플레이션 직전에 마지막으로 대 폭등세를 맞을 것으로 뒤의 제4부 [챕터1]에서 설명한다.

즉 주식시장의 대상투 이후 마지막으로 찾아올 부동산의 대세 상승의 끝자락이 바로 이때 시작될 것으로 보인다.

이 마지막 대폭등세를 끝으로 약 10년 이상의 대폭락 장세가 시현되고 결국에는 80~90%가 폭락하게 될 것이다. 대세 상승세가 없다고 해도 롱텀(Long Term)디플레이션의 본격 진입으로 40~50% 정도는 폭락한다.

(3) 지나친 특혜를 제공하는 이번 조치는 이러한 상황까지 예측한 정부의 임대사업자 등록제도 시행인지 확실하지 않다. 하지만 이번의 임대사업자 등록자들은 재산가치의 폭락으로 대폭 주어진 혜택보다도 더 큰 손실이 찾아온다.

주택 가격의 대폭락이 전제된 상황 하에서의 양도 소득세의 감면조치가 무슨 큰 혜택이 될 수 있으랴!

(4) 임대 소득세 감면 혜택은 전용 85㎡ 이하, 공시 가격 6억 원 이하여야 가능하다.

수도권의 주택은 6억 원, 비수도권은 3억 원 이하 임대주택이면서 8년 이상 임대주택으로 유지해야 '양도 소득세 중과·종합부동산세 과세' 배제 대상이 된다. 건강보험료 감면 혜택은 '8년 임대'해야 한다.

강남 지역 아파트 공시 가격이 대부분 6억 원을 넘는 점을 감안하면 실효성이 없다는 인식도 많다. 서울의 임대주택은 신고된 것만 37만 채로 이 주택들은 공시 가격 6억 원 이하의 주택들이다.

이들을 제외한 임대주택은 재산권을 한시적으로 포기한 대열에 끼지 않아, 오히려 적절한 매도시기를 잡기에 더 유리함은 위의 분석 글로 짐작할 수 있다.

즉, 공시가격 6억 원 이상의 주택을 보유한 강남권 거주 다주택자들은 자연스럽게 신고의무도 면제(?)되어 오히려 더 좋은 매도 기회를 잡을 것으로 보인다. 진정한 투기세력은 사실상 이들인데도 말이다.

결국 매매 시기 면에서도 완전히 자유로워 오히려 임대사업등록자들에 비해서 큰 혜택이 주어진 셈이다. 의도적인지 정책의 실수인지 알 수 없다.

일반적인 분석처럼 서울의 37만 채의 임대주택은 시장에서 일시에 사라진 것이고 소유자는 10년간 재산권 행사를 포기한 것과 같다. 이것이 서울 지역 아파트 가격 폭등을 유발시킨 것이다. 이렇듯 정책이 잘못될 경우 엄청난 부작용을 치르는 것이 경제정책이다.

부동산 임대 소득은 대표적인 불로 소득이며, 유산으로 혹은 증여받은 경우가 많다. 이는 양극화 차별화의 출발점이 되고 있음을 감안하여 철저히 관리하고 과세 대상으로 삼아야 할 것으로 본다. 그러나 우리나라 임대소득 과세제도에는 아직도 크나큰 구멍이 남아 있음을 다음 챕터에서 알아보자.

6 유일한 구멍, 다가구 주택 임대업

대표적인 불로 소득은 부동산 임대 수익이다. 부동산 임대 소득은 소득 양극화의 주범이다. 대개의 경우 이 임대 소득은 상속과 증여 등으로 형성된 자산이다.

선진국 문턱에서 근 10년을 헤맸던 대한민국이다. 누구나 선진국이 되길 원하지만 사실은 선진국이 되면 국민들의 생활은 더 핍박해진다.

국가는 부강해지지만 개인들은 세금을 더 내어서 국가의 재정을 튼튼히 해 주고 복지예산을 감당해 줘야 한다.
정부가 받을 만한 세금, 아니 받아야 할 세금 중에서 안 받는 것이 바로 단독 주택(다가구 주택 포함) 월세 수익에 따른 세금이다.

순수 단독 주택의 방 하나를 월세를 놓는 노인가정의 월세 수익에 세금을 매길 수 없다는 논리이다. 세금을 부과하면 바로 월세 입주자에게 부과된 세금을 월세 조로 더 올려 받을 것이라는 논리다.

그럼 누구나 못살게 된다는 것이다. 순진한 말이고 어폐가 있다. 전부 신고는 받고 과세하되 금액으로 면세점을 더 높게 정해 주면 되는 것을 말도 안 되는 논리로 단독 주택 임대업자는 신고조차 받지 않는다.

1가구 1주택자인 단독 주택 소유주에게 과세를 하면 집권세력 및 정치인들 입장에서는 표 날아가는 소리가 우수수 날 것 같은 것이 과세를 미루는 이유의 본질이다. 그러나 누군가는 해야 할 일이고 언젠가는 해야 할 일이다. 세금부과의 대원칙은 수익이 있는 것에는 세금을 부과하는 것이다.

따라서 방 한 개를 세놓은 단독 주택의 수익에도 세금을 부과해야 하는 것은 너무나 당연한 얘기다. 월 10~20만 원 한도로 낮은 면세점을 정해서 입법하면 된다. 다시 말하지만 은행 이자는 100원 이하여도 과세된다. 공평과세란 바로 이런 것이다.

더, 기막힌 구멍도 있다.
단독 주택의 방 한 개를 세놓는 단독 주택과 세법상 단독 주택으로 대우하는 다가구 주택과 비교해 보자.

1가구 1주택의 경우에는 임대 소득 전액을 면세 조치한다. 다가구 주택의 경우 19세대까지도 전액 면세 조치한다. 단 1가구 1단독 주택(다가구 주택)이어야 하고 공시 가격으로 9억 원 이하의 주택이어야 한다. 결국

① 가구당 50만 원×19세대=950만 원
② 950만 원×12개월=1억 1,400만 원

까지 면세처리가 되는 것이다.

이들은 대학가, 공단 주변에 수만 채나 모여 있다. 연봉 1억 원을 받으려면 괜찮은 대기업에 20년 이상 근무한 사람들로, 밤낮없이 근무해야 받을 수 있는 연봉이다. 2017년 말 당시 우리나라의 1억 원 이상 연봉자는 71만 9천 명. 근로자 평균연봉은 3천 519만 원이었다.

연간 1억 가까운 수입이 있는데도 세금 한 푼 없다니, 한마디로 황당하다. 이 정도면 기업형 임대주택이다. 바로 이런 구멍이 소득 양극화의 주요인이다. 게다가 이런 고액의 임대용 부동산은 대개의 경우 상속이나 증여로 주어진 재산이다.

1세대 1다가구 주택 소유자라면 다른 소득이 많아서 종합 소득세 과세 해당자라고 하여도 임대 소득은 없는 것으로 '소득 없음'으로 처리된다.

이런 다가구 주택은 시세로는 20~30억 이상 된다. 하지만 단독 주택은 공시 가격이 시세에 비하여 엄청 낮으며, 연구하면 절세방법도 얼마든지 있다. 공시지가 인상으로 9억 원 이상이 되면 가족들에게 차례로 지분을 넘겨주면서 공동 소유자를 늘려 가면 간단히 면세처리를 받을 수 있다.

즉 공유물화하는 것으로 간단히 절세를 할 수 있다. 이렇게 하면 종합부동산세도 피해갈 수 있다. 수익성 부동산의 수익률은 점점 줄어들고 있어, 앞으로는 세금 문제를 감안하는 것이 적은 수익이나마 더 올릴 수 있는 비결이다.

2019년쯤부터는 이 면세되는 재산세 과세표준 합계액이 5억 4천만 원 이하로, 장차 더 줄어들게 될 것으로 보인다. 바로 건강보험료 지역 가입자 가입 재산 기준이 2018년 7월 1일부터 이미 이렇게 변했기 때문이다.

이 재산세 과세표준 합계액은 보유세(재산세+종부세)뿐만 아니라, 의료보험 지역 가입자의 부양가족 등재기준, 기초연금, 기초생활수급자, 취업 후 학자금 장기상환대출자 선정 등 61개 분야에서 기초 자료로 광범위하게 쓰이기 때문이다.

법을 만드는 것은 국회의원들이고, 시행하는 것은 정부 몫이다. 국회의원을 서로 하려고 하는 이유는 국가를 위해서 등 단지 명예 때문이 아니라는 것은 초등학생도 안다. 자기의 이득을 지키려는 필사의 노력이고 수입을 늘리려는 것이 주요 이유 중 하나다.

살아보니, 국가와 민족을 위한다고 떠드는 사람은 단연코 자기 자신의 이익만을 노리는 자였으며, 아무 말 없이 쥐꼬리 연봉으로 살아가는 서민들이 국가와 민족을 위하는 진정한 애국자임을 우리는 잊지 말아야 한다.

공평하기만 하면 불만은 없다.

7 갭(Gap)투자 후폭풍…
흑자부도, 월세파산, 전세파산

앞 챕터들에서 전후 약 70년간은 인플레 경제 시대였기에 월세 투자자들이 황금기를 맞았었다고 기술한 바 있다. 하지만 이제는 한국도 2013년부터 핵심 경제활동 인구의 감소로 인해 경제가 대 수축기에 들어선지 7년차 쯤 된다.

우리 모두 경제의 패러다임이 인플레 경제에서 디플레 경제로 이미 변하고 있음을 알아야 한다. 곧 디플레 경제가 본격화되면 모든 경제주체들은 기존의 투자 방법을 바꿔야 돈을 벌 수 있고 살아남을 수 있다. 그래서 이번 챕터에서는 월세 투자자들의 앞으로의 적절한 생존전략 혹은 투자행동을 정리한다.

먼저 Gap투자의 후폭풍을 알기 위해서 갭투자의 Leverage 효과를 살펴보자. 전세를 안고 은행융자 차액을 빼고 부동산에 투자하는 것을 갭투자라고 한다. 전세금도 무이자 부채이니까, 결국 부채투자를 갭투자라고 통용하고 있는 셈이다.

이 갭투자를 통한 수익이 지렛대를 이용하여 물건을 들어 올리는 것처럼 쉽게 수익을 배가시키거나 손실을 확대시키므로, 이를 갭투자를 활용한 레버리지 효과와 역 레버리지 효과라고 한다.

갭투자의 기본 성공 조건은 아파트 등의 가격이 꾸준히 상승하거나 최소한 현 상태의 가격 유지가 전제되어야 한다. 전세가도 최소 제자리 이상을 유지해야 한다.

갭투자는 이론적으로는 완벽한 투자 방법이다.
무이자로 남의 돈을 이용하고, 은행 차입금 이자보다 많은 월세를 받아 그 차익을 전부 갭 투자자가 갖는 것이기에 그렇다. 그러나 전제조건이 무너지면 정반대 현상이 나타나는 투자 방법이다.

레버리지 효과를 크게 누리기 위해서는 전세금을 가급적 높여 받고, 은행 차입을 늘려서 내 투자금을 줄일수록 순수익이 더 늘어나는 구조다.

은행차입금/순투자액을 하면 부채비율이 나오는데, 이 부채비율이 높을수록 레버리지 효과가 더 크다.
세계에서 유일무이한 전세제도가 부채(전세금은 무이자 융자금)를 활용한 갭투자라는 독특한 주택투기시장을 한국에서만 대유행을 만들어 낸 것으로 볼 수 있다.

사실 이 레버리지(Leverage) 기법은 그동안 주로 기업들이 쓰던 투자기법이고 경영학과 재무관리론의 초보이론이다. 싼 이자로 돈을 빌려 사업을 한 후 이자를 지불하고 나면 남의 돈으로 돈을 번 형태가 된다. 즉, 기업 입장에서 일반인들의 갭투자 법과 다른 것이 있다면 기업 경영 시에는 무이자 전세금이 없다는 차이밖에 없다.

시중에는 가끔 무차입 경영을 자랑인 듯 외치는 CEO들이 있지만 호경기에 이 레버리지 효과를 누리지 않는 경영자 즉 은행차입금을 활용한 이익 극대화 전략을 구사하지 않는 경영자라면 그는 뛰어난 경영자가 아니라고 할 수 있다.

한국의 주택 가격이 비싸기도 하거니와 레버리지 효과를 누리기 위해서라도 주택 등의 부동산을 살 때에는 은행에서 융자를 받아 투자하는 경우가 더 많다.

즉, 100% 자기 자금으로 투자해 레버리지 효과를 포기하는 자는 기업이든 개인이든 한마디로 바보인 셈이다. 단 인플레이션 경제하에서만 그렇다. 이러한 원리를 응용하여 은행에서 융자를 받아서, 은행 이자보다 높은 월세 수익을 올리기에 수익성 부동산에 월세 투자자들이 몰려드는 이유이다.

은행이 '수익성 자산 수익액 중 은행대출액 기여분—은행 대출 이자'의 차액을 대출받은 사람이 다 가져가는 구조를 누구보다도 더 알면서도, 직접 수익성 부동산에 투자하지 못하는 이유는, 은행은 업무용 부동산 외에는 부동산에 투자할 수 없게 은행법으로 철저히 규제하고 있기 때문이다. 그러나 법 개정으로 현재에는 이마저 많이 완화되어 있다.

월세 투자 시에는 금리가 항상 중요한 포인트가 된다. 물론 금리 외에 달러환율의 변동이 더 절대적인 변수이지만 이에 따른 변동은 뒤에서 자세히 설명하기로 하고 우선은 제외하고 이야기를 전개한다.

그러면, 어느 정도의 금리 수준이 월세 투자를 포기하거나 새로이 진입해야 하는 Tipping Point인가를 생각해 보자.

미국이 2019년까지 금리 인상 기조를 이어가고 한국 기준금리도 이에 발맞출 경우 대출자들의 금리 부담이 커질 것이란 우려가 커지고 있다. 2018년 9월 말 잔액 기준 주택담보대출금리는 4.29~4.54%이다.

현재 한국 가정들의 가계부채는 1,500조 원을 돌파해 사상 최고 수준이다. 만약 어떤 투자가가 산 월세용 아파트나 수익성 부동산의 연간 순수익률이 주택담보대출 최저금리인 4.29% 이하라면 은행융자를 받아서 새로이 수익성 부동산을 사면 안 된다.

즉, 이 자산의 티핑포인트는 수익률 4.29%이다.
즉, (은행 주택담보 대출 이자율-월세 수익률)이 플러스라면 이미 차액만큼 손해를 보게 되기 때문이다. 이런 경우에는 결국, 은행 돈벌이만 시켜주는 꼴이 된다. 즉 (자기 자금+무이자 전세금)의 수익률도 갉아먹게 된다.

이런 경우에는 기존 투자자산을 팔고 전세금+순수 자기 자금으로만 투자해야 자기 자금의 순수익률 이상을 유지할 수 있게 된다. 그렇게 되면 레버리지 효과는 전세자금액만큼만 보게 된다. 하지만 은행만 좋은 일을 시켜주지는 않게 된다.

그렇게 하지 않는다면 그는 바보 투자자가 된다. 어떤 경우에도 이 수익성 자산에서 적어도 무위험 수익률인 은행 정기예금 이자 수익률 이상의 수익이 발생해야 한다.

부채비율과 레버리지 효과를 먼저 간단히 표를 통해서 보자.

예를 들어 1억짜리 오피스텔에 투자했는데,

오피스텔 구입가격(1억)

자기자금(2천만 원)

은행차입금(6천만 원)

보증금, 월세(2천만 원/30만 원)

부채비율이 300%다. 그럼 이 부채비율 300%의 레버리지 효과 및 역레버리지 효과를 살펴보자.

2018년 11월 30일 한국은행은 기준금리를 0.25% 인상하여 한국의 기준금리는 현재 1.75%이다. 미국의 기준금리는 2.00~2.25%이다.

	이자율(%)	연간이자(만 원)	연간월세(만 원)	연간차익(만 원)	연순수익률(%)	연순수익 감소율(%)	비고
a)	4.50	270	360	90	4.5	0	1차 티핑 포인트
b)	4.75	285	360	75	3.75	16.66 ▼	
c)	5.00	300	360	60	3.00	20.00 ▼	
d)	5.25	315	360	45	2.25	25.00 ▼	2차 티핑 포인트
e)	5.50	330	360	30	1.50	33.33 ▼	
f)	6.00	360	360	0	0	100.00 ▼	
g)	6.25	375	360	−15	−0.75	적자 시현	역월세 현상

[표1] 월세 투자 티핑 포인트 체크 리스트

위의 표를 통해서 0.25%의 금리인상이 어떤 결과를 나타내는지 분석해 보자.

사실 주택담보대출금 이자가 0.25% 올랐다고 해서 호들갑 떠는 이유를 잘 모르겠다는 분들이 꽤 있을 것이다.

1억당 연간이자가 겨우 25만 원/월 기준 2만 833원 오른 것에 불과하고 3억을 융자받았다고 해도 연간 75만 원/월 기준 6만 2,500원 오른 것에 불과하니 그럴 것이다.

그러나 위의 표를 보면 실제로 주택담보대출금 융자를 받은 사람 입장에서는 0.25%의 이자율 인상으로 당시의 주택담보대출 이자율에 따라 다르지만 16.66~100%의 연간 수익률이 줄어드는 결과를 나타냄을 알 수 있다.

왜 수익이 16.66~100%로 확 줄어들까?
바로 부채비율 때문이다. 자기자금 2천만 원의 300%인 6천만 원을 은행에서 빌렸기에 그 효과가 부채비율에 비례하여 나타나는 것이다.

이것이 부채로 인한 마이너스 Leverage 효과다. 즉 역 레버리지 효과이다. 즉 평균적으로 부채비율에 따라서 금리인상에 따른 수배의 역효과가 시장에서 나타나게 되는 것이고 결국 한 번의 금리인상도 언론에서 호들갑을 떨 만한 것이다.

게다가 주택담보 대출자 중 약 50%가 이미 원리금 동시 상환 제도의 적용을 받고 있는 상황도 감안해야 한다. 0.25%의 금리인상도 부채비율이 높은 대출자 입장에서는 충격이 큰 것이다.

실제로는 월세 수익이 발생한다고 해도 원리금 동시 상환 제도의 적용을 새로이 받게 되는 경우 월세 수입 금액만으로 매월 원리금 상환액을 감당할 수 없는 경우가 약간의 금리인상으로도 앞으로 허다하게 발생하게 된다.

즉 주택담보대출금을 활용해서 레버리지 효과를 크게 한 주택임대 사업자는 캐시플로우(Cash Flow)가 부족하게 되어 결국에는 흑자도산, 월세파산에 이르게 된다. 현금흐름이 이렇게 중요한 것이다.

월세 투자로 한 달에 1천만 원 수익을 올린다고 광고한 투자자나 연봉보다도 월세 수입이 더 많다는 투자자 등도 1~2회의 추가 금리인상으로 앞길이 캄캄한 시절에 들어설 수 있다.

여태까지의 월세 투자자들은 레버리지 효과를 보기 위해서 최대한으로 은행융자금을 끌어오고 전세액을 최대한 높여서 투자했기 때문이다. 1~2채만을 투자했을 경우에는 힘겹게 방어해낼 수도 있겠지만, 월세 투자를 많이 한 투자자는 견뎌내지 못한다.

즉 최근 인기 부동산 강사들의 책을 따라서 갭(Gap)투자가 유행했던 걸로 봐서 무이자 융자금인 전세금과 은행차입금을 이용해서 다음 아파트로 갭투자를 연속해서 했을 것이기에 여러 채에 갭투자한 투자자들은 견뎌내지 못한다.

따라서 투자한 수익성 부동산 한 곳만 흑자도산하기 시작하면 도미노처럼 모든 투자자산이 무너진다. 그러기에 무엇보다도 현금흐름을 철저히 관리 및 미리 대비하여야 할 때가 도래하는 것이다.

앞에서도 말했지만 부채비율만큼 금리 인상에 따른 부담이 생겨나기 때문이다. 0.25%만 금리 인상을 해도 부채비율이 300%라면 0.75%의 실제적인 금리 부담이 늘어나게 된다. 즉, 300%로 증폭되어 더 늘어나게 된다.

따라서 매월 월세 수익이 발생한다고 해도 은행에 매월 갚아야 할 원리금 분할 상환 금액에 월세 수입이 미치지 못한다. 이런 경우에는 흑자부도가 되어, 다시 경매시장에 해당 수익성 부동산이 나오게 된다.

즉, 임대 수익만으로 살아가는 사람이라면 타격이 오기 시작하는 수익률 감소가 0.25% 금리인상에서도 발생할 수가 있는 것이다. 한마디로 부채로 인한 레버리지 역효과는 금리인상률×부채비율이 된다. 예로 든 경우처럼 부채비율이 300%이므로 0.25% 금리가 올라도 금리가 0.75%오른 것과 같고 수입액은 최소 16.66%가 줄어든다.

반대의 경우라면 즉 이자율이 0.25% 내린다면 당연히 수익률이 0.75%가 오르고 수입액은 16.66%가 증가한다. 그래서 이자율 0.25%의 낮은 금리 인상이나 인하 시에도 각 경제주체들은 민감해질 수밖에 없는 것이다.

결국, 월세 투자자 입장에서는 은행의 주택담보대출 이자율보다 월세 수익률이 더 높다면 (융자액×월세 수익률−주택담보대출 이자율)의 그 차익을 전부 누리게 된다.

하지만 이 양자가 같아진다면 판단을 해야 할 시점이 된 것이다. 왜냐하면 이제 이 수익성 부동산은 순수 자기투자금+전세금에 대한 수익만을 올리게 되었기 때문이다. 즉 은행차입금으로 인한 레버리지 효과는 제로가 되었기 때문이다.

a)처럼 주택담보대출 이자율이 4.25 → 4.5%로 오른 것이라고 가정하면 월세 수익률은 여전히 무위험 수익률인 정기예금 금리보다는 높다. 자기 자금 투자액 2천만 원을 은행에 2% 정기예금을 가입하여 얻을 수 있는 이자는 연간 40만 원이지만 월세로는 연간 90만 원의 차익을 올리기 때문이다.

약 2.25배나 더 수익을 올리고 있기에 이 수익성 부동산을 처분하기에는 너무 이르다. 그러나 은행 이자율이 지속적으로 오를 것인지 여부를 판단하여야 할 때가 온 것은 맞다. 이른바 1차 Tipping Point다. 바로 a)의 경우이다.

만약 지속적으로 금리가 오를 것으로 판단한다면 팔 준비를 해야 할 때라는 것이다. 왜냐하면 누구나 그렇게 생각하면 일시에 부동산이 매물로 나와서 잘 팔리지 않거나 가격이 대폭 내릴 것으로 예상되기 때문이다. 여기에서도 [번외1]의 Three times principle(삼세번의 법칙)을 적용하느냐의 여부는 각 개인이 결정해야 할 것이다.

이자가 좀 더 오르기 시작해서 위의 예로 볼 때 d)의 경우에 도달했을 때에는, 이른바 2차 Tipping Point가 도래할 직전이다. 연간 투자 수익률이 2.25%로 은행 정기예금이자율(40만 원, 2%)에 거의 도달하였고, 연이어 이자율은 오를 것으로 예측된다면 반드시 처분해야 할 마지막 찬스가 된다.

만약 파는 시기를 놓쳐서 연간 수익액이 제로인 f)나, 오히려 마이너스인 g)의 경우가 된다면 이 부동산은 살 사람이 전혀 없어지거나 가격이 더 내리게 될 것이고 결국 손해 보고 처분해야 할 것이다.

특히 g)의 경우 즉 월세 수익이 은행의 정기예금이자보다 낮은 경우를 역월세 상황이라고 하는데, IMF 때 잠시 나타났었다.

신조어이므로 용어 사용 시 혼선도 있다. 전세 시세 하락으로 새로운 세입자를 구하지 못해서 전세금 반환이 어려울 경우에 임대인이 전세금 시세차액만큼을 월세로 환산하여 임차인이 퇴거할 때까지 이를 매월 월세로 환산하여 지불하는 경우, 이를 역월세라고 말하기도 한다.

이제 곧 롱텀(Long Term) 디플레가 온다.
여기에서 더 감안해야 할 것은 자기 자금의 기회비용을 포함해서 수익률을 계산해 봐야 하고 각종 세금과 공과금, 기타 경비를 감안해서 판단해야 한다는 점이다.

'제반 경비 제외 월세 수입-정기예금 이자=+(플러스)'이기만 하면 될 듯하지만 더 자세히 들여다보자.
앞으로의 부동산은 인플레 시대의 부동산과는 다른 길을 가게 된다. 물론 마지막 한 차례의 대세 상승은 남아 있다고 본다.

이 시기를 지나면 약 10년 이상 심한 경우에는 약 20년 정도를 줄곧 내리기만 하는 디플레이션 시대로 본격 진입한다.

현재까지의 월세 투자 관행은 매년의 월세 수입에서 주택담보대출 이자를 빼고도 돈이 남기만 한다면 수익성 부동산에 투자하는 경우가 많았다. 즉 자기 자금의 기회비용도 감안하지 않은 투자를 감행하기도 했었다.

그러나 정기예금 이자율과 같은 최저 필수 수익률 2%는 수익성 부동산의 감가상각비(Depreciation)조차 감안하지 않는 수익률이다. 보통 한국의 아파트는 내용연수를 30년 정도로 본다. 따라서 90%의 부동산 취득가격을 1년에 약 3%의 감가상각을 해야 한다. 즉 최소 3%씩 가격이 떨어져야 맞는 것이다.

그동안 실제로 매년 아파트 등 건물 가격은 약 3%씩 감가되었는데도, 인플레이션 경제의 지속으로 부동산은 꾸준히 올랐었기에 감가상각비를 감안조차 하지 않고 월세 가격이 산정되고 아파트가 매매되었지만, 디플레이션 경제하에서는 이런 일은 있을 수 없다. 즉 기존의 가격 산정 패러다임이 완전히 달라진다.

부동산 가격은 앞으로 10년 이상을 꾸준히 매년 내리기만 하는데, 감가상각비 등을 감안한 금액조차도 못 받는 경우가 많아지므로 주인들이 바보가 아닌 이상 매년 수익을 맞추기 위해서라도 월세 즉 임대료를 매년 기존 월세액에다 감가상각비 해당액 3%를 더 받고 싶어 할 것이다.

그러나 실제 이 주택에 입주할 능력을 가진 자가 많지 않으므로 항상 감가상각비+기존의 임대료 이하에서 가격이 결정될 것이다. 결국 디플레를 감안해서 길게 보면 수익성 부동산에 투자한 경우 손실액이 엄청나게 커지게 된다.

게다가 이제 주택담보대출액 중 원리금을 동시에 상환해야 하는 비율이 이미 50% 가까이 된다. 즉 매월 들어오는 월세액이 주택담보대출액 원금(+)과 이자를 합친 절대액에도 부족하게 된다. 수익률은 차치하고라도 월 부담액의 증가로 신규 월세물건은 시장에서 사라지게 된다.

현재의 주택담보대출 이자율보다 수익성 부동산의 수익률이 낮다면 해당 수익성 부동산에 투자하자마자 이미 융자금은 역마진 상태이고 이 손실분이 자기 돈(전세금 포함)의 수익률마저 갉아먹는 것이다. 레버리지 효과를 노렸던 융자금이 사실은 이미 역 레버리지 상태에 있는 것이다.

생각을 좀 더 해 보면 결국 디플레 시대에 수익성 부동산에 투자하면 현재 관행으로는 감가상각비 등을 가감한 금액을 전혀 보전 받지 못하므로 매년 자기의 재산을 갉아먹는 30년짜리 주택연금에 강제로 가입한 것과 같아진다.

그래도 연금이 나오듯이, 월세가 나오기는 한다.
하지만, 결국 자기자산을 매년 1/30씩 부분적으로 파는 것과 같다.

사람들은 흔히 감가상각비 등을 가감한 금액을 감안하지 않는 월세 관행에 익숙해져서 월세 수입 자체를 순수한 이득인 것으로 판단하기 쉽다. 그러나 1~2년 후에 다가오는 본격 디플레이션 시대에는 이는 잘못 판단하는 것이다.

감가상각비를 감안할 때 조금 덜 민감하여도 되는 경우는,

① 인플레이션 경제가 꾸준히 진행되어
　　매년 아파트가 꾸준히 오르는 경우
② 그리하여 30년이 지나면
　　모든 아파트가 재건축된다는 가정이 성립될 때이다.

앞으로 월세 투자 시에는 그냥 간편하게 연간 순수익률이 주택담보대출 금리 이하라면 월세 투자를 하지 않는 것이 답이다.

좀 더 정확한 판단을 위해서는 보유세, 소득세, 각종 공과금과 수리비도 수익률 계산 시에 감안해야 함은 물론이다.

즉 월세 투자한 부동산 수익률이 현재 주택담보대출 금리 이하라면 이미 1차 티핑 포인트(Tipping Point)로 주의 단계다.

연간 임대 수익률이 주택담보대출 금리 이하이면 은행 이자 장사만 시켜 주는 꼴이다. 레버리지 효과는 마이너스이다.

결국 디플레이션 경제하에서는 인플레경제 시대와는 반대로 진득하니 가지고 있으면 모든 자산은 끊임없이 내리고 월세도 내리므로 이는 바보가 하는 짓이다.

그래서 디플레경제하에서는 0.1% 초과 수익률을 위해서 계산하고 계산해서 확인해야 한다. 0.1%의 초과 수익도 천금 같은 것이다. 10년 이상 지속될 상황이니 더 그렇다.

만약 2차 티핑 포인트를 벗어나면 장차는 현금 부족으로 결국에는 흑자 도산을 초래하게 된다. 부동산 경기가 좋은 시절에 부채 투자로 레버리지 효과를 누렸던 부채는 이제는 큰 짐이 되는 것이다.

무이자 부채였던 전세금(전세보증금 포함)도 부채여서 갚기 전에는 그대로 남는다. 계속해서 주택 가격이 하락하면 깡통주택이 되는 것은 누구나 아는 사실이다. 전세금(전세보증금 포함)을 빚으로 여기지 않았던 결과로 전세 파산까지 준비하여야 하는 시기가 점점 다가오고 있다.

일반적으로 부동산은 대세하락 5년 이내에 보통 30%가 폭락한다. 그 후 2차 하락기가 되면 전세금 원금 회수를 우려하는 전세 입주자가 역월세를 받고 계속 거주해 주지도 않기 때문에 결국 이 물건은 경매시장에 나오게 된다. 이른바 전세파산이 된다.

또한 월세 수입은 들어오지만 앞으로는 주택담보대출 상환원리금을 동시에 상환해야 하므로 또는 아파트 등 수익성 부동산 가격의 하락으로 월세 수입은 자동적으로 줄어들게 으로써 월세투자로 인한 월세파산도 늘어갈 시기가 바로 앞에 다가와 있다.

이상의 내용을 다시 간단히 요약 정리해 보자

(1) 최상단계	월세 수익률 > 주택담보대출 이자율
(2) 1차 티핑 포인트	월세 수익률 = 주택담보대출 이자율
(3) 평상시단계	월세 수익률 > 정기예금 이자율
(4) 2차 티핑 포인트	월세 수익률 = 정기예금 이자율
(5) 최악단계	월세 수익률 < 정기예금 이자율

[표2] 단계별 투자 판단표

(1)의 경우가 가장 좋은 단계임은 말할 것도 없다. 자기자금은 물론 전세금, 은행대출금까지 전부 월세 수익에 기여하고 있는 단계이다. 월세 수익률이 은행대출 이자율보다 높아 대출금은 은행대출금 이자를 내고도 차익이 나오므로 너도 나도 월세시장에 뛰어들어 주택가격이 폭등한다.

그동안 수익이 크므로 많은 경쟁자들의 시장 진입으로 주택가격이 급등했거나 이자율의 상승으로 이제는 은행대출금이 이익에 기여하지 못하는 단계다. 즉, 월세 수익률과 주택담보대출 이자율이 같아졌기 때문이다. 하지만 아직도 자기자금과 전세금의 합계액으로는 정기예금 이자율 이상의 월세수익을 짭짤하게 올리고 있는 단계이다.

하지만 주의단계이며 1차 티핑 포인트(Tipping Point)이다. 월세 수익률은 아직도 은행 정기예금 이자율보다는 한참 더 높으니, 투자처가 마땅치 않은 사람들은 계속해서 월세투자에 나서면서 수익성 부동산 가격은 지속적으로 올라 월세 수익율을 떨어뜨리고 있는 단계이다. 물론 주택담보대출 이자율이 올라서 그럴 수도 있다.

가장 흔한 단계는 (3)의 경우가 가장 일반적이다. 은행대출금+자기자금+전세금의 월세수익으로 주택담보대출 이자를 내고 난 차액이 그래도 정기예금 이자액보다는 많다. 물론 월세 수익률은 주택담보대출 이자율보다 낮다.

이것이 평상시의 월세시장이 된다. 자기자금+전세금으로 올리는 월세 수익액이 은행 정기예금 이자보다는 많다. 은행 대출금 이자 때문에 줄어드는 월세 수입이 아깝지만 어쩔 수 없는 단계이다.

하지만 인플레 시절이면서 투자한 아파트가 재건축이 가능하다면 아직 철수할 단계는 아니다. 즉 손해만 안 보면 된다는 생각으로 버티면 다 해결되던 것이 그 동안의 월세 투자 방법이었다.

그러나 지금처럼 디플레 시절이거나 월세 투자한 부동산의 재건축·재개발이 전제되지 않는다면 아파트, 오피스텔, 상가주택 등의 수익성 부동산 등에서 바로 철수해야 한다.

디플레로 인한 매년의 가격 하락분을 제외하고도 최저 필수 월세수익률이 5%(감가상각비 해당액 3%+정기예금 이자율 2%)나 되니까 그렇다. 이미 한국에는 이런 수익성 부동산은 없다. 즉 정확히 얘기하면 월세 수익률은 정기예금 이자율보다는 항상 3%가 더 높아야 겨우 본전인 것이다.

금리의 인상이나 주택가격 상승에 따라 (4)단계는 2차 티핑 포인트가 된다. 즉 (자기자금+전세금)의 정기예금 이자 계산액이 월세 수익액과 같아지는 경우이다. 이 경우에는 감가상각비와 디플레이션으로 지속적인 시세 하락 등을 제외하고라도 반드시 철수해야 할 티핑 포인트이다.

그러나 감가상각비를 제외한다면 즉 재건축이 전제되거나 인플레 시절이라면 (4)의 경우는 여간해서는 오지 않는다. 즉 임대인이 손해를 보면서까지 임대를 할리는 없기 때문이다. 결국 이 (4)선이 월세의 하한선이고, 부동산 가격 하락의 마지노선이다.

즉 인플레 시절이라면 월세는 (자기자금+전세금)의 정기예금 이자 정도는 항상 보장된다고 할 수 있다. 하지만 지금은 디플레이션 진입 7년 차이므로 이마저도 안심하면 안 된다. 정기예금 이자도 디플레이션이 오면 꾸준히 내릴 수밖에 없고 감가상각비도 받아야 하기 때문이다.

마지막으로 기회비용(Opportunity Cost)까지 감안한 다른 월세투자 실제 사례를 예로 들어 수익성 판단을 해 보자.

2004년에 준공된 역삼동 대우디오빌플러스 오피스텔 전용면적 38.96제곱(11.8평)의 2018년 12월 시세는 매매가는 2.6억, 전세가는 1.8억에 거래되고 있다.

위치 등은 국내 최고 수준이며 강남역 역세권이다. 2018년 12월 월세는 보증금 1천만 원/월세 85만 원이다.

(a) 융자금이 없을 경우
수익률은 3.9%(85만 원×12/2억 6천만 원)
정기예금 이자율 2%로 가정
- 기회비용: 2.6억×2%=520만 원
- 연간 이익액: (85×12)―520만 원=500만 원
- 초과이익률 1.9%(보유에 따른 추가 비용은 없는 것으로 가정)

(b) 융자금이 1억(부채 비율 38.5%) 있을 경우/30년 만기, 이자율 5.00%로 예상
원금 월 상환액: 28만 원(30년 균등 상환 시)
이자 월 납부액: 42만 원
매월 이익(현금유입액): 85−28−42=15만 원
- 연간 이익 15만 원×12월=180만 원(연간 수익률 1.1%)

- 기회비용: 320만 원(자기자금 1.6억×2%)
- 연간 이익액: 180만 원-320만 원=-140만 원

기회비용을 감안하면 매년 140만 원의 손해가 된다. 즉 자기자금 1.6억 원의 정기예금 수익액마저 깎아먹게 되며, 정기예금을 하는 것보다도 손해가 된다.

투자하자마자 바보 투자자가 되는 것이다. 그러나 현금유입액은 180만 원이 발생하므로 흑자부도가 날 가능성은 없다.

(c) 융자금이 1.3억(부채 비율 50%) 있을 경우/30년 만기, 이자율 5.00%로 예상

원금 월 상환액: 36만 원(30년 균등 상환 시)

이자 월 상환액: 54만 원

- 매월 이익(현금 유입액): 85-36-54=-5만 원(손실률 0%)
- 기회비용: 320만 원(자기자금 1.6억×2%)
- 연간 손실액: 60만 원-(1.6억×2%)=380만 원(손실률 1.35%)

대출 원리금 동시상환제도가 이렇게 무서운 것이다. 어떤 투자자가 위와 같은 조건으로 (1.3억 융자, 이자율 5.00%, 30년 분할 상환)즉 케이스 (c)의 경우처럼 자산 가격의 50%만 융자를 받는다면 매월 5만 원 적자지만 자기자금 1.6억의 기회비용까지 감안하면 연간 380만 원의 손실을 감수해야 한다.

만약, 기회비용을 감안하지 않는다면 연간 손실액은 60만 원이 된다. 주택담보대출 원리금 상환 기간을 30년으로 계산하였지만, 이를 20년으로 적용한다면 월 상환액은 1.5배가 증가한다.

예전의 인플레이션 시대에는 그래도 여기까지가 마지노선 정도였다. 즉 인플레이션 시대에는 계속 버티기만 하면 언젠가는 자산 가격이 오르고, 이에 따라 월세도 올랐다. '꿩 먹고 알 먹고' 상황이 될 수 있었다.

만약 부동산 가격이 내린다면 이에 따라 월세도 서서히 내리는 것이 맞다. 즉 주택담보대출 이자율이 5%라면 부채비율의 한도는 50% 정도가 데드라인이다.

부채비율이 50% 상황이 지속되면 현금유입액이 매년 60만 원(월 부족액 5만 원×12=60만 원)이 부족해서 흑자도산, 월세파산으로 한 걸음 한 걸음 다가서게 된다.

만약 1~2채를 같은 형태로 보유한다면 어떻게든 방어하겠지만 시중의 유행처럼 10채만 투자했어도 연간 현금부족액은 600만 원이 된다.

투자한 부동산이 더 많거나 현금 부족액이 케이스 (c)보다 더 크다면 돌려막기도 불가능해져 결국 흑자도산 → 월세파산, 전세파산이 바로 눈앞의 현실이 된다.

부동산은 한 채에 투자한 경우에는 10%, 20%, 30%, 40%, 50%로 재산이 늘어나지만 두 채를 가지면 20%, 40%, 60%, 80%, 100%로 늘어난다. 줄어들 때는 1주택이면 40%, 30%, 20%, 10%로 줄어드는데, 다주택은 80%, 60%, 40%, 20%로 줄어든다. 대박이 빨리 찾아오듯 쪽박도 빨리 찾아오는 것이다.

여기에서 갭투자자의 전세파산 이유를 구체적으로 알아보자.

(가정)어떤 사람이 갭투자로 아파트 3채를 보유한다고 가정한다. 각 1채당 가격 하락 폭이 5천만 원이라고 가정한다.

전세가 하락 폭 5천만 원×전세가율 60%(최소치 기준)=3천만 원의 전세가격이 자동적으로 하락한다.
따라서 갭투자자는 3천×3채=9천만 원을 마련해야 한다. 전국적으로 이런 현상이 즉 5천만 원이 내린다면 전세파산이 시작되는 것이다.

이에 따라서 장차 은행, 보험회사, 저축은행, 증권회사, 건설회사들 부도가 엄청날 운명임을 짐작할 수 있다. 전세금이 칼날이 되어 되돌아오는 것이다. 아파트 가격이 무너질 때 동시에 거의가 다 같이 무너지는 현상은 전세제도 때문인 것이다.

주택가격이 내리면 전세가격도 전세율만큼 내리므로, 새로운 세입자를 못 구하게 되는 것이다. 결국 다주택자인 갭투자자는 집을 팔아도 전세금을 못 내주게 된다.

2018년 뉴스를 보면 동탄의 89채 아파트 보유자, 창원의 192채 보유자는 이미 파산했다. 이 두 임대업자는 전세제도를 활용한 갭 투자자로 보이지만 이제 곧 월세 투자자들의 파산도 이어진다.

위의 예를 기준으로 보면 부채비율이 50%인 경우에도 1채당 연간 60만 원의 Cash Flow 부족 현상이 생기지만, 부채비율이 100%라면 현금 부족액이 한 채당 매년 1,140만 원이나 된다. 만약 이 월세 투자자가 동탄의 임대업자라면 연간 1억 1,460만 원, 창원의 경우라면 2억 1,890만 원의 현금이 부족하게 된다.

시중에는 갭(Gap)투자로 월세를 2천만 원 받는다든가, 연봉보다도 더 많은 월세 수익을 올린다는 투자자들의 광고가 많았다. 무작정 이 책의 기법을 따라했다면 이제 대규모 월세파산이 임박했다.

실제로 갭투자자들은 부채비율을 100% 이상으로, 가능한 한 많은 레버리지(Leverage)를 일으켰을 것이어서 매년 현금부족액이 수천만에 이르는 경우가 허다하게 된다. 이런 경우에는 바로 월세파산, 전세파산으로 가게 되는 것이다.

그러므로 흑자도산으로 인한 월세파산에 대비하여 미리 미리 부채를 상환하거나 수익성 자산을 처분하여야 한다.

한국의 부채디플레이션 즉 부채로 인한 디플레이션은 소구형 담보대출 제도 시행 등으로 인해서 지루하게 청산될 것으로 보인다. 부부합산 소득이 7천만 원 이하, 주택 가격이 6억 원 이하인 경우 담보권실행을 1년간 유보하고 연체이자도 면제해 주던 담보권 실행유예 제도도 2019년 2월이면 끝난다.

참고로, 주택담보대출은 연체 2개월이 지나면 채무자는 기한의 이익이 상실되고, 3개월 후부터는 은행은 경매로 주택을 처분할 수 있음도 알아두자!

월세파산의 경우에는,
1) 자산 가격 급등으로 부동산 버블 형성, 원리금 동시 상환비율 증가 등 → 2) 버블 붕괴로 부동산 가격폭락 → 3) 월세 수입 하락 → 4) 흑자부도 → 5) 월세파산 → 6) 채무 불이행 증가 → 7) 금융회사 부도 등 부실로 이어지는 하나의 축과,

전세 파산의 경우에는,
1) 자산가격 급등으로 부동산 버블 증가와 원리금 동시상환 비율 증가 등 → 2) 버블 붕괴로 부동산 가격 폭락 → 3) 깡통 전세 → 4) 전세파산 → 5) 채무 불이행으로 역월세 현상 폭증 → 6) 금융회사 부도 등 부실로 이어진다.

결국에는 경매물건 폭증의 과정을 거쳐 빚은 청산된다. 즉, 기나긴 세월을 거쳐야 빚은 청산된다.

그래서 임대사업을 하더라도 갭(Gap)투자자들은 전세와 월세를 적절히 섞어서 포트폴리오를 구성해야 한다. 그러면 하락기에 전세 가격이 내려가더라도 월세를 전세로 전환해서 혹은 전세를 월세로 전환하면서 응급 대처는 할 수 있다. 하지만 근본적인 해결책이 되지 못함은 자명하다.

그러나 본 저서를 읽은 독자들은 새로이 월세 투자에 나서지 말길 부탁드린다.

이미 투자한 경우와 앞으로 투자할 경우에도 이처럼 기회비용까지 감안한 예상 수지를 계산을 해 보고 판단해야 한다. 그리고 자기 자금의 기회비용은 위의 사례들처럼 무위험 수익률인 은행 정기예금 이자인 2% 정도로 생각하면 된다.

독자들에게는 연간 수익률 7~8%의 안전한 투자처를 소개하니 2% 정도의 기회비용 기준을 따르지 말길 바란다. 사실상 수익률을 약 7%로 봐도 좋은 상품을 제4부 [챕터5]에서 자세히 소개한다.

그래도 손해를 무릅쓰고 수익성 부동산을 통한 월세 투자를 고집한다면 마지막으로 아래 사항들을 명심하여야 한다.

주거용 주택 월세 가격 하락의 1차 방어선은 주택담보대출 금리 수준이 된다. 이보다 높으면 자연스레 주택 투자에 대한 수요가 늘어 주택 가격을 밀어 올리게 되므로 그렇다.

즉, 주택담보대출 금리에 따라서 월세 수익률도 변하게 된다. 결과적으로 은행은 주택담보대출을 해서 대출자가 이득을 더 챙겨가는 경우는 없어지므로 손해 볼 짓은 하지 않게 된다.

이 사실은 어느 경우에나 장기적으로는 항상 주택담보대출 금리와 월세 수익률의 차이를 이용한 레버리지(Leverage) 효과는 없어진다는 것을 의미한다.

따라서 평상시라면 월세수익률은 주택담보대출 금리와 정기예금 이자율 사이에 있게 됨은 당연하다. 즉, 2차 마지막 방어선은 정기예금이자율이 된다.

현재의 은행의 정기예금 이자는 약 2%다. 수익성 부동산의 가격이 현 수준 정도를 항상 유지한다면 장기적으로 모든 경비(감가상각비+보유세+소득세+중개비용 등)를 제외한 순수한 월세 수익은 이 정기예금 금리로 수렴하기 때문에 월세의 조 수익률이 주택담보대출 금리와 정기예금 이자율의 사이에 놓이게 된다.

결국에는 수익성 부동산에의 투자가 지속적으로 경쟁적으로 늘어나면서 월세 수익률을 지속적으로 떨어뜨리게 된다. 왜냐하면 전세금을 포함한 자기자금의 수익률은 주택담보대출 이자율과 정기예금 이자율 사이로 수익률이 같이 높아지기 때문에 월세 투자자들은 조금이라도 이익을 더 보기 위해서 월세 투자를 계속하게 되기 때문이다.

그러나 진짜 문제는,

롱텀 디플레이션으로 부동산 가격이 계속 하락하여 부동산 가격 하락 폭에 맞춰 월세 수익률은 물론 전세 가격도 떨어뜨리게 되어 2차 마지막 방어선도 결국에는 무용지물이 된다는 점이다.

또한, 디플레이션은 정기예금 이자율도 지속적으로 떨어뜨리게 된다. 이는 다시 월세 수익률을 떨어뜨리고, 이런 과정은 반복된다.

게다가 월세 투자자는 월세자산의 감가상각비 연평균 3%는 월세 가격에 반영될 때까지 전혀 보상받지 못한다. 즉 마지막 2차 방어선인 정기예금 이자율이 3% 이하라면 감가상각비 때문에 출발부터 월세투자는 이미 손실이 발생하는 구조다.

게다가 이번 마지막 상승을 끝으로 급진전되는 디플레로 주택가격은 줄곧 내리게 된다. 월세 수입과 주택담보대출 상환원리금+자기자금 이자 해당액의 합계보다도 매년 부동산 가격이 더 내리는데, 주택을 소유하거나 월세투자를 하는 사람은 완전한 바보가 되는 것이다. 이것이 일본의 현재이다.

결론적으로 월세 투자자는 항상 두 번째 Tipping Point를 약간 상회할 정도의 수익률을 확보해 왔다고 할 수 있다. 즉 월세 투자는 인플레 경제하에서만 가능한 투자 방법이다.

앞에서 설명한 이러한 과정들이 바로 일본에서 기나긴 세월 동안 서서히 일어난 일이며, 일본의 젊은 2030세대들은 부모 세대들이 수익성 부동산 투자에 몰입했다가 몰락한 것을 다 보았다.

그러하니 일본 사람들은 이제 다시는 어떤 수익성 부동산이나 주택도 사지 않고 월세거주를 선호하게 된 것이다. 당연한 행동이고 합리적인 이유이다. 그들은 싼 이자로 은행에 돈을 예금하거나 장롱에 돈을 보관하거나 다름없는 상황이 된 것이다.

일본의 정기예금 이자는 지속적으로 내려서 지금은 0.02% 정도다. 국채 금리는 0.04%다. 부동산은 26년간이나 줄곧 내렸다. 게다가 부동산은 디플레 시절에는 매년 3%의 감가상각도 해야 한다.

그래서 일본에서는 한동안 온 국민들이 몰입했던 수익성 부동산에의 투자는 더 이상 하지 않는다. 집도 26년간이나 내리므로 물론 집도 사지 않고 월세 거주를 선호하게 된 것이다.

예로 든 것은 주로 금리 인상 시의 수익성 분석이다.
장기 디플레이션 시에는 금리가 지속적으로 내리는 것은 당연하기도 하고 일본의 예에서도 보면 맞다. 그러면 위의 분석 사례는 적당치 않으며 월세 투자자의 수익성은 보장되는 것이 아니냐고 생각하기 쉽다.

하지만 매년 주택가격이 1년의 월세수입보다도 훨씬 더 내리는 것이 진정한 월세투자의 문제이자 이 챕터를 쓰는 이유임을 알아야 한다.

[그림5]의 일본의 장기간에 걸친 주택지수 하락추이를 보면 월세 투자자는 바보투자자가 됨을 단번에 알 수 있다.

바로 이것 때문에 일본의 월세 투자자들은 다 망했다는 것을 명심해야 한다. 결국 디플레이션 시의 월세투자와 갭(Gap)투자는 주택가격이 단기간에 혹은 장기에 걸쳐 폭락하므로 금리가 오르거나 내리거나 아무 상관없이 더 이상 투자할 대상이 아닌 것이다.

즉, 일본 내에서는 오래 전부터 어디에 투자하든 적정 수익률은 확보할 수가 없다. 그래서 그들은 국내투자는 아무 것도 하지 않는다. 그래서 일본인들은 국내보다 여건이 좀 더 나아 보이는 해외로 해외로만 투자(저축)를 확대했다.

하지만, 해외 투자로 얻은 약간의 이익을 감안하더라도 일본 국내로 반입 시에는 환전할 때 약 40년 이상이나 계속된 엔화강세로 인해 오히려 손해가 된다.

그래서 일본인들이 해외투자(저축)한 돈은 귀국도 못하는 유령달러(Ghost Dollar) 신세가 된 것이다. 일본인들은 이러지도 저러지도 못하니 내수경기가 더욱 더 위축될 것은 뻔하다.

최근 한국의 증권사나 투신 등은 일반투자자들의 해외 투자를 부추기고 있으니 이것이 시사하는 바를 읽어낼 줄 알아야 한다. 그들은 항상 뒷일은 책임지지 않는다.

그들이 관심 있는 것은 오로지 판매수수료뿐이다.
따라서 투자자들은 스스로 Tipping Point를 찾아내어 자산을 미리 움직일 줄 알아야 하는 것이다.

마지막으로 월세 투자자가 직장인이 아닌 경우 반드시 추가 부담해야 할 지역 건강 보험료를 수익성 판단 시 배제하고 분석하였다.

그 이유는
논리를 단순화하기 위해서 또 건강보험료는 직장인 건강보험 가입자인가 지역 건강보험 가입자인가에 따라서 산출액이 다르기 때문이다. 따라서 최종 판단 시에는 각자의 경우를 반영해서 추가적으로 최종 판단하여야 한다.

또한 현재 부과되는 건강보험료는 작년에 피부양자에서 지역건강보험 가입자로 변경된 경우에는 2022년까지 30% 한시적 감면혜택이 주어진다. 2018년 7월 1일 이후 신규 지역건강보험가입자는 감면 대상이 아니다. 즉 감면자들은 2023년부터 30%가 더 오른다는 뜻이다.

따라서 직장인이 아닌 갭(Gap)투자자들의 경우에는 건강보험료는 반드시 고려해야 할 만큼 큰 비용이 된다. 갭투자를 한 월세 투자자들은 소득+부동산+자동차의 합계로 부과되는 건강보험료 계산 시 보유 부동산이 많아 건강보험료도 많기 때문이다.

지역 건강 보험료 예상 금액은 국민건강보험 사이버 민원센터(http://minwon.nhis.or.kr)에서 미리 알아 볼 수 있다.

갭(Gap)투자 후폭풍이 온다…
흑자부도! 월세 파산! 전세 파산!
Winter is coming!

8 감가상각비도 못 건질 월세 투자

이익창출에 기여하는 자산 중 토지를 제외한 모든 자산은 사용 기간, 시간의 경과, 진부화 등에 따라서 매년 감가상각(Depreciation)을 해야 한다.

사용연도가 1년 이내인 자산은 바로 당해 연도 비용으로 처리하고 1년 이상 사용하는 물건은 사용에 따른 가치의 감소 정도 등을 예상하여 매년 비용으로 처리하여야 제대로 된 손익계산을 할 수 있게 된다.

이 가치의 감소분을 당해 연도의 비용으로 인식하는 것을 감가상각이라고 한다. 자산 가격의 일정액을 혹은 일정률을 매년비용으로 처리함으로써 손익을 정확히 계산할 수 있다.

토지는 사용에 따라 가치가 감소하지 않으므로 감가상각하지 않지만, 아파트 건물 등의 고정자산은 매년 감가상각 처리한다. 기업의 손익에 큰 영향을 끼치므로 세법으로 법적인 사용연수 등을 법으로 정해 놓고 있다.

우리나라의 아파트 등 공동주택 거주비율은 약 75%에 달한다. 한마디로 아파트 국가다. 인류 최초의 아파트는 로마 시대의 인슐라이다. 지금의 상가아파트 형태였다고 하는데, 기원전 3~4세기의 일이다. 우리나라 최초의 아파트는 충정로의 도요타 아파트이고, 현재 이름은 충정로 아파트다. 일제시대에 지어진 것이다.

저자가 아파트라는 단어를 알게 되고 관심을 갖게 된 것은 여의도 아파트 추첨 분양 당시의 치맛바람 뉴스를 통해서였던 것 같다. 여의도는 모래밭이었고 당시에는 비행장도 있었다. 그 당시에는 청약통장도 없었고, 투기 억제세도, 양도 소득세도 물론 없었다.

당첨되기만 하면 그 당시로써는 엄청난 프리미엄을 공짜로 챙겨 가던 시절이었다. 부인들이 주로 추첨에 참가했으므로 아마도 이쯤에서 복부인이라는 단어도 자연스레 생겨난 것 같다.

모래밭인 여의도에 집을 지었기에, 아파트란 것은 사상누각이요, 자기 땅은 10평도 안 되는 것인데도 사람들이 이를 잘 모르고 투기를 한다고 온 세상을 떠들썩하게 했던 기억이 난다.

아파트가 없어지면 10평 정도의 땅만 남으니 아파트를 사는 사람들을 다들 이해할 수 없다고 했던 시절이다. 뉴스에서도 그랬다. 역시 지금도 50평대 아파트라고 해야 땅 지분은 10평도 안 된다. 그런데도 재건축을 앞둔 개포동 아파트 평당 가격은 1억을 넘어선 지 오래다.

1~2년 후의 마지막 대세 상승에서는 강남의 일반 아파트도 평당 1억을 돌파할 것으로 예측한다. 아파트는 말 그대로 사상누각일 수 있지만 낡아 가는 아파트들은 재건축을 통해서 화려하게 부활해 왔다.

무릇 재산이라 함은 그 가치를 서로 인정받아야 한다. 그래야 그 가격을 유지할 수 있다. 사상누각이 아니라 긴 세월을 살아보니 아파트는 비록 땅 지분이 10평도 안 되지만 이용가치를 바탕으로 한 재산 가치를 가지고 있더라는 말씀이다. 그 가격에 사고팔고 또 들어가서 사니 말이다.

이 아파트라는 물건은 낡을수록 값이 더 나간다.
특히 너무 낡아서 재건축이 임박할수록 더 값이 나간다. 기타의 모든 물건들과 유명을 달리한다. 그래서 그동안은 감가상각을 하는 게 아니라 세월이 지나도 재개발 가능가치가 누증되어 오히려 가격이 올라만 왔다.

그러나 이제는 아니다.
우리가 살아온 세월은 인플레이션 경제였다. 전후 70년간 온 세상 사람들은 적당한, 때로는 높은 인플레이션 경제하에서 살았으니 아파트는 매년 또는 시간을 두고 가격이 올랐다. 따라서 사용 연수에 따른 감가상각을 하지 않아도 되었다.

오히려 사용할수록 매년 가격은 할증된 셈이고, 아파트 가격은 매년 상승을 해왔다. '그까짓 건축물이 낡아지는 것에 비례한 감가상각쯤이야'였다.

하지만, 이제 한국은 저성장 저금리 저인구 고령화 시대를 맞아 잠재성장률 이하의 성장을 할 가능성이 너무 커졌다. 정부와 관련 연구소도 이미 인정한 바 있다. 생산 활동 가능 인구(15~64세 인구)의 감소, 막대한 가계부채로 인한 부채 디플레이션 등으로 우리나라는 일본처럼 세계경기 흐름과는 유리될 것이 거의 확실하다.

즉 한국은 이미 디플레이션 경제로 진입한 지 이미 7년 차쯤 되었으나 우리들은 아직 체감하지 못하고 있을 뿐이다. 한국에도 다가올 롱텀 디플레를 경험한 민족은 일본인들뿐이다.

이제 이번 대세 상승을 끝으로 앞으로는 매년 아파트 가격이 꾸준히 내리는 세상을 맞게 된다.
정부, 전문가라는 사람들이 한국은 제2의 일본이 되지 않는다고 외쳐대고 있지만, 그것은 모 가수 노래처럼 희망 사항일 뿐임은 제2부 [챕터9]에서 설명한다.

이번 대세 상승장에서 아파트가 잠시 폭등하고 나서는, 롱텀 디플레이션이 본격화되므로 꾸준히 10년 이상 줄곧 내린다. 한 가지 덧붙일 것은 이 시기에 폭등이 없으면 폭락은 없다. 이럴 경우에는 완만한 하락이 10년 이상 지속된다.

즉 큰 거품이 생성되지 않으면 단기간의 폭락은 없다는 점 유념하기 바란다. 그래서 폭등이 있다면 일본처럼 80~90%를 내릴 것이고 폭등이 없다 해도 롱텀 디플레이션으로 인해 40~50%는 무조건 내린다.

또한, 앞으로는 아파트의 재건축은 상상할 수 없게 된다.
재건축이란 것도 사업이어서 용적률을 높여서 집을 더 지어서 이를 외부인들에게 팔아서 재건축비용으로 충당하기에 가능한 것이다. 주택 즉 아파트 가격이 앞으로는 꾸준히 내리기에 재건축이 불가능해진다는 것이 제일 중요하다.

재건축이 불가능해질 정도로 아파트는 꾸준히 내릴 운명이기에 이제는 세월이 갈수록 이용가치, 편의가치가 줄어들어 재산적 가치가 줄어든다.

그동안은 꾸준히 아파트 가격은 올라왔기에 감가상각비용에는 별 관심이 없이 지내 왔다. 하지만 이제는 매년 감가상각비를 부동산 가격에 반영하여야만 하는 시대가 오고 있는 것이다. 당연히 이에 대한 대비를 하여야 한다.

일본은 전국 평균치로는 매년 주택 가격이 내리는 데도 동경도 등 지역에 따라서는 2000년 정도부터는 월세 가격이 약간 오르거나 강세를 유지한다. 그들이 집을 사지 않고 임대를 선호하는 현상에 기인하여 임대수요가 공급을 초과하는 현상이기도 하다. 하지만, 부동산 가격이 오른 곳에 한정해서만 그렇다.

그것보다는 이제까지는 월세에 제대로 반영시키지도 못했던 건물의 감가상각비용을 월세 입주자에게 조금 더 부담시키는 것에 불과하다고 생각되기도 한다.

논리상 주택 가격이 내리면 월세도 당연히 내려야 하고 그동안 내려온 것도 사실이다. 즉, 일본의 월세가 지역에 따라서 강세를 띠는 이유는 부동산이 올랐기 때문이다.

월세의 공급자 즉 집주인이 주택 가격에 비례한 월세만을 받으면 세월의 흐름에 따른 매년의 주택의 감가상각비용을 월세 수입에서 손해를 보므로 서서히 감가상각비에 해당하는 비용을 약자인 임차인에게 떠넘기고 있는 현상이다.

이 두 세력 중에서 누가 더 힘이 세냐에 따라서 월세는 결정되는 것이다.

또한, 월세는 항상 수용자 즉 임차인이 부담할 능력의 범위 안에 있다. 이것을 벗어나면 빈집이 된다. 그래서 집주인은 감가상각 즉 집의 이용가치와 기능가치가 떨어지는 만큼을 기존의 월세에 더해서 추가로 임차인에게 부담시키고 싶지만 임차인의 부담능력 부족으로 일정 부분 이상을 부담시킬 수는 없다.

그래서 집을 보유할수록 손실 폭은 늘어나게 된다. 아파트는 대개 20년쯤 지나면 사용이 불편해진다. 30년쯤 지나면 살 곳이 못 된다.

그래서 10% 정도의 잔존가치 즉 마지막으로 사용 기간이 다 지나서 처분 혹은 철거 후 받을 수 있는 금액 정도를 남겨두고는 90%를 약 30년에 걸쳐서 감가상각을 해야 한다. 집주인은 이 감가분을 전부 임차인에게 부담시키고 싶고, 임차인은 이를 조금도 부담하기 싫을 것이다.

그러나 앞으로는 아파트 구입 가격의 3% 정도가 매년의 감가상각비용이어서 아무리 적어도 이만큼의 가격 하락이 따르게 된다. 그동안 이 감가상각비는 임대인, 임차인, 중개인 등등은 서로 말도 꺼내지 않았으나 이제는 달라진다.

이것이 앞으로의 디플레이션 시대 부동산 임대업의 단상이다.

월세로 1년에 받는 금액보다 가격 하락폭이 더 큰 디플레 경제 시대의 아파트 등 수익성 부동산 소유주의 장래인 것이다.

이제 은퇴하는 베이비 붐 세대의 꿈이라는 월세 수입만으로 살아가겠다는 기대를 하면 안 된다. 이번 마지막 대세 상승을 끝으로 앞으로 아파트 가격 상승은 없으므로 매년 3% 정도씩 감가상각을 하여야 한다.

이 비용은 세입자가 부담하여야 옳다. 하지만 우리나라에서는 전혀 부담시키지 못하고 있다. 아니 안 시키고 있다가 더 옳은 것 같다.

인플레 경제하에서는 아파트 가격이 매년 올라 이 감가상각비를 보충하고도 30년 후에는 재건축, 재개발로 이득을 챙겨왔기에 감가상각비를 받아야 한다는 것은 개념 즉 이런 합리적 사고는 이론 속에서만 존재했기 때문이다.

이를 인정받기에는 긴 세월 동안 임대인과 임차인 간 즉 세력 간의 힘겨루기 이후에나 승자 쪽 의견이 더 많이 반영된 형태로 이뤄질 것이다.

일본처럼 잃어버린 20년쯤 지나면 우리나라에서도 감가상각비 해당액의 일부를 받을 수 있을 것이지만 그동안 월세 투자자들의 손실 폭은 늘어만 갈 것이다.

결국 감가상각비 해당액은 오랜 세월 동안 건물주가 혼자 부담해야 할 비용이 된다. 하지만 이 비용은 실제로 해당 집을 이용하는 자가 임차 기간에 따라 부담하는 것이 옳음은 당연하다.

그러나 이 감가상각비 등을 가감한 금액과 이용에 따른 월세를 내고 입주할 능력을 갖춘 임차인은 많지 않다. 즉 감가상각비 등을 가감한 금액의 월세를 벌어들이지 못하는 세상이 온다.

그동안 월세 투자는 참 좋은 투자대상이었다.
계속되는 인플레로 아파트는 줄기차게 올랐으며, 월세는 100%가 이득금이었다. 아파트는 사용할수록 값어치가 늘어나는 이상하도록 신기한 자산이었다. 30년이 지나면 아파트는 돈 한 푼 안 들이고 새 아파트로 재건축되었다.

하지만,
2013년부터 일본처럼 한국에서도 디플레이션 경제가 시작되었다. 이번 대세 상승을 끝으로 매년 아파트 가격은 내리고 이에 따라 월세도 내릴 운명이다. 이제는 아파트 가격이 내리게 되므로 보유한 지 30년이 지나도 100% 자기자금으로 짓지 않는 한 재건축도 불가능한 세상이 된다.

일본은 1년 순 월세 수입과 주택담보대출 상환원리금+자기자금이자 상당액 등을 합친 금액보다도 1년 후의 아파트 가격 하락 폭이 더 크다. 근 30년간 그랬다.

한국도, 이제는 아파트 가격이 내리고, 재건축도 불가능해졌으므로 사용에 따른 감가상각을 해야 한다.

우리는 아파트 등 공동주택의 큰 수리를 위해서 매년 특별 수선충당금으로 일정액을 강제로 저축해 둬야 한다.
월세가 감가상각비 등을 가감한 금액에도 미치지 못하는 현실을 감안하면 앞으로는 특별수선충당금을 차감한 금액을 즉 매월 받는 월세 전액을 거의 쓰지 말고 자가 재건축비용으로 저축해 둬야 일정 기간 사용 후에는 자기 비용으로 재건축할 수 있게 된다.

재건축을 하지 못한다면 집은 이용가치가 없어지게 된다. 감가되는 만큼 저축해 놓지 않는다면 결국, 월세란 것은 매년 자기 부동산을 1/30씩 분할 매각하는 돈이다.

현재 받는 월세 수익은 감가상각비에도 미치지 못한다는 사실, 보다 정확히는 매년의 감가상각비 3%와 주택담보대출 이자의 합계액+자기자금이자 상당액 등을 상한선으로 감가상각비 3%와 정기예금 이자 합계액+자기자금이자 상당액 등을 하한선 사이에서 결정된 월세 수입에서 임대소득세와 보유세 등의 경비를 제외한 수입보다 더 유리한 월세 투자 자산은 없다는 사실.

게다가 장차에는 모든 아파트가 현재의 높은 용적률과 주택 가격의 지속적인 하락으로 재건축·재개발이 불가능해진다는 사실, 결국 감가상각비 등에도 미치지 못하는 월세수입을 올리는 경우에는 월세 수입 전액 혹은 일정 부분을 저축을 해 둬야 자기 집을 다시 지을 수 있다는 사실을 알아야 한다.

게다가, 대표적인 불로 소득인 임대 소득에는 앞으로도 수많은 제한이 가해질 것이란 사실을 감안하지 않는 월세 투자자는 바보 투자자가 되는 것이다. 지금 일본의 월세 투자자들처럼….

월세 투자자 중 가장 먼저 위험에 빠질 투자자는 바로 다가구 주택 임대 사업자가 될 이유를 다음 챕터에서 자세히 알아보자.

9 다가구 주택 월세가 먼저 위험해진다

제2부 [챕터9]의 2019년 1월에 행정안전부가 발표한 '2018년 주민등록 인구통계'에 따르면 한국의 총 인구수는 5,183만 명이며, 2,204만 가구이다. 가구당 인구는 2.35명이다.

전국의 1인 가구 수는 809만 가구이며, 여성 1인 가구 수가 더 많다. KB 경영연구소 자료에 따르면 2016년 1인 가구 중 28.6%가 아파트에 살며, 다가구 26.1%, 일반 단독 주택에 13.1%가 거주했다. 아파트 거주 인구는 0.7% 증가하였고, 다가구(단독 주택 포함) 거주는 1.2% 감소하였다.

1인 가구 중 여성 1인 가구의 거의 전부가 능력만 되면 오피스텔이나 다가구 주택 원룸보다는 아파트를 더 선호한다. 그 이유는 단연코 안전 때문이다.

아파트 단지는 울타리나 경비원이 있고 주차 문제도 해결되었고 적당히 소셜믹스도 되어 있다. 아파트는 오피스텔 다가구 주택 원룸 등에 비해서 안전 면에서는 훨씬 더 월등하다. 그다음 소형아파트를 선호하는 이유는 아래 위층 소음 문제 등등이다.

수도권에 20평 이하 소형 아파트의 비중은 1인 가구 수에 훨씬 미치지 못한다. 그러하니 앞으로도 소형아파트의 인기는 여전할 것이라고 예측할 수 있다.

이번의 대세 상승 기간이 지난 이후에는 면세 혜택이 주어지는 상품인 다가구 주택이 가장 먼저 그 인기를 마감할 것으로 추론 가능하다. 다가구 주택은 안전성, 교통, 건축물의 구조, 편리성 등에서 아파트나 주상복합아파트·오피스텔에 비해서 열등하므로 공실 발생 순서상 가장 앞자리를 차지하게 된다.

보안, 소음문제 등등의 이유로 여성들은 아파트 거주를 더 선호한다. 따라서 1인 가구가 주로 거주하는 주거 형태 중 제일 취약한 거주 시설이 다가구 주택이 된다.

그러나 절대적 수요자 우위 지역인 대학가의 다가구 주택이나 특히 수요가 많은 공단 주변 지역의 다가구 주택과 일반 주거 지역의 다가구 주택은 그 영향이 크게 다를 것이다.

한편, 요즘에 분양하는 오피스텔은 교통이 좋은 상업 지역에 건설된 것들이고 세대수가 제법 많아 편익시설도 제공되어 있어 다가구 주택(단독 주택 포함)이나 상가 주택보다는 우등재이고 아파트 보다는 열등재이다.

여러 가지 이유로 다가구 주택(단독 주택 포함)은 아파트, 오피스텔에 비해서는 열등재여서 먼저 타격을 받게 된다. 따라서 다가구 주택(단독 주택 포함)에 이어 그다음으로 월세 수입이 줄어들거나 없어지는 주거 형태가 상가 주택, 오피스텔, 아파트 순서로 보면 맞다.

아직까지는 9억 원 이하의 다가구 주택이나 단독 주택의 임대 수익은 전액 면세 조치되지만, 건강보험료 부과 기준이 2018년 7월 1일 자로 이미 조정되었기에 이에 맞춰 재산세 과세표준 합계액이 금명간 5억 4천만 원 정도로 줄어들 운명으로 보인다.

게다가 이번의 공시가격 현실화 조치의 일환으로 보유세가 100% 정도 급등할 것으로 예상된다. 보유세가 오를 뿐만 아니라 그동안 피부양자로서 안내던 건강보험료를 추가로 납부하게 될 가능성이 많다.

우리나라 단독주택의 약 61%가 다가구 주택이다. 다가구 주택은 노인층이 노후대책으로 주로 보유하므로 충격이 더 클 것으로 예상된다.

하지만 현재까지 세제상으로 가장 큰 혜택을 누리고 있다. 월세액 전액을 면세 조치한다. 그러나 장차 모든 월세 수입은 과세대상으로 재분류될 것으로 보인다.

월급쟁이들의 꿈이라는 상가 주택지에 투기바람이 분 지 오래지만 이 또한 이번이 마지막 꼭대기가 될 것이다.

왜냐하면 이번의 대세 상승 후에 주택 가격은 급격히 혹은 서서히 10년 이상이나 내릴 것이고 이에 따라서 상가시설과 주거시설의 월세 수입도 줄어들 것이기 때문이다. 한 번 빈 상가 부분은 다시 채워지지 못할 수도 있음은 자영업자인 소상공인의 몰락으로 짐작할 수 있다.

이미 한국도 일본처럼 한국 제2의 도시인 부산이나 대구 지역까지 인구가 줄어들고 있다.
현재에도 다가구 주택이나 상가 주택은 수익률이 5%가 채 안 되는 상황이 도래했고, 서서히 공실이 늘어나고 있음은 주변을 둘러보면 바로 알 수 있다.

2018년에 시작된 생산 활동 가능 인구(15~64세)의 감소는 서서히 수익성 자산의 월세 수입을 갉아먹고 있다. 또한 디플레 시대에는 모든 자산들의 가격이 내리므로 새로이 단독 주택(다가구 주택 포함)을 증축하거나 신축을 할 수도 없다.

신축자금을 상당부문 상가나 단독 주택(다가구 주택 포함)의 보증금으로 대체해 왔기 때문이다. 재건축하지 못한다면 주거환경은 더욱 열악해질 것이다. 앞으로 텅빈 다가구 주택의 원룸, 가게를 상상해 보라.

약 70년 동안은 누구나 인플레 시대를 살아왔기에 우리는 디플레 경제하에서의 부동산의 장래에 둔감하거나 알지 못한다. 하지만 일본의 잃어버린 20년을 분석해 보면 한국의 미래가 보인다.

도시가 확장될 시에는 도넛형으로 도시는 확대되어 가지만 인구가 줄어들기 시작하면 리턴현상이 생겨나면서 주민들이 각종 편의 시설이 모여 있고 교통이 좋은 도심 지역으로 급격히 이동한다.

그래서 도심 지역은 모든 면에서 예전의 영광을 서서히 되찾아가게 된다. 마치 준설을 위해 보를 터서 물을 빼면 마지막 제일 낮은 곳에만 물과 물고기가 남는 것처럼 도심 지역에만 많은 사람이 몰려 살게 되는 것과 같은 이치다.

10 월세 투자자는 결국 바보 투자자가 된다

- 일본의 월세시장 비율은 약 30%나 된다. 70%는 자가 거주가 된다. 전체 주택의 15%인 820만 가구가 빈집이다.
- 중국은 전체 도시 주택의 22%가 빈집이다.
- 한국의 빈집은 107만 가구로 6.5%가 빈집이다(2015년 기준).

인구고령화로 우선은 지역의 단독 주택, 그다음으로는 재건축이 불가능한 노후 아파트가 밀집한 지방도시의 구도심이 문제가 된다. 부산 영도구의 한 낡은 아파트는 250가구 중 10여 가구만 살고 있다. 제2부 [챕터4]에서 말한 이유들로 재건축이 불가능해지는 이런 현상은 점점 전국으로 확산된다.

이 공가(空家)들은 어쩌면 영원히 월세가 나갈 리도 없고 매매도 쉽지 않다. 인구 감소 또는 공급 과잉이나, 사람이 살지 않는 집을 허물지 못해 증가하기도 한다.

상속받은 집을 처분하지 않고 빈집으로 두면 집 주인은 있어도 사는 사람이 없는 빈집이 된다. 언젠가 재개발이 되면 이익을 낼 수 있을 것이란 기대감에 공가(空家)로 집을 보유하는 경우도 많다.

공가여도 보유세는 매년 나오고 유지비도 일정 부분은 들어간다. 그래서 일본에서는 주택분 재산세라도 줄이기 위해 집을 헐어 나대지로 바꾸고 있지만 토지분 재산세는 피할 길도 없다.

이 빈집의 주인이라고 생각해 보라.
이 일본의 현실이 바로 한국의 미래다.

얼마 전부터 한국의 주택담보대출제도가 원리금 상환방식으로 변경되었으므로 이제는 한국에서 월세 물건은 새로이 나오기가 쉽지 않다. 월세를 받아도 대출 원리금 상환액에는 부족하기 때문이다.

월세 수입으로 매월 이득을 올리는 것은 맞지만 상환할 원리금에는 턱없이 부족하므로 더 이상 월세 투자를 할 이유가 없어진 셈이다. 즉 이미 월세투자를 할 수 없는 구조로 변했다.

은퇴자들의 꿈은 놀고먹어도 돈이 월급처럼 매월 들어오는 월세 수입이다. 하지만 이제는 대출 원리금을 동시에 상환해야 하므로 신규 월세투자가 힘들어졌다. 아니 불가능해졌다. 2017년 당시 대출 원리금을 동시에 상환해야 했던 사람은 이미 대출자의 약 50%이다.

서점의 재테크 코너에 가보면 월세나 상가투자로 월세를 받으면 월급쟁이 시절 같은 행복을 누린다고 광고를 하고 있다.

'나는 월세 수입이 1천만 원이다', '이렇게 하여 나는 연봉보다 월세가 더 많다' 등등을 주장하지만 빚으로 형성된 재산이 과연 그런 수익이 영원히 가능할지 의심스럽다. 오히려 이젠 흑자도산과 월세파산에 대처해야 하는 시기로 변했음을 알아야 한다.

그러나 아직도 이런 월세투자 권유 책들이 많이 팔리는 것을 보면 신규 월세 공급은 불가능해졌다는 사실, 월세 파산과 전세 파산이 임박했다는 사실조차 모르는 사람이 아직도 꽤 많은 것 같다. 이제 은퇴가 끝나가는 720만 베이비부머들은 이런 책들에 현혹되어서는 안 된다.

그러나 월세 수요는 여전한데 공급이 억제된다면 월세는 오를 운명이긴 하다. 월세 수요는 많은데, 공급이 부족하기 때문이다. 그러나 새로운 월세 투자자나 기존의 월세 투자자들은 곧 바보 투자자로 변하게 된다.

그 이유는,
현재 정도의 월세로도 수익이 나려면 부동산 가격이 항상 현재의 가격 이상을 유지하고 있어야만 하는 전제조건이 필요하다. 그동안은 이 조건이 충족되었다고 볼 수 있다.

약 70년 동안 굴곡은 있었지만 부동산은 줄곧 오름세였기 때문이다. 지금의 일본 월세시장처럼 (순 월세수익+주택담보대출 상환원리금+자기자금이자 상당액 등)보다도 수익성 부동산의 가격 하락이 더 빠르다면 월세 투자자가 손해를 보는 것은 당연하기 때문이다.

따라서 지금 현재 월세에 투자하고 있는 투자자라면 이번 대세 상승 기간을 이용하여 반드시 월세시장에서 빠져나와야 한다. 그냥 지속하면 곧 바보 투자자로 변한다.

9·13조치로 향후 부동산은 잠시 동안 주춤거리겠지만 마지막 대세 상승 기회가 한 번 더 남아 있다. 이 기회에 기존의 월세 투자자들은 탈출하여야 한다.

오해하지 말아야 할 것은 이번의 짧은 상승세는 2013년에 이미 시작된 디플레이션 진행 중에 각국에 풀린 돈으로 잠깐의 물가 상승이 한국에도 찾아오고 있음이지 예전의 인플레이션 경제로의 회귀가 아니라는 것이다. 주식과 부동산의 마지막 대세 상승 후에는 일본처럼 양대(兩大)자산은 줄곧 내리기만 하는 시장이 약 10년 이상 계속된다. 일본은 27년간 부동산이 평균적으로 80%나 내렸다.

부동산 가격이 하락한다면 월세가 부동산 하락률에 맞춰 하락하는 것은 당연하다.

부동산의 가격하락 정도에 따라서 월세는 재조정된다. 그동안 우리가 경험한 부동산 가격 하락은 경기순환적인 숏텀 디플레로 짧은 3~5년 동안이었다.

월세수익이 줄어들어도 기다리기만 하면 다시 내렸던 부동산 가격도 월세도 다시 올랐다. 하지만, 향후 1~2년 뒤에 찾아오는 부동산의 하락은 10

년 이상 지속될 롱텀 디플레이션에 따른 장기간의 하락을 의미한다.

따라서 월세도 지속적으로 장기간에 걸쳐 시세에 맞춰 하락하게 된다. 원리금 상환액+자기자금이자 상당액 등을 감당할 정도의 월세수익을 올리는 수익성 부동산이 아니라면 장기적으로는 모든 월세 투자자는 흑자도산에 이르게 된다. 적자가 아니라 현금이 부족한 흑자도산에 처하게 되는 것이다.

이제는 버티면 되는 것이 아니라 버틸수록 손실액은 더 커진다. 이를 눈치 챈 월세 투자자들이 일시에 월세부동산을 매물화하면 보유한 수익성 부동산은 팔리지도 않는다. 즉 흑자도산, 월세 파산 시기가 도래하고 있다.

이번 마지막 거품형성기 이후의 월세 투자는 10년 이상 큰 고통을 안겨 주게 되므로 이제 곧 월세 투자자들은 바보 투자자가 됨을 알고 대처하여야 한다.

마지막으로 한 가지 더 알아둬야 할 것은 원룸 오피스텔 하나로 월세 투자자가 되는 순간 본인이 직장가입자가 아닌 경우에는 가족의 피부양자에서 당연히 탈락되어 지역 건강보험 가입자가 된다는 점도 잊어서는 안 된다.

집 하나에 차 한 대 있으면 개략적으로 지역 건강보험료는 월 15만 원 정도다. 월세 투자를 하는 동안에는 평생 이 정도의 건강보험료를 납부해야 한다. 그렇다면 이제는 월세 투자자의 성공의 조건을 알아보자.

11 월세 투자 大성공의 조건

아직까지 한국의 수익성 자산(상가, 오피스텔, 아파트, 다가구 주택 등등)에 투자한 월세 투자자들은 수익을 만끽하고 있다. 작년만 해도 부동산 가격은 올랐으니 꿩 먹고 알 먹는 상황이 계속되어 월세 수익은 전부 순수익이 된 것이다.

이처럼 월세 투자가 성공하는 조건은 월세 투자한 자산의 시세가 현재의 가격을 유지해 주기만 하면 필요충분한 조건이 된다.

전 세계는 전후 70년 이상 항상 인플레가 완만하게 진행되었고 이에 따라 수시로 부동산은 가격이 상승하여 월세 수입은 고스란히 덤이었다. 그러나 월세 수입만큼 부동산 가격이 내린다면 상황은 달라진다.

이럴 경우에는 본전 혹은 손실이 된다. 한국은 이번 대세 상승을 마지막으로 부동산은 향후 10년 이상 가격이 내리기만 하는 디플레 경제로 본격 진입할 것으로 예상된다.

디플레 경제 시에는 매년 월세도 내리게 되고 아파트 등의 수익성 부동산 가격도 지속적으로 내리게 되므로 이중으로 손해를 보게 된다.

그럼 월세 투자가 大성공하는 조건이 무엇일까?

무엇보다 먼저

(1) 수익성 부동산 즉 월세물건(아파트, 상가, 빌딩)을 싸게 획득해야 한다. 수익성 자산을 싸게 사려면 때를 기다릴 줄 알아야 한다. 그 때라는 것은 대개의 경우 남의 눈에는 피눈물이 흐를 때이다. 한국의 IMF 시절, 2008년 금융위기 시절의 부동산, 브렉시트를 앞둔 지금의 영국 등등이다.

아무 때에나 사고팔아서는 남들보다 큰 이익을 보지는 못한다. 잘하면 남들만큼은 이득을 얻을 수 있지만 남들만큼의 이득을 얻는 것은 큰 성공이 되지 못한다.

미국의 제45대 대통령인 트럼프가 처음 사업에 나선 사업 아이템이 바로 아파트 임대주택 사업이다. 1987년 12월에 출간된 그의 자서전 《트럼프-거래의 기술》에 의하면, 트럼프는 주택임대사업에서 건축업으로 사업을 크게 확장해간 아버지 프레드 트럼프의 사업가적 기질을 타고 태어났음을 알 수 있다.

트럼프는 오하이오주 신시내티에 있는 경매물건이었던 스위프튼 빌리지 아파트 1,200가구를 그의 부친과 함께 사들였다
이 아파트는 800가구가 공실 상태로 정부 융자금 상환지체로 인해 정부가 저당권자(채권자)였다.

2년 전에 건축비만도 1,200만 달러가 든 주택단지를 600만 달러에 사

들이게 된다. 그는 사는 즉시 이를 610만 달러에 다시 저당 잡혔다. 즉, 돈 한 푼 들이지 않은 셈이다.

임대를 절반쯤 주었을 때 융자액을 모두 상환할 수 있었다고 한다. 매수 후 바로 80만 달러를 들여 먼저 현관문을 개보수를 하고 임대료를 올렸다. 신문 광고도 했다.

그러나 일정 기간 후에는 주변 지역이 점점 나빠지기 시작하고, 주변에 몰려드는 사람들의 질이 좋지 않아 금명간 위기에 처할 것이라는 것을 친구에게 조언받게 된다.

임대 수입이 연간 70만 달러나 되는 아파트를 푸르던트 부동산투자회사에 1,200만 달러에 팔았다. 당시 임대율은 100%였다. 트럼프는 단기투자로 600만 달러를 벌어들였다.

계약서의 모든 조건은 계약 당일을 기준으로 하여, 만기가 다가오는 임대 계약자들의 유동적인 상황도 피한 멋진 계약이었다. 이 사업은 대학 재학 중에 벌린 사업으로 첫 사업은 대성공이었다.

대학 졸업 후에는 맨해튼 웨스트 34번가의 컨벤션센터, 그랜드하얏트호텔, 트럼프 타워, 트럼프 플라자, 트럼프 캐슬, 트럼프파크, 도심재생 사업 즉 팔았던 허드슨 강변 웨스트사이드 철도부지를 경매로 넘기기 직전 팔았던 부지를 싸게 되사들여 텔레비전 시티로 건설하며 승승장구했다.

첫 사례 즉 스위프튼 빌리지처럼 부동산을 싸게 구입하기 위해서 트럼프는 10년 이상이나 기다린 경우도 꽤 있다. 하루 종일 저당권 상실 서류를 뒤적인 적도 많았다고 한다. 싸게 사야 큰 기회가 생기는 것은 당연하다.

트럼프는 경매 물건을 싸게 구입하는 매입임대의 방법을 택했지만, 다음으로 임대주택을 싸게 구할 수 있는 방법은 건축임대다. 다가구 주택을 신축하거나 오피스텔을 신축하는 방법이다.

토지를 구입하여 다가구 주택이나 오피스텔을 짓는다면 땅값을 엄청나게 줄이게 되는 것이다. 예를 들어 50평 땅을 10억에 샀다고 하면 평당 2천만 원이 구입 가격이지만 여기에 다가구 주택 10가구를 짓는다면 땅의 평균단가는 평당 200만 원에 인수한 것이 된다.

물론 건축이라는 과정은 길고 복잡하지만 땅값을 대폭적으로 떨어뜨리게 되는 엄청난 경제적 효과를 누리게 된다. 게다가 관리할 자산이 한 곳에 있게 되므로 관리의 편리성이나 관리비용 등에서도 여러 지역에 흩어진 경우보다는 훨씬 유리하다.

자금사정이 되거나 건축 관리 요령을 잘 안다면 오피스텔 1~2동을 지어서 분양하지 않고 전체를 임대주택으로 하는 방법도 있다. 장점은 다가구 주택 신축임대의 경우와 같다.

경매나 신축을 활용하는 방법 외에 싸게 부동산을 살 수 있는 더 큰 기회들을 보자. 바로 브렉시트가 결정된 날의 영국 파운드화의 비극을 [그림2]를 통해서 다시 보자.

[그림5]와 [그림32]를 통해서는 일본과 한국의 주택지수의 변동을 다시 확인해 보면 된다.

이 그래프들을 일견하건대, 어느 나라가 위기에 처했을 때에 해당국의 자산 가격이 급락함을 알 수 있다. 가장 많이 빠진 시점에서 사면 월세 투자로 대성공을 거둘 기본요건을 갖춘 것이 된다.

금융위기, 경제위기 등으로 일시적으로 급락했던 주택 가격 등 수익성 부동산의 가격이 오름에 따라 월세도 매년 오르므로 시세차익은 별도로 하더라도 월세 수입만으로도 매년 몇 십 퍼센트를 얻을 수도 있다. 게다가 이 수익률은 영원히 지속될 수도 있다.

수익성 부동산을 싸게 사는 또 다른 요령은 거품이 터지고 역거품이 되었을 때 사는 것이다.
이 경우에는, 당연히 미리 사놓았던 달러를 팔고 사야 이중으로 메이킹머니를 하게 되는 것이고, 이 요령들은 저서의 곳곳에 녹여 놓았다. 위의 일본과 한국의 주택지수 그래프를 보고 확인하기 바란다.

(2) 매년 혹은 추세적으로 부동산 가격이 오름세여야 한다.
즉, 인플레가 진행되어야 한다.
아파트 등 수익성 자산의 가격 상승이 전제되지 않는 월세 수입은 아파트 등 수익성 자산을 매월 부분 매각하는 것과 같다. 또한 부동산 가격 하락률에 비례해서 월세도 내리게 되므로 계속해서 수익이 이중으로 줄어들게 된다.

(3) 가능한 한 장차 재건축·재개발이 가능한 수익성 부동산을 월세화하여야 한다.

수익성 부동산은 장차 재건축·재개발이 가능하여 미래에 건축물의 가격 상승이 전제되어야 한다. 물론 초과이익환수 및 조합원 명의변경 금지 등 제한도 없어져야 한다.

(4) 어떤 경우에도 앞에서 설명한 감가상각비 등을 가감한 금액 이상의 월세를 받아야 한다.

인플레가 진행 중일 때에는 수시로 부동산 가격이 상승하여 감가상각비 등을 가감한 금액에도 못 미치는 월세 수입도 수용할 수 있었지만 그렇지 않은 경우에는 월세 수입만으로는 감가상각비 등을 가감한 만큼도 월세 수입을 못 올리므로 손해를 메울 수 없다.

현재 수준의 월세 수입은 감가상각비 등을 가감한 금액에도 미치지 못하는 경우가 거의 대부분이지만, 그동안 부동산이 꾸준히 올랐으므로 용인된 것이다.

만약 매년 부동산이 내린다면 감가상각비 등을 가감한 금액에 미치지 못하는 월세 수입을 임대인은 수용하지 않을 것이다.

그렇게 되면 임대인과 임차인 사이에 감가상각비용 부담에 대한 다툼이 벌어질 것이다. 선진국의 월세가 비싼 이유는 적당 부분의 감가상각비 등을 가감한 금액을 세입자에게서 받아 내는 사회적 합의가 있어서라고 판단할 수 있다.

(5) 축소도시에의 투자는 피해야 한다.

인구가 늘어나는 도시의 수익성 부동산에만 투자를 해야 한다. 인구가 줄어든다면 언젠가는 월세 수입은 제로로 수렴하게 된다. 한국은 서울과 수도권을 제외하고는 전부 축소도시에 속한다. 또한 수익성 부동산의 전세금이나 월세보증금도 항상 입주 당시 이상을 유지하여야 한다.

(6) 해외 월세 투자 성공의 조건은 제1부 [챕터4]를 참고하기 바란다.

2018년 부산의 자연 감소 인구도 1,400명이다. 수도권을 빼면 전국에서 8,100명 줄어들었다. 수도권을 제외한 지방은 이미 인구 감소가 시작된 셈이다. 경기도와 서울의 인구 증가가 전국 자연 증가 인구의 마이너스를 가까스로 막았다.

부산은 인구 감소 위험이 가장 큰 광역자치단체로 분석됐다. 서울도 관악구, 종로구, 강북구, 중구가 인구 감소 위험 지역에 포함됐다. 실제 2018년 한국의 합계출산율은 0.98명으로 OECD 국가 중 유일한 1명 미만 출산국이 되었다.

참고로 축소국가, 축소도시가 되면 어떻게 사회가 변하는지 살펴보자. 우리나라도 일본처럼 축소도시가 되었을 때의 상황으로 보고 참고하면 좋을 프로그램이다.

아래 내용은 얼마 전에 방영된 일본 NHK스페셜의 〈축소 일본의 충격〉의 주요 내용이다.

한국의 지난해 합계 출산율은 0.98명

일본의 지난해 합계 출산율은 1.43명

2040년의 고령화율은 일본과 똑같은 30%대 후반이 될 것이며 2060년 무렵에는 드디어 한국이 일본을 추월하게 된다.
인류가 지금까지 한 번도 경험하지 못했던 초고령사회.
역사상 처음으로 감소세로 돌아선 일본의 총인구, 도쿄올림픽이 개최되는 2020년에 도쿄도 인구 감소세로 돌아선다.

NHK스페셜 〈축소 일본의 충격〉에서는 2050년까지 일본의 인구가 2천만 명이 줄어들고, 생산 가능 인구(15~64세)는 3천 500만 명이 사라지게 될 것이라고 전망했다.

그 이후가 더 문제다. 2033년 뉴타운 즉 우리나라로 치면 신도시가 슬럼화된다. 빈집이 큰 문제가 되는 곳은 바로 수도권이다. 단카이 세대가 초고령화 되어 요양 시설로 떠나고 이 집을 인수할 자가 없어져 대량의 빈집이 발생한다.
도쿄 23개 구 중 전철역에서 떨어진 곳도 문제가 생기기 시작한다. 2013년 조사에서 전국에 약 820만 호가 이미 빈집이다.

노무라 종합 연구소의 추계에 따르면 2033년에는 일본 전국의 3채 중에 1채가 빈집이 될 것이며 빈집 수가 전체 주택에서 차지하는 비율이 30.4%로 약 2,167만 채로 폭증하게 된다는 것이다.

(1) 앞으로는 수도권에서도 전철역에서 조금 떨어진 지역의 아파트라면 매수세가 붙지 않고 상품의 가치는 사라져 버리게 된다.

그렇게 슬럼화된 아파트는 매년 재산세만 빨아먹는 부실 자산이 된다. 일반적으로 빈집 비율이 30%를 넘은 지역은 치안이 크게 악화되는 것으로 알려져 있다. 이런 지역은 슬럼화 되거나 범죄의 온상이 될 가능성이 높다.

(2) 게다가 이런 장소의 인프라 노후화는 피할 수 없다.

일본에서는 1970년대가 인프라 투자의 피크였고 그 내용연수는 50~60년 정도다. 그래서 2020~2030년대에 보수의 피크시기를 맞이한다. 우리나라도 2018년 연말 고양시 백석역 인근 100℃ 열수파이프 파열사고는 27년 된 열수관 파열사고였다.

우리나라에도 이렇게 낡은 열수관만 686㎞에 달하며 1기 신도시, 반포, 여의도 등등에 편중되어 있다.

아파트 등 집단거주의 단점 사례인 셈이다. 열병합발전이 낡은 열수관으로 문제를 일으킨 것이다. "늙어가는 분당·일산..'재난 때마다 철렁'" 작년 12월 6일 자 매일경제 기사제목이다.

맞다! 향후 재건축도 불가능해지면 예산 부족으로 개보수를 못 해 각종 인프라에서 대형사고도 빈발한다.

(3) 2036년 도쿄에서 버스의 배차가 격감한다.

인구 감소 지역에서는 이용자가 급감하면서 버스나 전철 같은 공공교통

기관의 숫자도 줄어든다. 정해진 시간에 정확히 전철이나 버스가 도착할 것이라고는 생각하지 않는 편이 좋다

(4) 2037년에는 노인들의 인구가 최고조에 이른다.
그래서 지금보다 더욱 위기가 심각해지는 것은 신문사들이다. 신문 사업을 멈추고 다른 사업을 하게 되는 신문사도 나올 수 있으며 인구의 변화로 사회의 기본적인 형태가 크게 달라질 것이다

(5) 2039년 소득세율이 50%로 오른다.

(6) 2040년 119번으로 신고해도 구급차가 안 올 것이다. 현재는 119번에 신고하면 도착까지의 평균 시간(전국)은 10분 정도다. 그러나 몸 상태가 불편한 노인네들이 폭증함에 따라서 구급차를 호출하는 횟수가 늘어나 구급차가 지금처럼 빨리 올 것이라는 기대를 접는 게 좋을 것이다.
특히 도시권의 상황은 더 심각하다.

청년층의 인구 감소로 응급 의료 전문가들을 충분히 확보하기도 어렵다. 구급차를 필요로 하는 노인네 인구는 늘어나는데, 대응할 수 있는 젊은이들은 급감하는 불균형한 상황에 빠지고 있다.
일본의 인구 감소에 따른 사회변화 예측은 충격적이다. 우리나라라고 달라질 이유는 없다.
단지 한 가지 기대 가능한 것은 북한과의 통일이나 영구적 평화협정뿐이지만 이마저도 인구 문제를 완전히 해결해 줄 수는 없을 듯하다.

보통 아파트의 수명은 30년쯤으로 본다.

즉 30년 이내에 아파트 구입비용을 회수하려면 잔존 가격 10%를 빼고 매년 30년간 3%의 수익이 나와야 한다.

1년간 ROI 3%×30년=90%로 원금을 회수할 수 있다. 아파트나 구도심의 재건축·재개발이 전제되지 않는다면 실로 심각한 슬럼화 과정을 거치게 된다.

건축면적의 용적률을 나눠보면 된다. 200% 용적률의 50평짜리 아파트는 땅 지분이 약 25평이다. 300%라면 내 땅은 16.6평에 불과하다. 내용연수가 지난 재건축·재개발 대상이 못 되는 아파트는 철거 비용으로 건축비의 약 10%를 내야 한다.

30년간 ROI(투자이익률)를 합하면 적어도 주택 구입 가격의 90%가 나와야 한다. 재건축이 불가능해진 집합건축물이 있던 토지는 수많은 제한으로 거의 쓸모없기 때문이다.

이로써 어떤 수익성 자산에 투자할 시에는 ROI(은행 이자와 같다고 보면 된다)가 높은 자산에 먼저 투자하여야 함은 당연하다. 결국 투자자산을 가장 빨리 회수할 수 있는 자산이 최고의 자산이다. 즉 투자의 우선순위는 투자자금의 회수 기간이 짧은 자산이 투자의 우선순위가 되어야 한다.

일본 NHK의 특집은 다가올 한국의 사회변화에 큰 시사점을 제공해 준다. 경중의 차이만 있을 뿐 그대로 한국 사회에도 적용된다.

미리 예측해서 대비하지 않고 전부 경험해 보고 나서 알게 된다면 비싸게 산 수익성 부동산은 허공으로 날아가게 됨을 주지하여야 한다. 우리나라도 일본도 소유한 토지를 포기할 수 없다. 즉 토지나 건축물의 소유권 포기가 인정되지 않는 나라들이다.

그럼, 월세투자는 항상 바보투자일까? 다시 좋은 시절이 찾아올까? 그 시기는 언제일까?를 다음 챕터에서 살펴보자.

12 월세 투자가
   다시 현명한 투자가 되는 Time

그럼 언제쯤부터 월세 투자자들이 다시 황금기를 맞게 될까? 이 말은 결국 그럼 언제쯤 인플레 경제로 회귀하느냐? 라는 질문과 같다.

즉, 디플레이션으로 바닥을 다진 2030년대 초반에 또다시 전후 약 70년 정도 진행되었던 인플레 경제로 회귀하게 된다. 한국의 디플레가 제법 정리되어야만 또다시 월세 투자자가 현명한 투자자가 되는 시기가 된다.

이때가 되면 또다시 부는 무사히 대물림되며 월세 투자자가 왕인 시대가 온다. 또다시 부동산 불패, 강남신화가 시작되는 것이지만 이미 가격은 최고 가격에서 약 50~80% 하락한 시세가 출발점이 된다고 본다.

미래를 맞히는 것은 AI도 불가능하겠지만 저자에게는 미리 경험치를 제공하는 일본이 있으니 제법 맞게 예측할 수 있다.
즉, 한국의 자산시장에는 아직 한 차례의 대폭등이 남아 있다. 이은 대폭락 이후에도 약 10년간의 추가적인 가격 하락인 롱텀 디플레가 기다리고 있다.

안정된 사회일수록 부의 대물림은 영원히 이어지며, 신분 상승의 기회는 점점 없어진다. 항상 기회는 찬스임을 잊지 말아야 한다.

2018년에 한 차례 폭등했지만 사실 한국 부동산은 아직도 너무 싸다. 그러나 폭등기회가 아직 남아 있음을 알아야 한다. 주택지수로 추정컨대, 50~100%의 대폭등이 한 번 더 남아 있다.

대폭등 시기는 제4부 [챕터1]에서 설명한다. 주식시장의 대세 하락에 따른 폭등세의 단기 시현이지만 본 저서를 읽는 분들은 이번 투기 행렬에는 참가하지 말길 바란다.

이번 폭등은 일반적인 불경기 즉 숏텀 디플레이션이 아니라 롱텀 디플레이션이 될 가능성이 60%나 되기 때문이다. 만약, 폭등세를 좇아 매수한 후에 매도 기회를 놓친다면 너무나 큰 실패가 되기 때문이다.

앞에서도 거론했지만 이번을 마지막 상승으로 하여 다음 부동산 상승 시기가 2032~2033년으로 기나긴 세월이 지나야 하고, 약 80%의 하락이 지속되기 때문이다.

다시 말하지만 현재에도 한국 부동산은 국제시세에 비하여 너무나 싼 가격이다. 하지만 한 번의 폭등 후에는 대폭락할 때가 남아 있음을 항상 기억하여야 한다.

세계에서 집값이 가장 비싼 도시는 도시국가이면서 세계에서 둘째로 작은 지중해에 접한 모나코다. 매년 5월이면 모나코 시내의 도로를 통제하고 F1 그랑프리 경기가 열리는 광경을 TV를 통해 자주 봐 온 곳이다.

인구 4만 명, 1인당 GDP는 16만 달러. Tax Haven(조세피난처)으로 소득세가 없다. 가난한 왕국이었던 모나코는 1863년 카지노 사업을 시작한 이후 카지노, 관광사업, 호화로운 휴양지로 대성공을 거두었다.

영국 부동산업체 나이트 프랭크가 매년 발표하는 보고서에 따르면 11년째 모나코가 부동산이 가장 비싼 도시이다. 100만 달러로 약 5평을 살 수 있다. 평당 약 2억 3천만 원인 셈이다. 즉 부동산이 가장 비싼 순서는 모나코 → 홍콩 → 뉴욕 → 런던의 순서다.

한국의 부동산이 이런 국제도시에 비하여 싼 이유는 뛰어난 기본 인프라를 갖췄지만 늘 북한 측으로부터 안보를 위협받고 있어서 세계적인 부호들의 관심 밖에 머물러 있어서다.

이 말은 한국의 고급 부동산은 향후 북한과의 통일이나 영구적 평화가 보장된다면 엄청난 부의 차이를 일으킬 재산임은 틀림없다는 뜻이기도 하다.

그러다 보니, 한국 부동산은 국제적인 부자들끼리의 매매도 원활하지 않으며 관광이나 거주를 목적으로 장기체류하는 외국인도 많지 않다.

둘째로는 아직 한국의 부동산 가격이 제대로 차별화, 양극화되지 않았기 때문이다. 이제야 아파트나 편리한 주상복합 아파트의 분양가가 자율화되어 본격적인 차별화를 막 시작하고 있는 셈이다.

오랜 세월 동안 분양가가 규제되고 있었기에 위치에 따른 가격차별이 제대로 되지도 못한 것이다. 흔히 주택 가격을 평가할 때 연간 임대료의 20배가 적당하다고 말한다.

다른 평가 방법은 연간 소득의 25% 정도를 주택임대료 상한선으로 보고 연간 소득의 5배 정도로 적정 가격으로 보는 방법이다.

서울은 이 PIR(소득 대비 주택 가격 비율)이 9배, 경기도가 7배 수준이어서 다른 국제도시들보다 약간 비싸다고 한다. 하지만 이는 평균적인 사람들이 사는 평균적인 주택 가격을 비교한 것이다.

KB부동산 자료에 따르면 서울의 PIR은 2006년 말에는 15배였다. 2008년 3월 기준으로는 7.4배였고, 2018년 3월 현재는 약 9.9배이다. 즉, 서울은 금융위기 직전에 비해서 약 52%의 상승여력이 더 남아 있다는 뜻이다.
역사상 최고 배수는 1990년의 24배나 된 적도 있다.
국제간 주택가격을 비교할 수 있는 지표가 없기에 이 PIR 배수는 주택가격의 국제 비교 시에는 꽤 유용하다고 할 수 있다.

서울은 이 세상에서 면세점이 가장 잘 발달되어 있으며, 술값 등 부대비용이 국제시세에 비해서 너무나 싸다. 지척의 거리에는 세계 제일의 공항이 있어 출입국에 시간도 별로 걸리지 않고 편리하다.

서울은 고대와 현대 초현대가 공존하는 자유로운 도시이며 100년 이상 된 전통음식점과 잘 관리된 현대 고급레스토랑도 즐비해 있다.

한 차례의 폭등과 폭락 후에 기나긴 디플레이션 시절을 지나고 다시 인플레 시절로 회귀하게 되면 큰 기회가 주어질 곳이 바로 한국 부동산 시장이고, 가격이 폭등한다면 최고의 월세투자처가 된다.

얼마 전에 있었던 중국 Top Star 배우 판빙빙의 실종 사례와 그 후 그녀의 거액의 세금 추징납부 사례 등등… 중국의 돈 많은 사람들은 이런 이유 등으로 기회가 닿으면 해외 부동산 투자를 꿈꾼다. 그들은 런던. 뉴욕, 호주, 캐나다, 제주도를 휩쓸고 있다.

엔화는 안전자산으로 위기 시마다 대우받지만, 일본 부동산은 좋은 투자처가 아니다. 잦은 지진과 태풍으로 국제자본은 일본 부동산은 투자처로 보지 않는다.

서울은 자연재해도 없으며 최고의 치안과 현대와 과거가 공존하는 뛰어난 경관과 먹을거리 구경거리를 제공한다. 국제적으로 남은 투자처로 가장 유망한 곳 중의 하나가 바로 서울이다. 중국 입장에서는 지리적으로도 가깝고 수시로 이용도 가능한 값싼 부동산 투자처다.

단 한 가지 북한과의 변수 때문에 투자순위에서 밀려있을 뿐이다. 북한과의 변수가 가장 큰 걸림돌이다. 이것이 해결된다면 디플레 중에라도 외국인들이 선호할 고가의 위치 좋은 부동산은 큰 폭의 상승이 있을 것은 예측 가능하다.

이른바 중국인들을 포함한 국제적 투자자들의 Asset Parking 장소로 좋은 곳도 바로 서울의 부동산이다. 에셋파킹이란 개발도상국의 신흥 부호들이 자국 내의 여러 위험요소들을 대비해서 주로 선진국에 부동산 형태로 재산을 보관(파킹)하는 것을 말한다.

에셋파킹(Asseting Parking)은 주로 부동산에 투자하려는 심리를 동반하기 때문에 대상 도시들의 부동산 가격이 급등하게 되고 중산층 이하 서민들의 경우 집을 마련하기 어려워지는 현상을 낳게 된다.
미국, 런던, 캐나다, 호주, 제주도 등에 중국인들이 떼로 몰려들고 있는 현상이 대표적이다.

이는 한국 사대문 안의 부동산, 목동, 강남의 부동산이 대폭 오를 소지를 늘 안고 있다는 뜻이기도 하다.

국민들은 일반적인 주거용 아파트도 비싸다고 느끼지만, 위치로 차별화된 사대문 안쪽이나 정동 등의 고급주상복합아파트나 오피스텔 등은 국제시세에 비해서 너무나 싸다. 이를 노릴 타임도 같이 다가오고 있다.

지금의 월세 가격은 감가상각비 등을 가감한 금액에도 한참 못 미치는 경우가 많다. 이 말은 임대업자가 손해를 보고 있고, 장차 월세가 오를 소지가 있다는 뜻이 된다.

그러나 수익성 부동산을 이용한 월세 투자의 수익성은 주택담보대출의 이자율을 상회하기 쉽지 않다. 돈은 이익이 많이 나는 곳을 향하므로 많은 투자자들의 투자행렬로 곧 수익률은 중장기적으로는 월세 수익률은 주택담보대출 금리 이하로 떨어지게 된다.

그러므로 주택담보대출 평균 이자율 이상을 벌어들일 투자수단이 있다면 최선의 투자처가 되는 셈이다.

하지만 수익성부동산을 싸게 산다면 상황은 달라진다. 가격 상승에 따라 월세 수익률은 지속적으로 오르게 되기 때문이다. 부동산 가격도 오르고 수익률도 오르니까 가격을 싸게 산 부동산은 보석 같은 존재가 된다.

월세 투자자들의 투자 행태는 주로 월세수익에 목표를 두고 자기자본의 수백 퍼센트에 이르는 은행 빚을 이용하여 수익을 극대화하는 전략을 구사한다. 그러나 지금의 월세 투자자들의 투자 행태는 지속할 수 있는 방법이 아님을 제1부 월세 투자자의 눈물 편에서 구체적으로 설명하였다.

마지막 대세상승 시기에 매도기회를 놓치고 즉 월세투자에서 철수하지 않고 시대의 흐름에 역행할 경우 흑자부도에 이어 월세파산에 이르게 됨을 강조한다.

월세투자와 다른 부동산 투자행태는 주로 매매차익에 목표를 두고 장기간 부동산을 보유하는 갭투자 방법으로 이를 제2부에서 자세히 설명한다.

실제로는 두 가지 방법을 혼용하는 방법으로 투자를 하므로 사실상 구분의 실익도 없고, 구분 자체도 애매하지만 가독성(可讀性)을 높이기 위해서 구분하여 설명한다.

제2부

제2부

갭(Gap)투자자의 눈물

갭(Gap)이란 사전적으로는 틈, 구멍, 간격을 의미한다. 원래는 경제학 용어로 인플레이션 갭(총수요가 총공급을 웃돌았을 때의 차), 디플레이션 갭(유효수요의 수준이 완전고용 수준을 밑돌 때 발생)을 말할 때 쓰였지만 주식용어로도 쓰이고 있고, 얼마 전부터는 부동산 투자 시에도 원용하고 있다.

부동산에서는 자기자금을 초과하는 부동산 투자를 하는 것을 갭투자라고 통칭하고 있다. 갭투자는 통상 무이자 융자금격인 전세금과 은행융자금을 동시에 활용하는 주로 장기적인 부동산 투자방법을 의미한다. '부동산 구입가격-무이자 융자금인 전세금-은행융자금=순수 자기자금액'이 된다. 이 중 자기자금을 초과해서 투자한 금액이 갭(Gap)이 된다.

《한국인의 눈물》 제2부에서는 갭투자자도 월세 투자자에 이어 결국 바보 투자자가 되는 이유를 설명한다. 아파트 가격이 폭등한 후 폭락하면 → 전세가격도 비례하여 폭락 → 그러나 사실상 융자금격인 전세금과 은행빚은 그대로인 상태가 되어 → 역전세 현상 발생 → 전세파산 → 결국 경매 절차를 통해 정리되는 시대가 도래하게 된다.

이번의 마지막 거품 형성기 이후에는 누가 먼저 나오느냐가 생존 여부를 결정한다. 실제로 갭투자자들은 부채비율을 100% 이상으로, 가능한 한 많은 레버리지(Leverage)를 일으켰을 것이어서 매년 현금부족액이 수천만 원에 이르는 경우가 허다하게 발생된다.

이런 경우에는 상환할 전세금 및 매월 상환원리금 부족으로 인해 → 전세파산, 월세파산으로 가게 되는 것이다.

일본인들도 우리보다 30여 년 전에 수익성 부동산에의 몰입투자가 유행했었다.
물론 그들도 그 당시에 갭투자(=레버리지투자) 열풍이 불었었고 무작정 갭투자가 유행했다. 토지불패 신화가 아직 맹위를 떨치는 시절이었으니까. 하지만, 이 책의 독자들은 일본의 토지신화는 30년 전에 완전히 끝났다! 라는 사실을 알아야 한다.

우리보다 뭐든지 앞서가는 일본을 배우기 위해 삼성 창업주와 상속자는 '동경구상'이라고 해서 매년 연말부터 새해 이후까지 늘 2~3달 이상을 도쿄에 장기 거주했었다. 역시 그들은 현명했다. 성공하는 투자가는 미래를 미리 봐야 한다. 보이는 것은 물론 안 보이는 것을 미리 볼 줄 알아야 한다. 일본에서 미래를 읽고 배우고 온 것이다.

본 저서는 앞으로 다가올 10년 이상의 한국 아파트의 장래가격을 철저히 분석한다. 전세시장, 월세시장을 장기적으로 10년 이상을 예측하면 결국 장래 주택가격을 예측할 수 있게 되는 것이다.

5세 연령별 인구수와 한국 아파트 수를 5-10-20년간 Simulation해서 결과를 도출·분석한다. 흑자도산, 불황형 흑자도 둘 다 같은 궤도 위에 있다.

최근의 약간의 물가상승으로 또다시 인플레 시대가 왔다고 거의가 다 착각하고 있다. 이것은 금융위기 시 대대적으로 풀린 돈으로 인한 일시적인 착시현상과 같은 것이라는 점도 알아야 한다.

제2부에서는 갭투자 성공의 조건과 정권이 바뀌어도 보유세가 줄기는커녕 오히려 강화되는 이유 등도 알아본다. 다주택자 때문에 3기 신도시까지 어쩔 수 없이 건설해야 하는 것을 정부도 안다. 결국 기존의 다주택자에게 징벌적 과세를 더욱더 강화해서 앞으로는 자연스러운 1 주택자로의 전환을 유도하는 것이 기본적인 주택정책이 된다. 그래서 주택의 간접적인 공급을 늘리는 것이다.

역시 일본의 다마신도시, 지바신도시의 변천 과정을 보면 분당, 일산, 평촌 등 2기 신도시의 장래를 예측할 수 있게 된다. 당연히 3기 신도시의 장래가 보이는 것은 말할 것도 없다.

일본의 셔터도오리와 한국의 젠트리피케이션의 관계 자영업자의 몰락도 분석해 본다. 인구의 고령화·노령화에 따른 변화는 이 밖에도 인기거주지역도 변화시킨다. 향후 역세권의 위력, 재건축·재개발이 어려워지는 이유 등등을 살펴봐야 미래예측이 가능해진다.

미래가 없는 것 같지만 큰 미래를 만나려면 즉 한국의 젊은이들 중 진정한 부자가 되려면 인터넷 기반 기업을 창업하여 IPO를 통해 창업자 이윤을 챙겨야 한다. M/S의 빌 게이츠, 애플의 故 스티브 잡스, 아마존의 제프 베조스, 넥슨의 창업주들을 보라.

한국의 젊은이들은 골목상권을 기웃거려서는 안 된다. 전 세계 인터넷 사용인구는 아직도 50%가 채 안 된다. 무주공산의 시장,지금 세계 시장과 같은 크기의 큰 시장이 인터넷에서 한국의 젊은이들을 기다리고 있음을 잊지 말라.

우선 완전히 사라진 일본의 토지신화의 흔적을 살펴보고 화려했던 일본 신도시들의 과거와 현재를 살펴보면 미래의 우리나라 신도시들의 몰락을 예측하는 데 타산지석의 지혜로 삼을 수 있다.

한때 유행처럼 번졌던 갭(Gap)투자한 부동산들의 장래를 살펴보면 한국도 일본처럼 부동산이 폭락하게 됨을 알게 된다, 즉 Omnibus Edition Style로 전개된 챕터들을 하나하나 읽어 나가면 갭투자자도 결국 바보투자자가 된다는 결론에 다다르게 된다.

1 老人의 도시… 日 다마 신도시의 경고

일본의 수도 도쿄에서 서쪽으로 약 30㎞ 떨어진 곳에 조성된 다마 신도시는 도쿄 중심지인 신주쿠역까지 40분 거리다. 1971년 이주를 시작한 신도시로 한때 일본의 수도권 부동산 시장을 견인할 정도로 명성을 떨쳤던 인기 신도시다.

대중교통을 이용해 도쿄로 출퇴근이 가능하고 주변의 산업 및 공업 지역과 연계한 자족 기능까지 갖추면서 30~40만 명이 거주하는 대도시로 자리매김했다.

주택 가격도 당연히 무섭게 올랐다. 도로나 공원, 학교, 상업·문화시설 등 각종 기반시설이 체계적으로 갖춰지면서 이곳에 거주를 희망하는 수요자들이 몰렸기 때문이다.

하지만 1인 가구가 늘고, 직주근접을 선호하게 되면서, 다마 신도시는 노인의 도시가 된 지 오래다. 젊은 시절 입주를 시작했던 사람들이 그대로 집을 지키고 있어 그들은 노인이 되었고 후세들은 일을 찾아 도쿄 등 도심으로 떠나 아파트 소유주의 세대 교체가 이뤄지지 못했다.

노인들이 대다수 거주하는 만큼 생산이나 소비생활이 이뤄지지 않아 도시 기능도 점점 쇠퇴했음은 당연하다고 할 수 있다.

주택 가격도 바닥을 모르고 추락하고 있다. 2000년대 이후 다마 신도시 상가는 26%가 문을 닫았고, 300여 곳이 넘던 초등학교도 절반 넘게 폐교했다고 한다.

도쿄까지 교통이 불편한 또 다른 신도시인 지바 신도시는 베드타운(Bed Town) 역할만을 한다. 1979년부터 입주를 시작한 이 신도시도 사정은 마찬가지다. 주택 수요를 잘못 예측한 채 공급을 남발한 결과다.

중국의 몽골 인접 지역인 네이멍구 어얼둬쓰(오르도스) 신도시는 고층 아파트부터, 쇼핑몰, 박물관까지 모두 문을 닫아 도시의 2/3가 비었다고 월스트리트 저널(WSJ)이 보도한 바 있다.

어얼둬쓰는 중국의 대표적인 구이청(鬼城: 유령도시)으로 꼽힌다. 중국 지방정부는 2020년까지 80만 명의 주민을 유치하겠다는 목표를 세웠다가 30만 명으로 크게 줄였다.

중국의 유령 신도시는 50곳이 넘는다고 한다. 도시의 절반가량은 미완성 아파트이고 향후 20~30년간은 전망이 없다고 한다. 이렇게 많은 곳이 유령도시가 된 것이다. 상황이 이렇게 되자 중국 정부는 도심재개발로 방향을 틀었다.

서울시도 도심재개발로 방향을 틀고 있음은 주지의 사실이다. 출퇴근 시간 증가, 교통 체증, 주택 가격 상승, 자녀 교육 등 여러 가지 이유가 있지만. 인구가 늘고 도심이 팽창할 시에 도넛형으로 커가던 도시는 축소될 시에는 도심으로의 리턴(Return) 현상이 나타난다.

뉴타운·재개발·재건축 등 정비 사업이 본격화되면서 구도심의 생활여건도 좋아져서 다시 도심으로 돌아오는 이들도 적지 않다.

우리에 앞서 도심 회귀 현상을 겪은 일본의 경우 도심으로 다시 돌아오는 사람들이 늘면서 교외 인구가 줄고 도심 인구가 늘어나는 '도심 쏠림현상'이 지금도 이어지고 있다.

일본의 다마 신도시가 좋은 예다.
현재 다마 신도시에 거주하는 인구는 약 14만 명으로 34만 명의 계획 인구보다 약 20만 명 줄어든 수치다.

문제는 한국도 일본과 비슷한 상황이라는 점이다.
2018년에 한국은 일본보다 빠른 속도로 총 인구 중에서 65세 이상 인구가 14.8%에 도달해 고령사회에 이미 진입하였기 때문에 이에 대비해야 한다.

주민의 연령층이 다양하게 뒤섞여 있는 기존 도시와 달리 신도시는 비슷한 연령층이 비슷한 시기에 대규모로 입주했기 때문에 고령화 문제가 단기간에 급속히 나타나는 경향이 있다. 심지어 다마 신도시에 있는 후지미다이 단지는 30% 정도가 빈집으로 알려져 있다.

한국도 도심 회귀 현상은 가속화될 전망이다.
이에 따른 것으로 보이는 현상으로 서울 집값은 지방과 비교해서 더욱 가파르게 오르고 있다. 서울 아파트 가격이 지속적으로 오르는 이유로는 대기수요에 비해 턱없이 부족한 공급이 꼽힌다.

일본도 도쿄나 오사카 지역 도심은 조금씩 오르고 있다고 한다. 우리나라는 기존의 부동산 가격 상승 패러다임이 변하고 있는 것이다. 이제는 외곽이 아니라 도심이다.
결국 용적률 상향 가능성이 있는 서울 중심부 지역의 다세대 다가구가 밀집된 지역이, 최대 투자 상품으로 부상할 가능성이 크다.

우리나라의 신도시는 일본의 사례처럼 재건축이 되더라도 교통 등의 이유로 주거지로서 기존 신도시의 인기가 떨어져 추가 입주자를 모집하기 어려워질 수 있다.

그러면 우리나라의 신도시들도 자연스레 노인의 도시로 변할 가능성이 많다. 또한 초과이익환수제 등으로 재건축 비용을 모두 주민들이 부담해야 하는 상황마저 오고 있어 더욱 문제다.

다음 챕터에서는 일본 신도시의 주거시설의 문제에 이어 스트리트몰, 상가주택 등 상업시설의 과거와 현재를 짚어 보자.

2 일본 셔터도오리의 교훈

일본 도쿄 스미다구는 도쿄역에서 6번째 전철역으로 우리나라의 성북구 쯤 되는 곳이다. 일본 사회가 이 지역에 붙인 다른 이름은 '셔터도오리'(シャッター通り)'다. 폐점해 셔터 내린 가게들이 많은 거리라는 뜻이다.

약 500m의 길거리 가게들 80여 개 중 한 집 건너 한 집이 문을 닫았다. 보다 더 자세히는 세 곳 중 두 곳이 문을 닫아서 새로운 별칭인 셔터도오리로 통한다. 마을주민들은 10년 전부터 가게들이 폐업하기 시작했다고 한다.

일본의 생산 가능 인구가 줄어들기 시작한 약 10년 후, 노인들이 자주 찾지 않는 술집, 미용실 등부터 가게들이 문을 닫기 시작했다고 한다.

한국의 생산 가능 인구는 2018년 즉 작년부터 줄어들기 시작했다. 이제 우리나라도 10년 후인 2028년이면 서울 비인기 거주 지역에서는 셔터도오리를 구경하게 될 것으로 추정할 수 있다.

이미 최고의 스트리트 마켓으로 명성을 떨쳤던 압구정동이나 홍대거리, 가로수길부터 전조 증상이 나타나고 있다. 이들 거리의 상가들은 우선은 일시적 경기 부진에 따른 여파로 보이지만 결국에는 빈 상가들이 고착화될 것으로 보인다.

이를 확대해 보면 경기도 아래쪽으로는 분당, 판교가 인구가 줄어들 위험 지역이라는 걸 짐작할 수 있다.

분당에서 가까운 오포읍 신현리는 이미 동 전체가 비어 있는 빌라 단지가 속출하고 있다. 이런 상황이 발생하면, 상가 주택이나 다가구 주택, 상가의 월세 수입은 월세 입주자가 줄어들거나 없어지므로 서서히 0으로 수렴하는 것이니 미리 대비하고 월세 투자 즉 수익성 자산에의 투자를 미리 멈춰야 한다.

일본의 자산시장 대세 상승기 중 핵심연도인 1986~1989년의 4년간 주식과 부동산은 공히 3배씩 올랐다. 상업용 부동산이 훨씬 더 많이 올랐다. 그 후 조정기에는 평균적으로 공히 80% 정도씩 폭락했다.

그중에서 상업용 부동산은 90%로 더 많이 내렸다는 사실을 잊지 말아야 한다. 한국에 마지막으로 찾아올 대세 상승은 주로 달러 환율의 하락에 맞춘 달러 가격 대비 시세 조정성 폭등으로 판단되며 상승 폭은 50~100%로 보인다. 북한과 미국이 평화협정을 체결한다면 이로 인해 투자 안전지대가 될 서울로 일시에 몰리는 투자 쏠림 현상 즉 Asset Parking 장소로서의 서울의 부상도 큰 잠재적 변수다.

그러나 이런 이유들로 일시적 폭등세를 구현한다고 해도 영구적으로 이 가격을 지탱해 주지는 못한다. 인구문제 등에서 기인한 한국의 롱텀 디플레가 곧 본격화되기 때문이다. 항상 정부의 거짓말 정책에 속아 와서 정부정책과는 반대로 하라고 많은 사람들이 말해 왔고, 그렇게 해야만 성공한 경우가 더 많았다. 하지만, 이번에는 아닌 것이다.

정부가 다주택 소유자들에게 집을 파는 게 유리하다고 한 사실이 1~2년 후부터는 맞을 것으로 보인다. 여기서 저자의 말을 오해하지 말아야 할 것은 한 차례의 시세 폭등 후에 폭락이 온다는 점이다.

북한과 통일이 되기 이전에 다른 변수는 없다. 거품 붕괴로 인한 부실 처리의 마지막은 어느 나라나 금융회사들에게서 결말지어진다.

1995년 뱅크런으로 도쿄 신협, 코스모 신협 파산을 시작으로 주택금융회사들이 연쇄 파산하고, 1996년 한와은행, 1997년 산요증권, 홋카이도 마고슈쿠은행 파산, 업계 2위였던 야마이치증권도 마찬가지로 1997년에 파산했다.

최초의 뱅크런이 있던 해인 1995년, 일본이 한국에 빌려준 230억 불의 회수에 들어가면서, 한국 종금사들의 파산에 이어 제일은행과 서울은행이 사실상 파산하였다.
1997년 12월 한국의 외환 보유고는 12억 달러가 되어 IMF에 구제금융을 받게 된다. 이 당시 일본의 3~4개 정도의 보험회사들도 부도 처리되었다.

고정금리로 대출한 금융상품들과 주택담보대출의 부실화 결과는 고스란히 금융회사들이 최종 책임을 지는 것이다. 이는 우리에게도 시사하는 바가 크므로 그야말로 타산지석으로 삼을 자료들이다.

1998년 4월 갖은 부양책에도 일본은 회생하지 못하고 110엔을 오르내리던 엔화는 1998년 6월 15일에는 150엔으로 36% 폭락한다.

일본도 외환위기에 휩쓸릴 순간이 찾아왔지만, 루빈 미 재무부 장관과 일본은 150엔대에서 엔화를 잡기로 합의하여 외환 시장에 개입한다.

이후 일본은 IMF 지원 없이 외환위기를 이겨 냈다. 1998년 9월 엔화는 다시 130엔대를 회복하여 외환위기를 넘겼다. 이 당시 한때 일본의 국채는 짐바브웨 국채보다도 더 낮은 등급을 받게 되는 수모를 겪는다.

다가올 10년, 한국에도 셔터도오리가 나타남은 당연지사라고 생각한다. 마지막 대세 상승 이후에는 우리나라의 상가 주택이나 스트리트 몰에서도 셔터도오리가 나타나게 된다.

따라서 이번의 9·13조치에 따른 일시적 조정장 이후에 찾아오는 대세 상승장을 이용하여 일반상가 상가 주택 등도 처분하여야 한다는 것을 다음 챕터에서 확인하기 바란다.

3 한국 자영업자의 몰락이 의미하는 것은?

"우리나라 자영업자 556만 무너지고 있다."
(2018.6.28 경인투데이뉴스)

"고깃집 차린지 2년도 안 돼 '폐업' 그의 절규 '자영업 미친 짓, 마지막 생계수단'" (2018.9.26 아시아경제)

"상가 공실 문제 심각… 인구·트렌드 변화에 대응해야"
(2018.10.1 연합뉴스)

"'악순환 늪'… 침몰하는 대구 자영업" (2018.10.1 영남일보)

"퇴직금 털어 상가 샀는데 노후 망쳤다… 임차인 1년째 못 구해"
(2018.10.3 한국경제)

"1945년에 자갈치 시장이 생긴 이후 도매 점포가 비어 있기는 이번이 처음입니다." (2018.11.1 연합뉴스, "저녁에도 텅빈 부산 횟집들…매출 반토막에 울상" 중 일부 발췌)

자영업자 관련 뉴스들의 소제목 및 기사 일부이다.

우리나라 자영업자 수는 2017년 기준 556만 명이고, OECD 국가 중 자영업자 수가 3위라고 한다. 우리 경제에서 자영업이 차지하는 비율은 25.5%나 된다. 그러나 폐업률이 무려 90% 정도라 하니 기가 막힌다.

그 원인은 젠트리피케이션(도심 지역에 사람들이 몰리면서 개발이 가속되고 임대료가 오르면서 원주민이 바깥으로 내몰리는 현상)이라고 설명들 하지만 그게 다가 아니다.

또 2018년 10월부터 새로운 상가임대차보호법 시행으로 환산보증금이 9억 원 이하인 경우에는 임대료 인상이 연 5%로 제한된다. 계약갱신청구권도 10년으로 늘어나고 권리금 회수보호기간도 6개월로 늘어났다. 그래서 건물주들이 새로 계약을 하거나 재계약을 앞둔 경우 임대료를 급격하게 올릴 것으로 걱정하기도 한다.

그러나 진짜 속사정은 바로 적자 때문이다.
우선은 가게들 숫자가 너무 많다.
신도시 위주로 보면 전체 계획면적 대비 일반상업용지 비율은 판교 1.5%를 비롯해 광교 1.41%, 위례 1.7%, 김포 한강 1.8% 등이다.

표면적으로는 1기 신도시인 분당(4.7%), 일산(2.8%) 등보다 절반 이하로 줄어든 것처럼 보인다. 그러나 계획 수용 인구 1인당 상업용지 면적(㎡/명)은 그대로다.

개발업자(Developer) 입장에서는 평당 1억 원 가까이에 상가를 분양할 수 있으므로 상가를 많이 지을수록 수익은 늘어난다. 고분양가는 고임대료를 요구하게 되어 임차인을 찾지도 못하고 결국 빈 상가로 변한다.

높은 임차료로 임대가 안 되는 상가는 은행 융자금 상환을 못하므로 결국에는 경매 절차를 통해서 싼 가격으로 재판매되어 싼 임대료로 다른 임차인에게 재임대될 것이다.

둘째로, 앞으로는 가게가 필요 없어진다. 즉 인터넷 쇼핑몰이 그 자리를 대신하게 된다. 나아가서 이제는 스마트폰으로 언제나 어디서나 물건을 살 수 있다. 2015년 기준 전 세계 인구의 43%인 31억 명만이 인터넷을 활용하고 있다.

나머지 57%인 42억 명이 잠재적인 인터넷 쇼핑몰 이용 대기자들인 셈이다. 이제 2019년 즉 올해 상반기에 시작될 구글의 Loon Project(성층권 이용)와 스페이스 X(저궤도 이용) 및 스웜 테크놀로지스의 스페이스비(초소형 위성이용)가 가동된다면 전 세계 인구의 90% 이상이 한 시장을 이용하는 인터넷 쇼핑몰 세상이 된다.

하늘 위의 기구(대형 풍선)나 위성이 지금의 광케이블 역할을 대신하는 것이다. 이른바 우주인터넷 시대가 개막되는 것이다. 그러면 국내 통신시장의 독과점은 무너지고 국내 통신회사는 이들 회사들의 하청기업이 될 우려까지 있다.

즉, 이 사실은 가까운 장래에 각국의 통신회사와 인터넷을 기반으로 하는 기업들의 엄청난 지각변동을 암시하는 것이다. 따라서 인터넷 쇼핑몰은 앞으로 단기간에 57%나 매출액이 증가할 수 있다.

얼마 전에는 126년이나 된 미국의 SEARS 백화점이 파산 위기라는 기사가 났다. 인터넷은 아직도 무한 변신 중이다. 한국의 대기업 소속 백화점들이 대형화하는 요즘 추세가 과연 옳은 것일까를 생각해 봐야 한다. 앞으로의 백화점은 단순한 쇼윈도의 역할을 하게 되는 것은 아닐까?

아마존을 주목해야 하는 이유이기도 하다. 아마존은 신선식품 시장까지 진출했으며 안파는 물건이 없어지고 있다.
현재에는 아프리카 인구의 9.6%만이 인터넷을 사용하고 있다. 이제 룬 프로젝트로 아프리카에도 무료 인터넷 시장이 개통되면 아프리카 시장이 열릴 차례인 것이다.

한국의 자영업자가 망하고 있다는 것은 바로 상가들의 몰락을 의미하는 것이고, 그 주된 이유는 최저임금법뿐만 아니라 바로 인터넷의 무한변신, 김영란법의 시행. 주 52시간 근무제 도입 등등 때문인 것이다.

머지않아서, 상가를 분양받았거나 상속 등으로 획득한 임대업자의 상가는 경매시장에 우후죽순처럼 나타나게 되고, 결국에는 경매를 통해서 적정 가격을 찾게 됨을 의미한다.

월급쟁이들의 꿈이라는 신도시 지역의 상가 주택도 머잖아 텅 빈 가게가 된다는 뜻이 바로 자영업자의 몰락과 직결되는 것이다.
상가 주택에서 할 수 있는 영업은 음식점, 커피하우스, 부동산, 미용실 등에 불과하지만 이들 업종은 전부 경기와 직결되는 소규모 사업이기에 가장 먼저 경제적 충격이 오는 업종들이다.

즉 경매를 통해 모든 수익성 부동산의 가격을 재조정해 주는 시기가 다가오고 있다. 현재의 상가 가격을 적어도 50~60% 이하로 재조정해 줄 것이다. 수익성 부동산을 가진 자들은 미리 빠져나와야 한다. 즉 상당 기간 동안 이 빈 가게들은 채워지지 않는다.

거품이 잔뜩 낀 상가 주택의 상가, 골목 상가의 몰락은 이미 정해진 길을 가고 있다. 다만 그 가치가 서서히 사라져 가는 것을 우리가 느끼지 못하고 있는 것이다.

2~3차례의 주인의 손바뀜과 함께 경매 제도를 통해서 적정 가격으로 회귀한다. 일부 상가들은 영원히 채워지지 않을 것으로도 보인다. 다른 선진국을 여행하면서 본 동네 가게들의 빈 모습을 이제 한국에서도 보게 된다.

나아가 강남, 종로, 명동 등 길거리 1층의 초고가 월세 수입을 보장했던 가게들도 공실로 신음하게 된다. 이 가게들은 자영업자들이 임대하는 상가이기도 하지만 은행, 통신사 대리점, 화장품업체 등 유명기업들의 플래그숍 자리이기도 하다.
이마저도 공실화되고 있다. 이 또한 인터넷의 발달과 ATM기기의 확산 등과 관련이 있으며 이 추세는 점점 가속화된다.

결국 한국 자영업자들의 몰락은 빈 상가의 증가를 의미하고 이는 상가 가격 폭락과 월세 수입의 단절을 의미하는 것이다.

4 재건축·재개발이 더 이상 불가능해진다

서울의 몇 군데의 아파트를 제외하고는 앞으로 더 이상 재건축·재개발이 불가능해진다는 사실을 생각해 본 적이 있는가?

지금의 재건축 전제조건은 매년 부동산 가격이 꾸준히 올라야 하며, 용적률의 완화가 전제되어야 가능한 사업이다.

재건축 시에는 보통 기부채납을 10% 이상 하여야 하며, 대지지분이 적을 경우 각자 추가 분담금을 내야만 한다. 재건축이란 아파트 소유주가 일시적으로 개발사업자(developer), 건설업자가 된다고 생각하면 된다.

즉, 기존 세대수보다도 아파트를 더 많이 지어서 이를 일반인들에게 분양하여 아파트 신축비용으로 충당하는 방식이다. 현재 남은 재개발 가능 지역 중 가장 유리한 곳은 목동 5단지이다.

평수는 늘려가고 현재 가격 기준으로도 수억 원씩 이익금을 돌려받을 곳이다. 현재 서울에서 재건축 분담금이 전혀 안 들어가는 지역은 목동 신시가지 전체, 잠실주공, 아시아선수촌, 올림픽선수촌 아파트 정도다.

결국 서울 기타 지역의 아파트들은 재건축 분담금을 전부 최소 1~2억 이상을 내야만 한다. 등록세. 취득세는 별도다. 지방은 재건축 자체가 아예 불가능하다고 보면 맞다. 현재의 아파트 시세대로 분양한다면 사업성이 없기 때문이다.

아파트 가격이 계속 올라줘야 가능한 사업이 바로 재건축 사업인 것이다. 게다가, 고령자들에게 1억 이상의 재건축 분담금은 부담이 크기 때문에 고령자가 많이 사는 아파트들은 앞으로 심각한 저항에 부딪히게 되는 것도 재건축·재개발 저해 요소가 된다.

용적률을 끊임없이 높여가며 재건축에 재건축을 이어가는 현재의 건축방법은 이제 머잖아 더 이상 통하지 않게 된다. 그렇게 하려면 아파트 가격도 끊임없이 올라줘야 한다. 즉 현재의 재건축. 재개발 방법은 영원히 계속할 수 있는 주거 문제 해결방법이 아니다.

바로 얼마 전 부동산 침체기 동안에는 강남의 인기 지역인 개포동 재건축도 사업성 결여로 지지부진한 적이 있었음을 알아야 한다. 즉 건설업자가 남는 것이 없다면 재건축 사업은 불가능해지는 것이다.

게다가 이번 마지막 한 번의 대세 상승을 끝으로 앞으로는 롱텀 디플레이션(Long Term Deflation)이 기다리고 있음을 감안하면 재건축 분담금이 전혀 안 들어가는 목동 등의 지역도 장차에는 재건축이 불가능해진다. 즉, 한국의 주거 문제는 심각하게 악화된다.

지금의 25~30층 아파트를 재건축한다고 하면 몇 층으로 재건축해야만 사업성이 있을까? 주거환경은 얼마나 악화될까를 생각해 봐야 한다. 항상 구름 속에 묻히는 아파트는 여러 가지 문제를 양산한다. 얼마나 더 높여야, 즉 용적률을 올려야 사업성이 있을까?

현재 서울 아파트들의 용적률은 평균적으로 270% 정도이며, 경기도는 210%대다. 재건축은 물론 도심재개발 사업도 위의 조건들이 충족되어야 가능한 사업이다.

게다가 작년부터 부활한 재건축 초과 이익 환수제에 따른 초과 이익 부담금도 있다. 초과 이익 부담금은 조합원 초과이익이 1인당 3천만 원이 넘으면 10~50%가 세금으로 부과된다.

즉 (종료시점 주택 가격−개시시점 주택 가격−정상 주택 가격 상승분−개발비용)이 된다. 이제 재건축 시장은 시계제로가 되었다. 앞으로는 재건축 시에 재건축 초과 이익 부담금도 가구당 1~2억은 내야 한다.

집을 가진 사람들 중 노인 인구가 많은데, 재건축 분담금+재건축 초과 이익 부담금을 합쳐 2~3억 이상을 재건축 시에 부담해야 하는데, 이 돈을 부담하고 재건축에 동의할 사람들은 많지 않다.

그러면 지금 같은 재건축·재개발이 안 될 경우에 마지막으로 남는 건축 방법은

(1) 1:1 재건축 방법이다.

이 방법은 각종 정부 규제에서 해제되지만 전액 자기 부담으로 건축비를 해결해야 한다. 인구 고령화로 자기 부담으로 재건축비를 부담할 가구가 급격히 줄어들고 있음은 이미 나타난 현상이다.

이 방법은 큰 저항에 부딪히게 된다. 특히, 60대 이상 노년층은 결사반대 하는 것이 바로 1:1 재건축을 포함한 재건축 분담금을 필요로 하는 모든 재건축사업이다.

(2) 리모델링도 한 방법이 된다.

그러나 리모델링은 선호하는 방법이 아니며, 리모델링 비용이나 재건축 비용이나 거의 차이가 없어 환영받지도 못한다. 획기적인 공법개선이 이루어지지 않는 한 큰 도움이 되지 않는 방법이다.

(3) 결국 재건축이나 리모델링마저 못한 주거시설의 환경은 급격히 추락하여 슬럼화되며, 주인들의 이주로 빈집이 넘쳐난다.

앞으로는 전기배선이나 배관 방법 설계를 획기적으로 개선하여 이 작업만으로도 건축수명을 몇십 년 더 늘리는 방안을 찾아야 한다. 이제라도 리와이어링, 리파이핑을 간단히 해결할 수 있는 구조로 설계를 바꿔야 한다.

(4) 한편, 1기, 2기 신도시의 재건축이 필요하지 않을 수도 있다. 일본과 중국의 실패한 신도시 사례처럼 큰 사회적 문제로 불거질 우려가 많다. 인구는 고령화 및 감소하고 있다.

이 중 주택구매층인 핵심 경제활동 인구(35~55세 인구)는 급격히 줄어들고 있다. 이들 연령을 지나면 주택 구매는 거의 일어나지 않는다.

이미 전국의 주택 보급률은 100%를 넘어섰으며 인구 감소와 건축비 증가로 수많은 신도시와 기존 주택들의 자연스런 재건축·재개발 수요도 줄어든다.

인구 감소와 도시 집중화로 1기, 2기 신도시의 재건축이 필요하지 않을 수도 있다. 또한, 3기 신도시보다도 여러 가지 여건이 더 불리한 1, 2기 신도시 입주자를 확보할 수 있는지가 관건이 된다. 앞 챕터에서 얘기한 일본, 중국의 신도시 실패사례를 생각해 봐야 한다.

(5) 황금알을 낳는다는 재건축사업은 이제 초과 이익 환수제, 조합원 지위 양도 금지와 DSR 강화조치로 재건축 자체도 불가능해질 우려가 있다.
물론 경기변동에 탄력적으로 적용할 것이지만 인구 감소 등 여러 가지 악재와 동시에 겹치면 재건축·재개발은 그 시기를 놓치게 된다.

전국에서 30년 이상 된 노후주택은 243만 동, 40년 이상 된 노후주택도 183만 동이 넘는 것으로 파악됐다.
2018년 10월 3일 국회에서 공개된 국토교통부 자료에 따르면, 2018년 5월 말 준공 후 30년이 지난 다세대, 단독, 아파트, 연립 노후주택은 전국적으로 243만 6,902동이나 된다.

준공한 지 20년 넘은 서울, 수도권 노후 아파트만 100만 가구에 달하는 만큼 재건축, 재개발이 지지부진할 경우 안전 등 각종 문제가 불거질 수 있다.

정부가 8·2부동산 대책으로 재건축 조합원 지위 양도를 금지한데다 2019년부터 초과 이익 환수제를 시행하기로 하면서 일부 강남권을 제외하면 재건축 시장이 잔뜩 움츠러들었다.

그나마 규제에서 자유롭던 재개발 시장도 조합원 분양권 전매제한 조치로 된서리를 맞은 만큼 향후 노후주택이 늘어날 거란 우려가 크다.

통계청에 따르면 서울 아파트 164만 1,383가구 중 37.4%(61만 3,502가구)가 준공 20년 이상 된 노후 아파트다(2016년 말 기준). 2021년이 되면 사정이 더 심각해진다.

지난 5년간 평균치를 바탕으로 매년 3만 가구씩 늘어난다고 가정했을 때 2021년 기준 서울 아파트 수는 179만 가구 수준. 이 중 준공 20년 이상인 노후 아파트는 무려 95만여 가구에 달한다. 서울 전체 아파트의 절반 이상이 준공 20년을 넘는다는 의미다.

수도권으로 범위를 넓혀보면 서울시청 기준으로 반경 25㎞ 이내에 준공 20년 넘는 아파트는 100만 가구를 훌쩍 넘는다. 특히 1기 신도시 아파트 노후화가 심각하다. 지난해 말 기준 준공 20년 이상 된 1기 신도시 아파트는 32만 가구 수준으로 전체의 60%에 달한다.

준공연도가 오래된 아파트일수록 빈집이 많다는 것도 이미 나타난 문제다. 현재 전국 빈집 수는 약 112만 가구. 이 중 준공 20년이 지난 주택이 약 62만 3천 가구다. 오래된 주택을 손보지 않으면 빈집이 될 가능성이 커지면서 도시가 점점 '슬럼화'될 거란 지적이 나오는 이유다.

그동안 아파트는 참 이상한 자산이었다.
모든 물건은 사용 기간이 지남에 따라 감가상각되어 그 가격이 떨어져야 맞다.

즉 값어치가 떨어져야 맞다. 하지만 아파트는 보통 입주 후 3~4년 후 최고 가격을 기록한 후에는 경기순환에 따라 가격이 오르내리지만, 재건축이 임박해 오면 그 가격은 기하급수적으로 올라가는 이상한 자산이다.

용적률 100% 정도의 단지는 만 평의 땅에 만 평의 건축물을 지었다고 보면 된다. 즉 등기부등본상의 땅 지분하고 세대 전용면적하고 같다고 보면 된다. 이런 아파트 단지는 이제 한국에는 없다고 봐도 된다. 대략적으로 보자면 5층 정도의 저층단지가 보통 용적률 100% 근처가 된다.

10층 단지면 용적률은 대략 200% 15층 이상이면 대략 250% 이상이라고 보면 맞다.
제일 단순하게 생각한다면 저층단지일수록(5층 정도) 재건축 시 유리하고, 300% 정도라면 재건축해 봐야 별로 남는 게 없다고 보면 된다. 이 정도라면 서울 강남이나 아주 인기 있는 지역 정도는 되어야 조금이라도 남는 게 있다.

축소도시가 된 지방 도시의 재건축·재개발은 이미 불가능하다. 장차 서울 비인기 지역의 재건축·재개발도 불가능해진다.
가장 큰 이유는 역시 주택 가격의 하락에 있다.

축소도시로의 투자가 아니라 확대도시의 신규 아파트 투자가 정답이 되는 것이다. 서울의 일부 인기 지역에서만 근근이 재건축 재개발이 가능해질 것이고 결국 새 아파트에 대한 선호도는 더욱 높아진다는 것이 향후 추세다.

지금까지의 아파트 재건축·재개발 선순환 구조를 통한 주거 환경 개선은 현 제도가 지속된다면 악순환 구조 진입구에 서 있는 것이다.

5 제1기, 제2기 신도시도 사정권

미국의 광활한 캘리포니아주를 여행하면 그들의 100년 앞을 내다본 국가경영을 구경할 수 있다. 고속도로의 중앙분리대가 없으며, 왕복 고속도로 사이에는 엄청난 공간이 있다.
장차 언젠가는 확장될 고속도로 확장 예비용 토지로, 가운데에 약 5~6차선 이상의 부지를 이미 확보한 상태에서 고속도로가 건설되어 있음을 알 수 있다.

반면 우리나라의 고속도로는 중앙분리대를 칸막이나 콘크리트 벽 하나로 분리하고 있어 대형교통 사고 시 왕복 고속도로가 막히는 현상까지 유발하며 흔히 고속도로 교통사고는 대형 참사로 발전된다. 우리의 동양화는 여백의 미가 있다고들 하지만 그들의 고속도로에는 여백의 여유가 있었다.

또한, 유럽의 여러 나라를 취재 혹은 여행하면서 몇천 년 된 주택에서 아직도 거주하는 그들과 수십 세기가 지난 도시 내의 좁디좁은 도로를 아기자기하게 곡예 운행되는 대형버스를 타고 바라보는 수 세기 전 도시들의 풍광을 볼 수 있다.

이들은 왜 우리처럼 신도시를 건설하여 편리하게 살지 않고 이렇게 좁은 도시에서 사는가가 궁금했었는데 그들은 우리보다 수십 년 전에 이미 인구 증가가 거의 멈췄기에 신도시가 필요 없었던 것이다.

1990년대에 인구 감소에 돌입한 그들은 신도시가 필요 없었던 것이다. 약간은 서글프기도 한 현실이다.

한편 우리나라는 정부에서 신도시라고 명명하고 개발을 한 도시가 이미 1기 신도시 5곳, 2기 신도시 7곳을 합쳐 이미 12곳이 있다. 1·2기 신도시 대부분은 서울에 일자리를 의존하는 베드타운이다.

사실상 우리나라의 첫 신도시는 양천구 목동이다. 그 당시 낙후되어 있던 목동, 신정동을 개발하면서 목동 신시가지라고 명명했었다. 1기 신도시는 성남시 분당, 고양시 일산, 부천시 중동, 안양시 평촌, 군포시 산본 등 5개 도시의 29만 2천 가구를 말한다.

2기 신도시는 판교, 동탄, 운정, 위례, 광교, 한강 신도시, 양주 신도시를 말한다. 이 신도시들을 자주 건설하면서 쌓은 도시 건설기술은 한화건설이 해외에 수출하여 신도시를 건설해 주고 있기도 한 한류상품이기도 하다.

앞의 제2부 [챕터1]에서도 예로 들었듯이 일본과 중국을 보면 인구가 줄어들거나 불황기에는 신도시에 심각한 문제가 발생함을 알 수 있다. 중국의 신도시들이 완공조차 제대로 하지 못한 채 유령도시가 된 경우라면, 일본 신도시들은 30~40여 년이 지나면서 서서히 몰락한 경우다.

그런데 한국은 이번의 서울 부동산 가격 폭등으로 이제는 3기 신도시를 건설하려고 계획 중이다. 남양주, 하남, 인천 계양, 과천에 3기 신도시, 12만 2천 가구를 개발한다. 서울에서 가까워 위치는 분명 1기, 2기 신도시보다도 좋은 곳이다. 특히 과천은 7천 가구 정도로 네 개의 신도시 중 강남권 수요를 흡수할 수 있는 유일한 신도시로 평가된다.

추가로 신도시를 더 선정한다고 하니까 고촌지구, 원흥지구, 광명, 성남 등도 신도시 후보로 항상 열려 있다고 보면 된다. 3기 신도시 네 곳은 서울 도심에서 25㎞ 내외로 기존 신도시와 서울 사이에 조성된다.

이번에 발표된 3기 신도시 중 제일 규모가 큰 6만 6천 가구의 왕숙지구는 서울에서 15km 정도다. GTX B노선이 생길 가능성이 큰 곳인데 서울역까지 15분이면 도달 가능하다.
그러하니, 이제 재건축 시점이 임박한 1, 2기 신도시는 일본이나 중국의 신도시처럼 축소도시의 운명을 피할 수 없을 것으로 보인다.

서서히 슬럼화되고 있는 1기 신도시나, 위치가 멀고 고분양가로 조성된 2기 신도시가 제3기 신도시에 비해서 훨씬 더 위험하다.

(1) 보통 신도시는 그린벨트나 농지 등을 용도 전환하여 지으므로 택지비가 저렴하다. 따라서 분양가가 1기, 2시 신도시 아파트 시세에 비하여 더 쌀 수밖에 없다.

또한, 3기 신도시는 기존 신도시들에 비해 서울과의 거리도 가깝고 교통도 더 좋다. 게다가 모두 새 아파트이다.
그러하니 기존의 1기, 2기 신도시 중 3기 신도시가 생겨나는 곳과 가까운 곳은 오히려 위기에 봉착하게 된다.

이 말은 주변의 기존 구도심이 초토화된다는 뜻이기도 하다. 즉, 정부의 의도처럼 서울 인구가 새로이 3기 신도시로 유입되는 것이 아니라 주변 구도심 지역에서 3기 신도시로 이주한다는 것이다.
결국 (4)항 같은 일이 생겨날 가능성이 더 커진다. 지방의 신도심 개발지의 번창과 구도심의 슬럼화를 보면 대충 짐작할 수 있다.

(2) 도심재개발을 통한 콤팩트시티 건설 등으로 신도시로의 인구 유입이 급격히 줄어들 가능성도 있다.
서울 도심에 시간과 비용이 절감되는 스마트아파트가 대량으로 등장하는데 과연 1기, 2기 기존 신도시를 재건축할 필요가 있을까도 생각해 봐야 한다. 게다가 1대1 재건축이나 리모델링 시에 재건축비를 부담할 능력을 가진 소유주가 많지 않음도 알아야 한다.

전세 사는 사람들의 특권은 살고 싶은 데에 사는 것이다. 즉 쉽게 거주지를 변경할 수 있기에, 1기, 2기 신도시의 전세 거주자가 가장 먼저 3기 신도시나 콤팩트 시티로 이주한다. 이주 후의 1기, 2기 신도시 아파트의 상당량은 빈집이 될 가능성이 많다. 인구는 줄고 있고 투자용으로 사 놓은 집일 가능성이 아주 많기 때문이다.

(3) 단순히 1기, 2시 신도시의 가격 하락만을 고려해서는 안 된다.
인구 감소나 빈집의 증가에 따른 손실뿐만 아니라 각종 편익시설이나 교통 문제는 더욱 악화된다. 수지를 맞추지 못하는 지하철이나 광역버스 시내버스의 배차 시간 간격이 늘어난다. 지금의 10분 간격 운행이 30분당 1회로 줄어든다고 생각해 보라!

각종 마트나 주유소 등의 편익시설도 자연스레 줄어들어 기존 신도시의 환경은 갈수록 더 악화된다. 반면에 제3기 신도시는 제1기, 제2기 신도시에 비해서 교통 등의 여건이 더 좋아지며 인구가 늘어나므로 편익시설은 더 풍부해진다.
3기 신도시의 개발이 끝나 새로운 입주민을 맞이한 지 10년 이내에 이뤄질 일들이다.

(4) 일본이나 중국의 사례를 좀 더 확대해서 생각해 보는 지혜가 필요하다.

아파트는 모여 사는 이점을 최대한 활용하는 주거 형태다. 아파트 단지에 빈집이 많아진다면, 교통시설의 낙후와 교통기관의 운행 시간 간격이 늘어남에 따라 직장에 출근하는 것이 더 불편해진다면 과감히 제3기 신도시를 거쳐 도심으로 진출해야만 모여 사는 이점을 활용하는 것이 된다. 이는 결국 1, 2기 신도시의 재건축을 지연 또는 방해할 이유가 된다.

흔히들 직주근접의 조건을 신도시의 성공사례와 결부시키지만 한국은 이미 생산 활동 가능 인구가 줄어들고 있다. 또한 광역교통망의 지연 개통이나 과다한 교통비 등으로 실패한 일본의 다마 신도시를 교훈으로 삼아야 한다.

젊은이들이 신도시로 이주하기는커녕 오히려 성장하여 신도시를 벗어나 대도시에서 새로이 1인 가구를 이루는 현 세태를 읽어내야 한다.

현재 일본의 다마 신도시가 10년 후 쯤의 분당일 것으로 조심스레 예측한다. 즉 1기 신도시로 가장 각광받았던 분당도 사정권에 들어 있다고 보인다.

분당도 여의도에서 약 40㎞, 출퇴근 시간은 약 40분 이상이 소요된다. 따라서 서울 중심부에서 아래쪽으로의 데드라인은 판교까지로 본다. 판교 아래의 남쪽 지역은 축소도시가 될 것으로 예측한다.

판교는 2기 신도시로 제1, 2, 3 벤처 단지를 만든다고 부산하다. 하지만 벤처 단지라는 것이 건물만 번듯이 지어 놓는다고 되는 것이 아니다.

각종 규제와 제한으로 벤처생태계를 키우지도 않은 채 건물만 지으면 벤처기업이 생기거나 성공하는 것으로 생각하는 것은 크게 잘못된 것이다. 무엇보다 중요한 변수는 생산 활동 가능 인구(15~64세)의 감소다.

결론적으로 1기, 2기 신도시 거주자는 서울과의 거리, 교통인프라, 신건축 공법을 이용한 새 아파트인 제3기 신도시로의 이주를 과감히 실행하는 자가 위너(Winner)가 된다.

우리는 이런 상황을 이미 경험한 바 있다.

판교신도시 입주 시기에 맞춰 분당의 아파트가 폭락하고 판교 아파트가 폭등하였다. 구 신도시에서 → 신 신도시로의 이동이다. 이를 보면 뛰어난 투자 감각을 가진 투자자들이 강호에는 꽤 많음을 간단히 알 수 있다.

이것이 1기, 2기 신도시의 아파트·상가·오피스텔 등도 곧 공실(Vacancy)의 위험에 그대로 노출된다는 경고이다.
뛰어난 교통 인프라와 직주근접 학주근접을 갖추고 벌써 신축 10년차를 맞았지만 판교를 제외하고는 1기, 2기 신도시도 전부 위험하다고 봐야 한다.

즉, 1기, 2기 신도시도 이미 사정권에 들어 있다. 게다가 서울로의 리턴 현상이 이미 나타나고 있는 실정에 제3기 신도시마저도 적극 추천할 만하지 않다.

6 한강 조망권은 지하철 역세권에 완패한다!

뉴노멀(New Normal) 시대 즉 저성장이 고착화되는 시대에는 아파트·주식·소득의 양극화가 점점 더 심해진다. 누구나 어느 회사나 성장하는 고성장 시대를 지나 성장하는 산업만 성장하는 저성장 시대에는 성장기업의 주가가 더 많이 오르는 것은 당연하다.

예를 들면 바이오·제약 산업처럼 절대 인구의 감소 중에도 상대 인구가 급증하는 산업의 주가가 더 오르는 것은 너무나 당연한 일이다. 세종시와 그 부근처럼 인구가 늘어나는 곳의 부동산이 더 오르는 것도 당연하다.

소득에서도 양극화가 이뤄지는데, 부유한 가정의 자녀들은 더 좋은 교육을 받게 되고 이들은 더 나은 취업기회를 갖게 될 뿐 아니라 상속이나 증여 등으로 이미 출발선부터 다르므로 향후 더 고소득을 올리게 되어 소득이 차별화되는 것 또한 너무나 당연하다.

교통·교육여건·편의시설 등이 점점 좋아지는 어느 아파트나 이미 좋아진 지역의 아파트가 더 오르는 것 또한 당연하다. 항상 유념하여야 할 것은 한국의 절대 인구는 증가율이 줄 운명이지만 인구 고령화로 노인 인구는 급증하고 있다는 점이다.

이들은 교통이나 각종 편의시설 등등의 이용을 위해 도심으로 회귀하고,

수시로 의료쇼핑을 하며 약을 입에 달고 산다는 것이 향후 한국사회의 트렌드다.

이런 관점에서 비롯된 아파트 가격의 차별화는 '똑똑한 한 채'라는 유행어를 만들어 냈다. 한강, 호수, 산, 바다 등이 보이는 조망권이 있는 아파트와 일반 아파트와의 가격 차별화·양극화는 당연하다.

같은 조망권 내에서도 자연 조망권과 고층으로 만들어진 인공 조망권 간의 내전도 남아 있다. 하지만 이제 곧 조망권과 역세권 간의 마지막 대혈투가 벌어진다. 현재까지는 한강, 호수 산, 공원 등 자연 조망권을 가진 곳이 역세권에 판정승을 거둔 것으로 보인다.

그러나 이제 조망권과 역세권 간의 대 결투가 시작된다. 마지막 승자는 누가 될까? 부동산 가격 양극화의 출발점은 시간과 비용, 환경 때문이다. 왜, 역세권이 승자가 되는가를 하나하나 알아보자.

(1) 개인 시간이 하루에 12시간인 사람과 15시간인 사람의 행복도는 다르다. 같은 1시간이더라도 사람들의 시간의 효용가치는 각기 다르다. 만약 어떤 사람이 출퇴근 시에 아침저녁으로 2시간씩 총 4시간이 매일 소요된다면 이 사람은 하루에 12시간을 근무하는 셈이다.

반면에 출퇴근 시간으로 왕복 한 시간만을 쓴다면 이 사람의 하루 근무시간은 9시간에 불과하다. 아침, 저녁 출퇴근 시의 시간의 효용가치와 휴일의 시간 효용가치가 다름은 누구나 알 수 있다. 누구나 하루에 24시간을 사용하지만 출퇴근 시간으로 1시간을 쓰는 사람과 4시간을 쓰는 사람의 하루 행복 시간은 12(24~12)시간과 15(24~9)시간으로 다르다고 할 수 있다.

개인이 맘대로 쓸 수 있는 시간의 길이에 따라 복지나 만족도 등 하루가 다르다. 이 여유 시간을 감안한 각자의 개인시간의 총합 복지가치의 차이가 아파트 가격 차별화를 자연스레 유도한다.

〈In Time(인타임)〉이라는 영화를 보면 시간을 사고판다. 이야기가 재미있다. 25살을 기점으로 모든 인류는 나이가 정지되고 시간을 사고팔면서 삶을 영위한다.

시간이 없으면 심장마비로 죽는다는 공상 영화다. 돈 없는 하류계층은 하루하루를 힘겹게 시간을 벌며 살고, 돈 있는 사람은 낭비만 하지 않으면 몇백 년이고 편하게 산다.

이 시간의 복지가치에 따른 각 가정의 만족도가 아파트 가격 결정의 핵심이다. 아파트 가격의 양극화의 이유는 무엇보다 교통비+시간가치에 있다. 교통비와 시간가치 중 어느 것이 더 큰 가격 비중을 차지하는지는 사회학자들이 연구할 과제다.

지금은 아파트 가격 결정요소 중 환경적 요인이 더 중요한 요소로 보인다. 하지만, 향후 몇 년간은 교통비+출퇴근 시간 차이로 인한 사람들의 복지 만족도 차이로 아파트 가격이 재편성되면서 큰 혈투가 벌어질 것이다.

부동산 특히 아파트 가격의 양극화는 지금까지 세 차례 정도 생겨났지만 이는 점점 심화될 수밖에 없다. 아파트는 재산의 청산가치 즉 재산가치는 거의 없지만 이용가치에 따른 가격이 재산가치의 거의 전부라고 할 수 있다.

약 50평대 아파트의 땅 지분은 10평도 안 된다. 그러나 주거가 편리한 강남 지역의 아파트 평당 가격은 1억 원까지 오를 것이다. 물론 장차 즉 이번에 찾아올 마지막 대세 상승 시까지 평당 1억은 일반화될 것이다.

한국의 부동산 중 특히 아파트 가격의 차별화, 양극화는 수차례 나타났다. 아파트라는 게 생기기 시작한 이후 최초의 차별화는 단순히 크기(평수)에 따른 것이었다.

서울시내라면 위치는 거의 반영하지 않고 단순하게 크기로 가격이 정해졌고 지역이나 교통, 환경 등은 고려 요소가 아니었다.

같은 서울의 경우 교통, 환경, 학군 등이 지금처럼 차이가 나지 않고 거의 같았기 때문이다. 그러다가 학군, 지하철, 한강조망권 등 환경적 차별화 요소들이 감안되어 강남, 강북 등의 차별화가 생겨나기 시작했다. 그 후 본격적인 차별화인 양극화가 시작된 것이다.

- 1차 양극화는 버블세븐 지역과 기타 지역의 차별화로 출발했다.
- 2차 양극화는 서울과 지방간 양극화다. 지역 안에서의 양극화도 당연히 나타난다.
- 3차 양극화인 조망권(한강, 산, 호수, 초고층)과 역세권의 혈투가 남아 있다. 단기간에 끝날 양극화, 차별화가 아니라 시간을 두고 몇 차례 1~3차의 차별화 과정을 반복. 순환하면서 차별화를 가속화시킬 것이다. 그 이유가 타당하기 때문이다.

이번의 2차 차별화 과정은 지방에서는 서울 지역으로, 서울에서는 강남으로의 차별화 과정이다.

9억 원 이상의 주택은 고가주택으로 분류돼 취득세율이 3.3~3.5%(농어촌특별세·지방교육세 포함)로 9억 원 이하의 1~2%대보다 높다.

게다가 1가구 1주택 요건을 갖춰도 9억 원 초과 양도차익에 대해선 양도소득세도 물게 된다. 똑똑한 아파트 한 채 선호 현상은 다주택자 규제와 보유세 중과를 피하기 위한 현상이다.

9억 원의 이상의 주택은 서울 특히 강남 지역에 많다. 환경이 좋은 한강변 아파트도 거의가 강남에 있음을 물론이다. 따라서 2차 차별화도 타당하다고 생각된다.

뉴욕주 맨해튼과 할렘가의 부동산 시세 차이가 나는 이유와 비슷하다고 생각하면 된다. 만일 이러한 현상이 지속된다면 서울 강남 지역의 아파트는 더 빠른 속도로 가격이 상승하게 될 것이다.

직주·학주 근접, 편의시설, 역세권 아파트가 유독 많은 강남 지역의 상황 등을 감안하면 타당한 가격차별화이다. 3기 신도시를 개발한다 해도 강남권 같은 도시를 기대해서는 안 된다. 즉 지금의 강남일변도 투기적 투자 행위를 멈출 수 없다.

기존의 강북의 일정 지역이나 목동, 마곡, 영등포권을 묶어 강남 같은 권역으로 만드는 즉 기존도시의 도시재생을 통한 제2의 강남권을 만들어 직주근접한 형태로 개발해야만 강남지역과의 차별화를 완화시킬 수 있다.

또한 기업들은 직주근접의 근무환경을 제공해야만 기업들은 경쟁력을 유지할 수 있게 된다. 인재들이 지역으로 내려간 기업을 찾아가는 시대가 아님을 마곡지구 개발 성공 사례로 알 수 있다. 수많은 기업의 연구소, 기업이 이주 러시를 이뤄, 단기간에 마곡지구는 국내 최고의 연구도시로 정착했다.

하지만, 앞으로 부동산 시세의 대변동이 될 조망권과 역세권의 한판 승부가 남아 있다. 즉 3차 차별화가 남아 있다. 그동안 역세권이라 함은 역을 중심기준 반경 500m인, 도보거리 5분 정도로 보는 것이 일반적이다.

그러나 이제는 역에서 250m 이내가 역세권으로 바뀔 것으로 보인다. 왜냐하면 서울시는 역에서 250m 이내를 역세권으로 보고, 이 역세권의 종(種) 상향 등을 통해서 주택을 추가 공급할 예정이기 때문이다.

종 상향이란 같은 용도지역 즉 같은 일반주거 지역을 제1종 일반 주거 지역에서 → 제2종 일반 주거 지역 → 제3종 일반 주거 지역으로 변경시키는 것을 종(種) 상향이라고 한다. 제3종 일반 주거지역을 → 준주거 지역 → 상업 지역으로 상향 조정하는 것은 용도지역 변경이라고 한다.

종 상향을 하거나 용도지역을 바꾸면 용적률이나 건폐율이 엄청나게 확대되므로 부동산은 이에 비례해서 급등하게 된다.

정확하지는 않지만 서울시는 종 상향을 통해서 용적률을 약 2배로 올릴 것으로 예상되므로 역세권의 아파트. 연립주택, 상가주택 등은 앞으로 2배가 단숨에 오를 수 있다.

이 종(種) 상향 조치로 한 번에 조망권은 역세권에게 KO패를 당하는 것이다. 즉, 종 상향 조치를 포함해서 본 챕터에서 언급한 여러 가지 이유 등으로 조망권은 확실하게 역세권에게 선두 자리를 물려주게 된다.

또한 같은 아파트 단지 내에서도 전철역 등과의 거리에 따라서 역세권의 가치가 재 부각되면서 5천~1억 원 이상의 가격 차이가 나게 된다는 뜻이기도 하다.

서울시는 이 종 상향 방침을 2020년부터 적용할 예정이지만 이 조치는 향후 역세권의 가치를 더욱 올리게 됨은 당연하다. 즉, 용적률이 상향되면 리모델링, 건물 신축 등을 통해 월세 수익이 올라갈 것이고, 그 영향으로 역세권의 가격 상승은 뒤따르기 때문이다.

조망권 좋은 곳에 살면 하루에 좋은 경치를 몇 번이나 조망하는가? 출퇴근 후에 한강이나 호수, 산 등등을 몇 차례나 즐길 수 있는가를 생각해 보면 된다. 몇 억씩 차이가 나는 비용을 낼만한 가치가 있는가를 생각하게 될 것이다.

 대중교통 통근비가 비싼 세계 12대 도시

① 런던: NZ 247$
② 더블린: 187.11$
③ 오크랜드: 174.74$
④ 뉴욕: 167.35$
⑤ 도쿄: 157.39$
⑥ 암스테르담: 154.41$
⑦ 시드니: 154.41$
⑧ 취리히: 154.12$
⑨ 멜보른: 150.$
⑩ 토론토: 146.02$
⑪ 시카고: 145.17$
⑫ 웰링턴: 143.89$

물론 역세권 간에도 차별화, 양극화는 일어난다.
이미 부동산의 시세나 월세에서도 그 차이가 일부 나타나지만 이는 더욱 더 심화·세분화된다. 더블역세권, 트리플역세권, 혼합역세권, 단순 역세권

간의 또 다는 차별화는 너무나 당연하다고 하겠다.

(2) 또 다른 차별화 양극화의 이유는 교통비 즉 출퇴근 비용이 다르기에 그렇다. 서울의 택시 요금을 17.1% 올려, 6년 만에 기본요금 3,800원으로 인상된다. 이에 이어 수도권 버스 요금, 지하철 요금 인상이 연이을 것은 불 보듯 뻔하다. 결국에는 전국의 교통 요금이 전부 오르게 되어 있다. 게다가 다른 선진국의 교통비와도 큰 격차를 보이고 있으므로 해를 거듭할수록 교통 요금 인상은 가속화된다.

앞의 자료는 도이체 방크 2017년 조사보고서인데, 대중교통비가 비싼 세계 도시 순서이다. 통근 비용이란 버스, 기차, 페리를 이용해 출퇴근하는 비용을 말한다.

NZ 달러로 표기한 런던이 단연코 1위이다. 런던의 지하철 출퇴근비가 한 달에 22만 원 정도나 된다고 한다. 반면 한국의 한 달 지하철 출·퇴근비는 5만 원 정도로 런던과 비교하면 약 23% 수준이다.

우리나라의 대중교통 요금은 12위권 안에도 들지 못할 만큼 싸다. 즉 소득 수준에 비교하여 대중교통비가 아직은 너무나 싼 것으로 볼 수 있다. 이 사실들로 한국도 대중교통비가 금명간 큰 폭으로 오를 것이라는 것도 짐작할 수 있다.

다른 선진국의 도시들은 버스 노선이나 지하철 노선도 다양하지 않고 운행 시간도 인터벌이 길어, 대중교통을 이용하기에도 불편하여 집집마다 승용차를 2~3대씩 보유하므로 교통비가 엄청나게 들어간다.

반면 서울의 지하철은 사통팔달로 효율적으로 연결되어 있으며 아직 우리나라는 차량 유지비도 싼 편이다. 그러나 차량을 한 대 보유하려면 최소한 달 교통비조로 50만 원은 추가하여야 한다. 유류대+차량세+보험료+기타경비를 합산해 보라.

싱가포르는 주중에 쓸 수 있는 차와 주말에만 쓸 수 있는 차를 구분하여 소유하여야 한다. 이런 경우는 교통비가 배 이상으로 들어가는 것이다. 이것은 역세권 부동산의 가격 형성에 큰 영향을 끼칠 것은 틀림없다.

다음으로는 이코노미스트 인텔리전스 유닛(EIU)이 발표한 2018년 전 세계 생활비 보고서 〈Worldwide Cost of Living 2018〉를 보자.

ⓦ 생활물가가 비싼 세계적 도시

① 싱가포르: 116
② 파리: 112
③ 취리히: 112
④ 홍콩: 111
⑤ 오슬로: 107
⑥ 제네바: 106
⑦ 서울: 106
⑧ 코펜하겐: 105
⑨ 텔아비브: 103
⑩ 시드니: 102

뉴욕의 물가를 기준점인 100으로 한 자료다. 식품, 의류, 교통, 학비, 주류, 의료비 등을 기반으로 도시들의 생활 물가 지수를 판단한 결과이다.

위 두 자료를 비교해 보면 한국의 대중교통비는 아직 무척 저렴함을 알 수 있다. 즉 아직은 대중교통비가 주택 가격에 큰 영향을 끼친다고 보이지는 않으며, 현재까지 역세권은 단지 편의성 때문에 주택 가격에 영향을 일부 끼치고 있는 것으로 추론할 수 있다.

한편 서울의 생활 물가는 뉴욕보다 약 6% 비싸다는 것을 알 수 있다. 반면에 대중교통비는 뉴욕의 약 27% 수준으로 상당히 싼 것을 알 수 있다.

그러나 다른 국가들의 도시들에 비해 현재의 대중교통비가 무척 싼 것으로 봐서 곧 대중교통비가 크게 오를 것임을 예측할 수 있다. 늘어나는 교통체증과 교통비의 급등은 지하철 역세권을 돋보이게 함은 당연하다고 하겠다.

3기 신도시가 발표되면서 수도권 광역급행철도(GTX) A, B, C 노선이 부동산 시장의 '태풍의 눈'이 된 적이 있다. 즉, 이 철도가 부동산가격 차별화의 큰 요소가 될 것은 분명하다.
고속열차는 빠르고 편리하고 안전해서 좋지만 실제로 운행할 즈음이 되면 출퇴근 교통비가 큰 이슈로 대두된다.

매월 100만 원 가까이 교통비가 필요할 텐데, 훨씬 비싼 요금 때문에 매일 GTX로 출퇴근한다면 과연 살 만한 마을인가를 생각하게 될 것이다. GTX는 전철보다 배차 간격도 큰 차이가 남은 물론이다. 또한, 다른 선진국들과 비교해 보면 훨씬 싼 한국의 교통비 인상은 예정된 수순으로 봐야 한다.

(3) UN이 노인 인구의 총 인구 비율에 따라서 사회를 구분하는 기준연령은 65세이다. 65세 이상 고령자 비중이 7%가 넘으면 고령화 사회, 14%가 넘으면 고령 사회, 20%가 넘으면 초고령 사회라고 구분한다.

행정안전부가 연초에 발표한 '2018년 주민등록 인구통계'에 따르면 65세 이상 고령자가 765만 명으로 전체 인구의 14.8%로 이미 고령사회로 진입했다. 일본은 세계에서 가장 먼저 초고령 사회가 되었고, 중국도 생각과는 달리 2023년이면 고령사회가 된다. 인구 고령화는 교통이 편리한 역세권의 가치를 더욱 더 부각시킨다.

고령 인구 중 80세 정도가 되면 자가용이 거의 필요 없어진다. 기본 시력이 안 나오므로 운전면허도 자연스레 거의 다 취소되니, 이들은 대중교통을 이용할 수밖에 없다. 이로 인해서도 역세권은 다시 부각된다.

인구고령화는 인구의 도심 집중화 즉 리턴(Return) 현상을 점점 가속화시키는 것이다. 고령 인구는 각종 교통 기반과 대학병원, 식당, 고궁 등 편익시설이 집결된 도심으로 먼저 회귀한다.

(4) 재건축·재개발이 전제되지 않는다면 상업 지역의 주상복합아파트, 주거용 오피스텔과 아파트는 가격과 인기를 자리바꿈할 가능성이 크다는 점이다.

역세권이 아닌 아파트 가격의 대부분은 이용가치+재건축 예상가치(땅 지분가치)로 형성되었다고 할 수 있다. 적은 지분의 땅이라도 재건축을 전제로 했기에 높은 가격을 유지할 수 있다.

역세권의 주상복합이나 오피스텔도 너무 좁은 지분으로 재건축을 전제로 한 시세가 형성되지 않기에 가격 상승폭도 적지만, 양쪽 다 재건축·재개발이 불가능하다면 장차 어떻게 변할까를 생각해 봐야 한다.
콤팩트시티의 아파트도 주거형 오피스텔이나 주상복합 아파트 형태로 지어진다.

(5) 사라질 조망권 가치와 살아나는 조망권 가치

지금까지의 산, 호수, 강, 바다 등 자연조망권의 가치는 편리함을 갖춘 조망권 즉 높은 곳에서 내려다보는 고층의 인공조망권과 역세권에 밀려나게 된다.

즉 도시 속에서의 고층 아파트나 주상복합아파트의 조망권만이 살아남아 자연조망권을 인공조망권이 대체하게 된다는 사실도 주지하여야 한다.

이미 이런 복합적인 현상이 이미 나타난 2기 신도시인 판교의 사례를 보자. 즉 역세권과 조망권의 결투 사례다.

청계산 자락이 아래로 내려다보이는 자연과 가까운 서판교의 리조트에 가까운 탁 트인 조망권 아파트와 판교역 역세권이며 광역교통 등 교통이 좋은 동판교를 비교해 보면 현재에도 이미 역세권이 더 우세함을 증명해 준다.

2018년 11월 동판교의 판교 푸르지오그랑블 아파트 전용 98제곱 가격은 19억이고, 판교 12단지 아파트 전용 101제곱은 12억으로 거의 같은 평수의 가격 차이만도 7억 원으로 무려 60% 가까이나 된다.

판교원마을 12단지는 LH토지주택공사의 공공임대주택으로 2019년 7월에 분양 전환하므로 옆에 붙은 11단지 가격으로 대비해 본 결과이다.

판교 푸르지오그랑블 아파트에는 혁신초등학교(보평초)의 학군가치도 일부 반영되었다고 볼 수 있다. 아무리 혁신초등학교와 일반 초등학교로 학군으로 구분된다고 하더라도 같은 신도시내의 학군 차이는 몇 년이 지나면 저절로 없어지거나 약화된다.

같은 신도시 내에는 비슷한 소득 수준의 사람들이 살기에 학력 차이나 학교시설 차이, 근무하는 교사의 수준 등등은 곧 같은 수준으로 평준화되기 때문이다. 따라서 학군 차이는 1억이면 보상된다고 본다.

서판교 판교원마을 12단지는 거의 청계산 속에 위치하고 있어 아파트가 아니라 리조트나 콘도미니엄 수준이다. 청계산의 4계절 산이 바로 눈 아래로 보이며 맑은 공기로 무장된 친환경 아파트다.

12단지는 11단지보다 약 5m 이상 높은 곳에 자리하고 있으며 금토산 즉 청계산 마지막 자락인 금토산에 위치하고 있다고 할 정도로 교통문제를 제외한다면 판교에서는 입지가 제일 좋다고 할 수 있다.

단지 판교역까지 마을버스로 7~8분 이동하는 거리 때문에 6억이나 가격 차이가 난다면 지나친 가격 차이다. 역세권이 아니어서 교통의 상대적 불편에 따른 차이도 1억이면 수용할 만하다.

따라서 결국 현재의 7억 원의 엄청난 가격 차이는 완화된다. 현재에는 약 5억 원 정도의 지나친 가격 차이가 있어 보인다. 이런 경우를 보면 숲세권·환경권·자연 조망권에서 역세권으로 이동 투자해야 한다는 유력한 증거가 되긴 하지만 이 사례의 경우는 현재로서는 너무 지나치다.

(6) 양극화의 수혜—콤팩트형의 아파트를 노려야 한다.
이 시간과 비용의 문제를 한꺼번에 해결한 주거 형태가 있다. 바로 콤팩트 시티다.

콤팩트 시티란 도심에 주거와 직장, 생활공간(극장, 마트, 편의시설 등등)을 모두 걸어서 생활할 수 있는 도시를 말한다. 간단히 도시 속의 미니 신도시라고 할 수 있다.

콤팩트 아파트는 콤팩트 시티의 중심축이며 한국의 주상복합아파트+도심의 같은 건물 안에 혹은 도보로 출근 가능한 직장까지 가까이 있는 아파트이다. 도심 공동화·슬림화를 막기 위해 도심을 초고층으로 개발하는 도심재개발을 하면서 지어지는 아파트이다.

학군제의 시행으로 우리의 자녀들은 학주 근접은 이루었다. 하지만 직장생활을 하는 부모들은 직주 근접의 꿈을 이루기에는 녹록하지 않다.

일본에서 시작한 컴팩트 시티는 롯폰기힐스처럼 100층짜리 건물을 주변에 여러 개 지어 한 건물 내에서 엘리베이터 타고 직장과 주거를 이동 활용하며 지하로 내려가면 극장과 마트 등이 있어서 굳이 차가 필요 없는 도시를 만드는 것이다.

롯폰기힐스는 당연히 역세권이며 지하철역을 통해 도쿄 어디든 이동이 가능하다. 결국 이러한 컴팩트 시티는 도심의 용적률을 엄청나게 올리는 것에서부터 시작한다.

그래서 여의도 통개발 용산 통개발과 같은 얘기가 나온 것이다. 장차에는 서울에 시간과 비용이 거의 들지 않는 아파트의 대량 공급이 이뤄지고 이로 인해 연쇄적으로 신도시에서 서울로 인구이동이 이뤄질 것이다. 사람들이 이렇게 예측한 결과가 해당 지역 아파트 가격의 폭등으로 나타난 것으로 보인다.

약 5년 후면 1기 신도시가 30년 가까이 되는데 그곳을 재개발·재건축하는 것보다 서울에 이렇게 초고층 건물이 들어서고 컴팩트 시티화된다면 굳이 신도시 오래된 아파트를 재건축할 이유가 없어진다.

그래서 1기, 2기 신도시 인구가 3기 신도시로 서울로 이동하게 된다. 물론 세입자가 먼저 이동할 것이다. 세입자들의 최대 장점은 살고 싶은 곳에 산다는 것이다.

세입자가 빠지면 집값은 떨어지게 되는 것은 당연지사다. 전세, 월세가 빠지니까 그렇다. 컴팩트시티는 새로운 주거 형태다. 시간과 비용을 획기적으로 줄인 주택이다.

국내 최초의 콤팩트 시티형 아파트는 종로구 공평동에 가장 먼저 들어설 것으로 보인다. 고도제한을 완화해서 30층 정도로 용적률을 크게 높인 콤팩트형 주택은 종로타워 부근이 국내 최초가 될 것으로 보인다. 당연히 역세권이며 이용가치와 투자가치가 충분하다. 다음으로는 세운상가 재개발 아파트가 콤팩트형으로 개발될 것 같다.

서울의 높은 주거비 부담은 도심과 시 외곽, 서울과 수도권, 그리고 수도권과 지방 등 거주 지역 간에 서열화, 계층화, 양극화로 나타나고 있다. 양극화, 차별화가 점점 더 심해진다.

(7) 서울은 2016년 5월에 인구 1천만 명 시대를 마감했다. 즉 서울도 인

구가 조금씩 줄고 있다.

수십 년간 쓴 저수지는 물을 빼고 바닥을 준설해야 저수량이 늘어나서 다시 쓸 수 있게 된다. 그득한 물을 배수하고 나면 마지막에 남는 웅덩이 수준의 물만 고인 곳, 이곳이 바로 서울의 사대문 안이다.

최초의 출발지였던 곳이 마지막까지 살아남는 곳이다. 도넛형으로 확대되었던 도시는 이제 축소 도시화되고 있음을 항상 생각하고 투자하고 회수해야 한다. 차별화 양극화는 자본주의 경제의 피할 수 없는 현상이고 이를 완화시키거나 지연시켜야 하는 것이 정부의 역할이다.

이제 곧 지방 도시의 대학들도 없어지거나 입학 정원이 대폭적으로 줄어들게 된다. 약 5년 후인 2024년. 대학 입학 정원보다 신입생이 11만 명이 부족하게 된다. 연세대 총 학생 수가 2만 5천 명임을 감안해서 생각해보라. 신입생을 뽑지 못하므로 학생 수에 따라서 어느 대학이 되든 문을 닫는 곳이 나온다.

2014년 통계에 따르면 대학교 입학 정원이 서울·경기 35%, 지방이 65%인데 곧 50%+50%가 된다. 인구가 줄고 있는 지방의 대학교에 더 이상 재정을 더 투입해야 할 이유는 없다. 서울의 대학 정원을 늘리고 학생 부족으로 폐교되는 입학 정원 중 50%만 서울 소재 대학 정원을 늘려도 전부 수용할 수 있는 세상이 온다.

장기적으로는 의·치·한·약·수의대가 없는 지방의 대학들은 존재하기가 쉽지 않다. 인구 감소로 결국 지방에는 국공립 대학 일부만이 존재하게 된다.

지방의 일자리도 줄어든다.
대학뿐만 아니라 일자리를 찾아서라도 젊은이들은 서울로 더 집중되기 시작하는 것이다. 직장 교통 편의시설과 리턴현상 등으로 이제는 대학교가 많은 강북으로, 2호선 안쪽으로, 더 좁게는 4대문 안으로 들어가야 하는 것이다. 10년이면 강산이 변한다.

저자는 2032~2033년까지는 주택 매수를 권하지 않지만 그래도 해야겠다면 즉 장기적으로 본다면 2호선 안의 역세권에서 찾아야 한다.

공교롭게도 서울의 대학들은 거의 전부 2호선 라인에 있다. 전철 역세권 가까이는 이미 비싸지만 그래도 상승의 끝은 아직 멀었다. 그러기에 대박을 노린다면 기존의 아파트 단지가 아니라 대학과 가까운 재건축·재개발이 가능한 2호선 부근의 용적률이 낮은 연립주택 단지를 찾아야 하는 것이다.

결국 이러한 사회구조의 변화로 서울과 지방 간의 차별화·양극화는 더 진전되고 새로운 양극화·차별화는 곧 강남에서 강북으로도 나타난다. 이 과정을 거치면서 2호선 역세권은 더욱 더 가치를 올리게 되는 것이다. 다른 역세권도 덩달아서 오르게 되는 것이고….

한국의 자본주의적 자본주의는 사실상 1998년 IMF 이후가 원년인 것 같다. 한국의 IMF 사태를 계기로 기업이나 사회제도에 이른바 American Standard가 알게 모르게 침투한 것 같다. 그래서 저자는 한국의 자본주의 원년을 사실상 IMF 이후쯤으로 봐야 옳지 않는가 하고 생각한 적이 많다.

아직도 그 잔재가 남아있음을 가끔 보지만, 정치경제를 하나로 묶어서 운영되어왔던 시절을 벗어나 IMF 사태 이후에는 경제는 경제 논리대로 정치는 정치 논리대로 운영되는 계기가 되었다고 본다.

필립스곡선은 소득의 불평등의 정도를 나타내는 그래프다. 이 불평등의 정도가 점점 커지고 있음은 이미 알려진 대로다. 자본주의란 돈이 돈을 버는 시스템이다. 즉 돈이 애당초 있는 자는 쉽게 돈을 불려가고, 없던 자는 점점 가난해지는 시스템이다. 자연스레 승자독식의 사회가 된다.

《21세기 자본》의 저자인 토마 피케티에 따르면, 지난 30년 동안 하위 50%의 소득 증가율은 0이다. 반면 상위 1%의 소득 증가율은 300%다. "20% 상위 소수자가 사회 전체 부의 80%를 차지한다"는 파레토의 법칙이 발표된 때가 19세기 말이었다.

현재 전 세계 인구의 1%가 전 세계 소득의 80% 이상을 가져가고 있다. 일단 축적된 부는 자기 증식력을 갖는다. 이게 자본주의다.

부의 상속으로 억만장자의 부 가운데 1/3이 형성된다. 여기에는 투자 부문 전문가가 붙어 재산을 튀겨준다. 정치적 영향력까지 가세해 각종 혜택까지 덧붙여지면 스스로 증식해가는 구조가 완성된다. 새로운 부의 창출은 인터넷에 기반을 둔 글로벌화에서 나왔다.

인터넷을 기반으로 다국적 기업은 세계적 기업이 되었고, 구글과 페이스북이 전 세계 광고시장의 1/4, 온라인 광고시장의 60%를 차지하게 된 배경이다. 이것이 자본주의이다.

위와 같은 이유들도 자본주의가 진전될수록 아파트 가격에서 차별화·양극화가 더욱 심해지는 것은 이미 정해진 수순인 것이다.

결국 단순한 조망권은 편리하고 시간과 비용이 절감되는 역세권에 그 자리를 양보하게 된다. 콤팩트형 아파트는 역세권의 장점을 다 누리면서도 인공 조망권도 동시에 확보하게 된다.

인구증가, 환경개선 등으로 오를 이유가 있는 아파트, 매출이 급격히 늘어나는 회사의 주식이 오르는 것은 당연하다. 저성장 시대의 성장주가 급등하고 거주 환경이 좋아지는 아파트 가격의 급등은 당연하다.

앞으로는 뉴노멀 시대이고 우리나라는 롱텀 디플레이션을 피할 길이 없음을 알면 우리나라에서도 아파트와 주가의 차별화는 극에 달하고 결국에는 초격차사회(Ultra Gap Society)로 진입하게 된다.

7 빌딩테크에 나서는 연예인들

요즘 연예인들이 워낙 인기가 있다 보니 그들의 일거수일투족이 기사화된다. 그중에서 유독 나에게도 관심이 가는 기사는 그들이 빌딩을 샀다는 기사다.

유명한 연예인들은 거의가 다 빌딩에 투자하고 있으며, 일부 연예인은 3~4곳에 빌딩을 구입하여 이른바 빌딩 테크에 나서고 있다.

연예인 출신이 빌딩 테크에 성공하여 롯폰기힐스를 개발한 일본의 임대빌딩왕 故 모리 미노루처럼 우리나라에도 성공한 임대 빌딩왕이 탄생할지도 모를 일이다.

쌀장사의 아들로 태어난 모리씨는 관청가인 도쿄도 미나토구 도라노몬 근처에만 임대빌딩을 신축하여 빌딩 임대사업을 했던 학자경영인 출신이다. 후에 부친이 창업한 모리빌딩그룹 경영에는 도쿄대학 교육대학원에서 철학을 전공, 졸업 직후인 1959년부터 참여했다.

그는 철학을 전공해서인지 일본 부동산 재벌 중 '기인'으로 통한다. 롯본기 힐스의 모리타워(Mori tower)빌딩 52층에 미술관을 건립하는 등 돈의 논리에만 따르는 개발 사업을 하는 게 아니다. 롯본기 힐스, 상하이 국제금융센터 등을 건립하여 아시아 최고의 디벨로퍼로 꼽힌다. 우리나라의

'신도림 대성 디큐브시티'에 기획·개발 단계부터 참여한 바 있다.

세계에서는 미국의 도널드 트럼프가 제일의 디벨로퍼라면 모리 미노루는 아시아의 트럼프다. 우리나라에도 이런 디벨로퍼가 생겨나길 기원한다.

임대빌딩 사업의 창시자로 이른바 그는 금수저가 아니지만 빌딩임대사업으로 대성공을 거둔 사람이다.

빌딩 대지는 300평 이상으로 하고, 도라노몬 지역에만 빌딩을 짓는 것을 원칙으로 하여 모리1 빌딩, 모리2 빌딩, 모리3 빌딩 식으로 이름을 짓고 20여 채 이상을 지었다.

1986년 당시 연간 임대 수익만도 10억 엔이었다는 내용을 일본의 경제평론가 구영한의 저서 《돈버는 이야기》를 통해 읽은 적이 있다.

빌딩 투자도 역시 월세 수입+시세차익을 노리는 투자임은 말할 것도 없다. 그 후에는 그는 빌딩을 지을 만한 땅의 면적들이 점점 적어져서 공동빌딩 형태를 구상한다는 내용이었다.

(1) 4인조 밴드 ㅇㅇㅇ의 드러머 △△△씨가 서울 강남구 신사동의 지상 4층짜리 빌딩을 50억 원에 매입했다고 한다.
월 수익은 1천만 원 가량이며, 연 수익률은 약 2.0%로 추산된다. 매입대금 50억 원 중 37억 원은 빌딩을 담보로 은행에서 대출을 받았다고 한다.

(2) 이○○는 지난 3월 서울 영등포구 양평동 4가에 대지면적 1,477.11㎡(447평), 연면적 7,916.7㎡(2,399평), 지하 2층~지상 10층짜리 빌딩을 260억 원에 매입했다. 금융권에서 대출을 170억 원 정도 받은 것으로 알려져 있다.

건물은 지하철 9호선 선유도역 5번 출구에서 180m 떨어진 양평로 5차로 대로변 코너다. 가시성과 접근성이 뛰어나다고 한다. 보증금 42억 원에 월세 1억 1천만 원으로, 연 수익률이 약 6%이다. 실제 투자금액 대비 레버리지 효과를 감안한 수익률은 약 17.7%이다

(3) 권○○도 올해 5월 서울 강서구 등촌동 준공업 지역에 대지면적 1,702.8㎡(516평), 연면적 1만 2533㎡(3,798평), 지하 4층~지상 10층 빌딩을 280억 원에 샀다.

대출은 약 240억 원이다. 권 씨 빌딩은 보증금 19억 원에 월세 약 1억 4천만 원, 연 수익률은 6% 이상을 내고 있다. 레버리지 효과를 감안한 수익률은 이 씨 빌딩보다 조금 더 높은 약 21%이다.

아래 두 사람은 법인 명의로 부동산을 샀다. 기사에는 거론치 않았지만 1인 법인 명의로 취득한 것으로 보인다. 부동산 전업 투자자는 1인 법인을 설립하여 부동산 투자를 하는 것이 더 유리하다.

법무사를 통하면 1주일이면 1인 법인 설립이 가능하고 경비는 약 100만

원 이내면 된다. 설립 후 이사를 해임하면 실제적인 1인 회사가 된다. 자본금 제한도 없으나 자본금 100만 원 정도의 법인을 설립하면 좋다.

법인 명의를 통한 건물 매입의 가장 큰 장점은 대출을 많이 받을 수 있다는 점이다. 개인 임대사업자의 경우 각종 규제를 받으나, 법인은 임대업이자 상환 비율(RTI)이나 담보인정 비율(LTV) 등을 적용하지 않는다.

개인의 경우 연 3.5% 금리를 적용받는다고 하면 법인은 2.5%까지도 낮아진다. 5년 이상 된 법인은 취등록세 중과세 대상에도 해당되지 않는다.

법인인 경우에는 원리금 분할상환 제도를 적용하지 않고, 융자 한도도 담보 가격의 80%이며 이자만 무제한 납부하는 방식의 대출이 가능하다. 결국 법인과 개인은 다른 개체이므로 융자금도 비소구형 융자금이 된다.

다만, 은행에서 대출을 해 줄 경우 항상은 아니지만 대표이사의 연대보증을 요구하는 경우가 많으므로 현실은 약간 다르다. 개인과 법인은 엄연히 다른 인격체인데도 아직도 이런 나쁜 관행이 남아 있음은 반드시 고쳐져야 할 악습이다.

기본적인 접근법은 1인 법인이 소유한 부동산은 세법상 상품으로 보는 것에서 출발한다. 즉 일반 상사회사처럼 물건을 사서 고객에게 파는 부동산 판매업으로 본다는 뜻이다.

그러므로 한국에서 재화를 거래할 때 모든 사업자가 납부하는 부가가치세 10%는 토지와 85㎡ 이하의 주택을 제외한 모든 부동산 거래 시에는 손해를 보든 이익을 보든 항상 거래액의 10%를 모든 법인은 부가가치세] 부가가치(매출-매입비)에 붙는 간접세]로 납부해야 한다는 점을 잊어서는 안 된다.

토지는 항상 부가가치세가 없으므로 법인으로 거래할 시에는 토지가 주택에 비해 더 유리하다고 할 수 있다. 빌딩을 매매하는 경우에는 토지분 가격을 제외한 건물분에 대해서만 부가가치세를 납부하면 된다.

다음으로는 개인이 부동산 투자로 이익을 보는 경우에는 양도소득세와 종합소득세를 납부해야 하는데 법인은 연말 결산 후에 순이익이 난 경우에만 법인세를 납부하면 된다. 바로 부동산을 상품으로 보기 때문이다. 단 법인이 비사업용 토지나 주택을 매매할 시에는 양도차익에 대한 추가과세로 10%를 더 납부해야 한다.

법인은 개인보다 세제상 우대하므로 세율 면에서 개인(6~42%)보다 법인(10~25%)이 더 유리함을 말할 것도 없다. 숫자상으로만 보면 최저세율이 개인이 더 유리해 보이지만 사실은 개인은 과세표준이 1,200만 원만 넘어서도 15%로 세율이 껑충 뛰지만 법인은 2억 원까지는 10% 그대로다. 게다가 개인은 다주택자일 경우 양도소득세가 중과세되는 것과 달리 법인은 주택 수에 관계없이 세율이 항상 같다.

개인도 같은 부가가치세 과세기간(상반기, 하반기 각 1회)에 주택을 1회 이상 취득하고 2회 이상 판매했다면 사업소득세 부과대상이 된다는 사실도 잊지 말아야 한다. 즉 세무 당국에서는 부동산매매 사업자로 보는 것이다. 이 경우에 해당되면 당연히 법인들처럼 부동산 매매 시에는 부가가치세를 내야 한다는 것을 유의하여야 한다.

또 법인이 유리한 점은 부동산 투자에 관련된 비용 및 회사운영 비용, 인건비 등은 전부 경비처리가 가능하다는 점이다. 이러한 모든 경비들은 제외하고 순이익에서 법인세를 납부하는 것이니 당연히 법인이 더 유리하다. 연말 결산 시 적자를 본다면 부동산 양도차익이 있더라도 세금은 당연히 한 푼도 내지 않는다.

마지막으로 건강보험료 부담도 대폭 줄어든다. 법인 대표는 직장인이므로 지역 건보 가입자가 아니며 스스로 책정한 급여에 따라 직장인과 같은 수준의 건강보험료를 납부하면 된다.

단, 연말 결산 후 1인 법인에서 배당받은 배당소득 등 소득이 3,400만 원(2022년 부터는 2000만 원)을 넘기는 경우에는 그 다음해 11월 건강보험료 정산부터 추가로 건강보험료를 납부해야 한다. 그래도 소득, 재산, 자동차의 3가지 점수를 합계하여 2019년 기본 보험금 단가인 189.7원을 곱하여 부과하는 지역건강보험 가입자보다는 부담이 훨씬 적다. 그리고 대표자인 본인도 4대 보험에 의무 가입하여야 함은 당연하다.

'1인 회사'로 운영할 시에 흔히 범할 수 있는 잘못은 횡령과 업무상 배임이다. 즉 법인의 자금과 개인의 자금은 철저히 구분 관리하여야 하며, 돈이 필요하다면 법인 대표의 급여를 최대한으로 높여서 정당한 소득세를 내고 개인자금으로 활용하면 될 것이다.

흔히 보는 결산공고는 의무사항은 아니며, (1인 회사)이므로 이해관계자인 주주도 없으니 결산공고를 할 이유는 더 없다. 경비지출 관계도 금전출납부 식으로 간편 기장하면 되므로 큰 부담은 없다. 그 밖에 (1인 회사)이므로 근로기준법, 최저임금법 등등 거의 모든 의무사항은 거의 전부 면제된다. 따라서 부동산을 전문적으로 투자하는 전업투자자라면 '1인 법인'을 활용할 만하다.

일본의 부동산 재벌인 미쓰비시, 미쓰이, 스미토모가 일본에서 세금을 가장 많이 내던 법인인 때도 있었음을 감안하면 좋을 것 같다. 이들은 주로 부동산 디벨로퍼(Developer)로, 컨설팅 사업으로 천문학적인 큰돈을 벌어들인다.

우리가 흔히 아는 부동산 투자 즉 자기 매매로 큰돈을 벌어들이는 경우는 드물다. 자기매매를 전문적으로 하는 전업투자자로서는 출발부터 큰 욕심을 낼 이유도 없다.

빌딩을 소유하는 경우에는 빌딩관리 회사를 별도로 두는 경우가 많다. 이 경우 정관에 부동산 매매와 부동산 관리를 목적으로 하는 1인 법인을 만

들면 된다. 큰 건물이면 여러 직종의 관리 인력이 필요하기도 하고 A/S도 수시로 해야 하기 때문이지만 무엇보다도 절세를 하기 위함이다.

일반적으로 투자자들이 빌딩을 사면서 부딪치는 큰 문제는 과연 이 빌딩이 문제가 없는 빌딩이냐는 것이다. 배선, 배관, 빌딩 자체의 결함이나 구조상 문제 등등 개인으로서는 평가하기가 너무 어려운 게 사실이다.

미국은 이런 경우를 대비해 Building Inspector라는 전문 직업인 제도를 도입하고 있다. 돈을 받고 빌딩의 구조적 하자 여부, 현재의 상태 등등을 조사해 주는 자유직업이다.

일반주택은 Home Inspector가 담당하여 주택의 모든 구조적인 문제 등등을 검사하여 자료를 제공하여 준다. 건강진단 시의 체크 리스트처럼 모든 건축물의 성능을 검증해 주는 직업이다.

우리나라도 이런 직업군을 신설하여 빌딩, 주택 등을 보다 원활하고 공정한 거래를 도울 수 있다. Building Inspector, Home Inspector라는 고급직업을 공인중개사 숫자만큼은 신설이 가능하며, 공인중개사들의 부동산 중개대상물 확인 설명서에 필수구비 서류로 첨부하면 될 것이다.

업무 내용이 주로 공과대학 출신들이 하는 일들이므로 이들의 새로운 자유직업으로 탄생시킬 만하다.

한국에는 제3자가 매매 거래를 보호. 보증해 주는 부동산 안전 거래 제도도 없다. 우리나라도 미국의 에스크로(Escrow) 시스템이나 중국의 방산국(房产局)제도 등을 시행해야 부동산 사기 거래를 막을 수 있고 편리하다.

이런 제도들은 결국 국민을 보호해 주는 제도가 된다. 에스크로 시스템 등은 국제간 무역거래나 인터넷쇼핑몰 거래 등에서는 이미 쓰이고 있고, 이를 부동산 거래 시에 도입하면 이 역시 고급직업으로 탄생시킬 수 있다.

이렇듯 조금만 노력하면 새로운 고급 일자리도 만들고 국민들이 자유롭고 안전하게 부동산 거래를 할 수 있도록 제도화할 수 있다.

부동산의 급격한 상승은 바람직하지 않지만 완만한 상승과 원활한 거래와 안전한 거래를 돕는 것은 정부의 역할이다. 디플레는 피해야 하지만 완만한 인플레는 사람들의 근로의욕을 부추기고 경제가 선순환하는 구조가 된다.

앞의 Building Inspector과 Home Inspector 및 에스크로 직업은 정부가 자격을 부여하는 공적인 직업으로 하는 것이 바람직하다. 정부에서 제도화 하지 않는다면 누군가가 Building Inspector와 Home Inspector는 사설 자격증 비즈니스로도 충분히 성공시킬 수 있는 핫 아이템이다. 공인중개사 규모처럼 Big Business로 키워 갈 수 있다.

다시 본론으로 되돌아와서 레버리지를 극대화한 연예인들의 빌딩 투자는 잘한 것일까를 생각해 보자. 위의 부동산 거래 내역을 살펴보면, 부채비율 즉 레버리지를 최대한 일으킨 거래다.

생각대로 부동산 시세가 오른다면 은행 돈으로 돈을 버는 잘한 투자가 되지만 레버리지 비율이 높으므로 1% 정도의 금리 인상도 (1%×부채비율)만큼 수익이 줄어든다.

게다가 시세의 10~20%만 내려도 월세도 이에 따라서 내릴 것이므로 서서히 위기에 봉착하게 된다. 즉 월세 수입으로 이자마저도 커버하지 못할 가능성이 있다. 부채비율을 살펴보면, (1)번 자산은 부채비율: 284.6%, (2)번 자산은 부채비율: 154.5%, (3)번 자산은 부채비율이 무려 600%나 된다.

이와 같은 경우 중요한 것은 투자 후의 경기의 흐름이다. 이들 연예인들이 마지막 대세 상승 이후의 기나긴 디플레로 인한 가격 폭락을 견뎌 낼 수 있을까가 의문스럽다.

디플레로 인한 경기 위축에 따라 사무실의 빈 공간이 새로이 생겨날 가능성도 무척이나 크고, 대출 이자 납부일은 틀림없이 다가오기 때문이다. 공실이 많을 경우, 월세 수입액이 은행에 납부할 이자에 미달할 경우까지 대비해야 한다.

다행스러운 것은 법인 대상 담보대출은 원리금분할상환제도가 적용되지 않는다는 점이다. 또한, 법인을 통한 거래는 비소구형 대출이므로 털어버리면 그만이긴 하여 일단 법인 명의로 산 것은 잘한 것 같다.

누군가의 도움을 받아 컨설팅 후 투자한 것으로 보인다.

사실 30~40억 정도 여유자금이 있다면 마땅히 묻어둘 곳이 없는 것도 현실이다.

즉 축성(築城)도 힘들지만 수성(守城)도 힘들다는 점이다. 평상시 즉 인플레이션이 지속될 경우에는 달러이분법(dollar dichotomy rule)으로 간단히 재산을 100% 지켜낼 수 있다.

하지만, 디플레이션 시대에는 몇 가지 방법 외에는 투자할 자산도 투자방법도 없다. 이는 제4부 월급쟁이와 가난뱅이가 부자 되는 방법에서 자세히 설명한다.

100% 자기 자금으로만 빌딩을 구입하는 것도 레버리지 효과가 전혀 없기에 권장할 만하지도 않다. 다만 이런 대규모 레버리지를 일으키는 투자는 인플레 경제하에서나 가능한 투자기법이지 디플레 경제하에서는 아니라는 점이 핵심이다.

8 일본, 땅값 27년 만에 올렸다

위의 글 제목은 한국경제TV의 2018년 9월 18일 자 기사 제목이다. 기사 제목을 센스 있게 잘 뽑았다. "땅값이 27년 만에 오른 것이 아니라 27년 만에 돈을 무한정 풀어서 땅값을 올렸다"라고 뽑은 것이다.

일본 전국의 평균 기준지가가 거품경제(버블) 시기였던 1991년 이후 27년 만에 상승세로 돌아섰다. 지가 상승은 대도시의 상업 지역 호황이 이끈 것으로, 지방 소도시나 시골 상업지의 땅값은 오히려 하락했다.

일본 부동산은 26년간 내림세였다가, 무려 27년 만에 일부 지역의 땅값이 오른 것으로 나타났다. 일본의 핵심경재 활동 인구는 1990년부터, 생산 활동 가능 인구(15~64세)는 1996년부터 계속해서 26년 째 감소하고 있다.

우리나라의 핵심경제 활동 인구는 2013년부터, 생산 활동 기능 인구는 2018년부터 줄어들고 있다. 일본의 팩트(Fact)를 보고 우리는 10년 후, 그 이상의 한국의 미래를 미리 읽어내야 한다.

아래의 일본의 생산 활동 가능 인구의 추세 변화와 한국의 생산 활동 가능인구의 연도별 변화 과정을 일견해 보자!

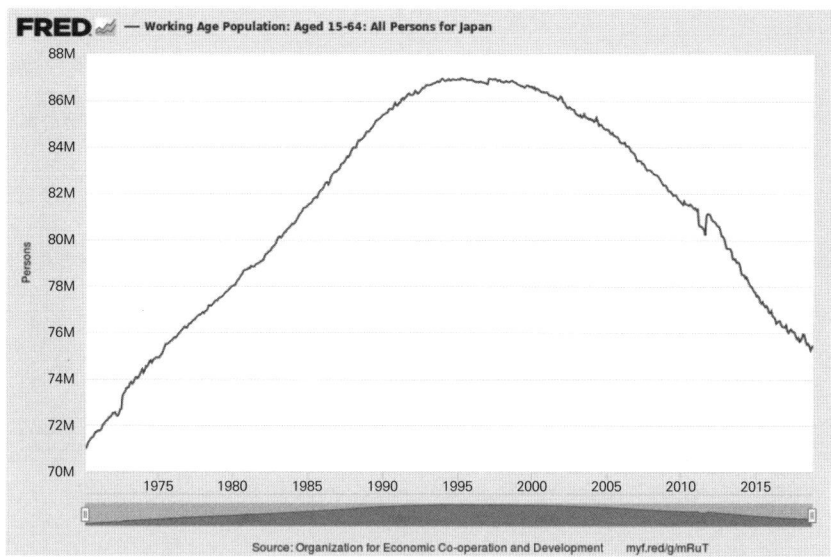

[그림3] 일본의 생산 활동 가능 인구 추이

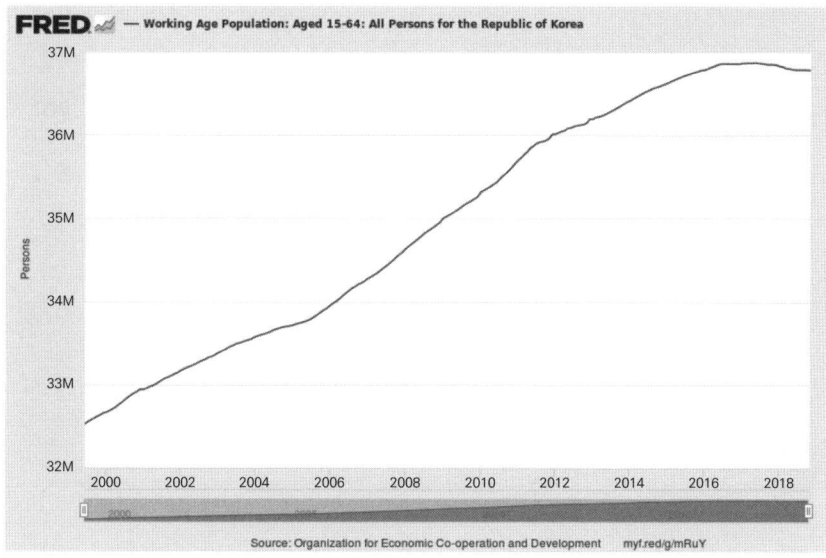

[그림4] 한국의 생산 활동 가능 인구 추이

다시 일본 부동산의 시세 관련 기사들을 조금 더 자세히 들여다보자
2018년 9월 18일 교도통신에 따르면 국토교통성은 이날 올해 7월 1일 시점 전국 평균 지가가 전년 같은 시점보다 0.1% 상승했다고 밝혔다. 일본의 전국 평균 지가는 버블기 막판인 1990년 13.7%나 뛰었고, 1991년 3.1% 상승했지만, 이후에는 계속 하락했었다.

지가 상승은 대도시의 상업지(地)에서 두드러졌다.
도쿄(東京), 오사카(大阪), 나고야(名古屋) 등 3대 대도시권의 상업지 지가는 4.2% 올랐고, 삿포로(札晃), 센다이(仙台), 히로시마(廣島), 후쿠오카(福岡) 등 지방의 네 개 핵심도시의 상업지 지가는 평균 9.2%나 뛰었다.

반면 이들 네 개 핵심도시를 제외한 지방 소도시나 시골 지역 상업지의 지가는 오히려 0.6% 하락해 대도시와의 격차가 전보다 더 크게 벌어졌다.

통신은 대도시와 지방 핵심도시 상업지 지가가 상승한 원인으로 외국인 관광객 증가에 따라 점포와 호텔이 늘어난 것을 첫 번째로 이유로 꼽았다. 외국인 관광객이 크게 늘어난 교토(京都)의 경우 상업지 지가가 7.5%나 뛰었다.

여기에 경기 호황으로 오피스 건물의 공실률 저하, 저금리로 활발해진 부동산 투자 등의 요인도 집값 상승을 견인한 것으로 분석된다.

대도시와 중소도시, 시골 사이의 지가 양극화 현상은 주택지에서도 마찬

가지였다.

주택지 지가는 세 개 대도시와 네 개 지방 핵심도시에서 각각 평균 0.7%와 3.9% 상승했지만, 그 외 지역에서는 대부분 하락했다. 인구 감소가 심각한 아키타(秋田)의 경우 주택지 지가가 2.4%나 떨어졌다.

한편, 일본 전국에서 기준 지가가 가장 높은 곳은 도쿄도(東京都)의 번화가 긴자(銀座)의 '메이지야(明治屋) 긴자 빌딩'이었다. 이 빌딩의 1㎡당 지가는 4,190만 엔(약 4억 1,870만 원)이었다. 는 보도내용을 그대로 인용 소개한다.

기사 제목과 내용을 다시 한 번 음미해 보라.
'올랐다'가 아니라 '올렸다'이다. 기자가 적절히 센스 있게 뽑아낸 제목이다. 즉 2012년 12월 16일 자민당 집권 후 아베노믹스의 시행으로 엄청난 자금을 풀어서 인플레를 몇 년간 유도하여 27년 만에야 겨우 땅값을 올렸다는 것이다.

참고로 일본은행은 2018년 11월 이후 현재에도 아직 마이너스 금리다. 그러나 일본도 금명간 양적 완화를 중단해야 하고 풀린 자금을 환수해야 한다.

먼저 OECD에서 발표하는 일본의 장기 주택지수를 먼저 보자.

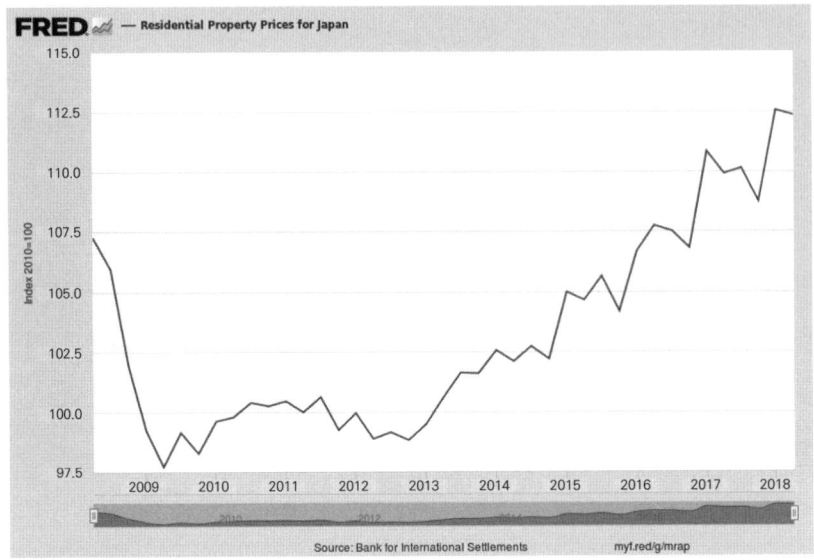

[그림5] 일본의 주택지수

다음으로, 2018년 9월 1일 자로 갱신된 일본 도쿄 도심 23개 구의 주택가격(가격이 낮은 순)을 살펴보자.

가장 싼 지역은 아다치구이고, 도쿄도의 전용면적 약 28평 평균 가격은 한화로 2억 8천만 원에 불과하다.

가장 비싼 지역은 미나토구로 전용면적 약 28평 평균 가격은 7억 8천만 원 정도로 서울보다 훨씬 싸다. 현재의 일본 부동산 시세는 yahoo.jp를 통해서 검색해 보면 바로 알 수 있다.

일본 도쿄 23개 구의 주택 가격(2018.9.1 시세표, 낮은 순)

아다치구 2,899만 엔	나카노구 4,841만 엔
카츠시카구 3,114만 엔	타이토구 4,918만 엔
에도가와구 3,355만 엔	시나가와구 4,990만 엔
이타바시구 3,521만 엔	토시마구 5,247만 엔
네리마구 3,669만 엔	분쿄구 5,520만 엔
아라카와구 3,879만 엔	메구로구 5,592만 엔
오타구 4,146만 엔	신주쿠구 5,687만 엔
키타구 4,193만 엔	시부야구 6,285만 엔
고토구 4,294만 엔	츄오구 6,601만 엔
스기나미구 4,654만 엔	치요다구 7,690만 엔
세타가야구 4,684만 엔	미나토구 7,825만 엔
스미다구 4,780만 엔	

주택 가격이 싸고, 상대적으로 월세가 높으니까 일본에 월세 투자하겠다고 나서는 사람이 나타날까 두렵다. 잘 알다시피 일본은 지진, 태풍 등 자연재해가 많은 나라여서 부동산 투자처로는 부적합한 나라다.

게다가 일본은 1년에 받는 순 월세 및 주택담보대출 원리금+자기자금이자 상당액 등보다 1년 후의 가격 하락이 더 큰 나라라는 사실은 이미 설명한 바 있다. 또한 초장기 디플레이션 국가다. 따라서 세계의 부호들은 일본을 부동산 투자처로 전혀 생각하지 않는다는 사실을 알아야 한다.

27년 만에 아베노믹스로 2012년부터 무한정으로 풀어댄 돈과 관광객 증가 등으로 주로 대도시의 상업지역 토지가 오른 것으로 나타났지만 제대로 알아야 한다. 우선 아래의 그래프 두 가지를 보자!

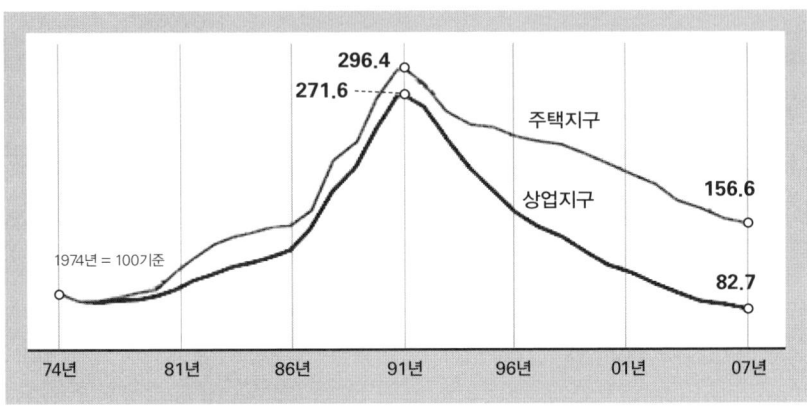

[그림6] 1990년 거품붕괴 전후 일본 지가추이(일본 국토교통성 자료)

[그림6]을 보면 우리가 필요로 하는 2018년까지의 토지가격 변동치를 보여주지 못하고 2007년까지만 제공된다. 1974년을 100으로 한 그래프이므로 2007년 현재의 상업지역 토지가격은 1974년 즉 45년 전의 시세와 비교해서도 약 17.3%나 하락한 가격이고 최고치와 비교해서는 아직 69.6%나 폭락해 있음을 알 수 있다.

반면 주택용 토지는 34년 전에 비해서는 56.6% 오른 가격임을 알수 있다. 그러나 버블붕괴 직전과 비교하면 2007년 현재 아직도 최고가격과 비교해서 47.1%나 폭락한 가격임을 알 수 있다.

아래의 [그림7]의 주택지수는 1993년부터 2018년까지 도쿄와 지바신도시의 맨션(우리의 아파트에 해당)의 장기 가격 그래프이다. 주택가격(토지+건물)은 2010년과 비교해서는 2018년 현재 약 12.5% 올랐음을 알 수 있다.

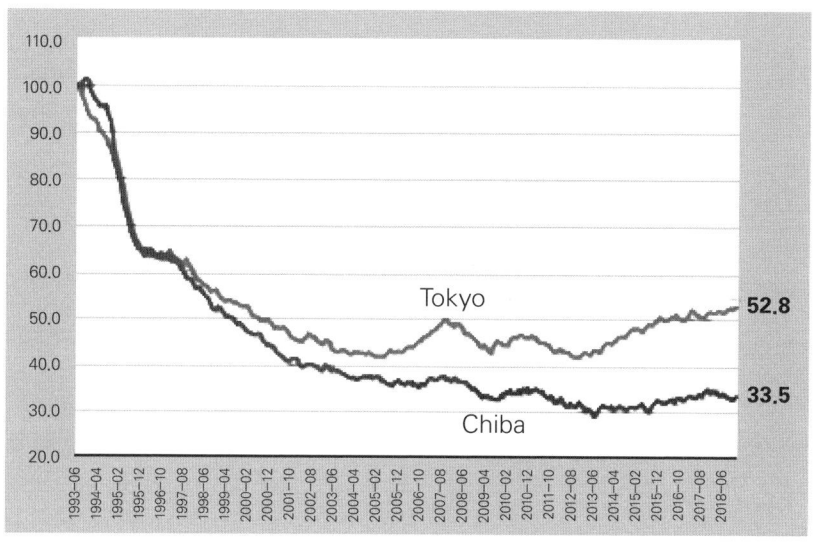

[그림7] 도쿄와 지바신도시 아파트 가격지수(1993=100, 일본부동산연구소 자료)

참고로 [그림6]과 [그림7]은 논리전개상 중요한 자료여서 출처를 알지 못해 밝히지 못함에도 부득이 무단으로 그대로 전제한다. 추후 밝혀지면 출처를 밝힐 예정임을 양해해 주기 바란다.

얼마 전 일본은 27년 만에 토지가격이 올랐다고 호들갑을 떨었지만 도쿄와 지바신도시의 아파트 가격은 버블붕괴 3년 후인 1993.6월 시세와 2018.6월 현재 가격을 비교해 보면 아직도 도쿄는 66.5%, 지바신도시는 47.2%나 폭락한 상태이다.

한국 내의 일부 호사가들의 말에 현혹되지 말고 기사를 정확히 읽어야 판단을 그르치지 않게 된다. 일본은 금년이 버블붕괴 30년이 되는 해이다. 일본은 너무나 실망스러워서 의도적으로 1990년 즉 버블붕괴 직후부터의 그래프나 데이터를 제공하지 않는 것으로 보인다. 우리나라는 이마저도 안 하지만….

실제로 버블붕괴 시에는 부동산이나 주식은 약 3~5년까지 큰 폭의 폭락 시세가 나타난다. [그림14]의 니케이 지수를 보면 1990년 1월~1995년 6월까지 니케이 지수도 38,915 → 14,517로 약 62.7%나 폭락했음을 볼 수 있다.

이에 비추어 부동산도 거의 같은 비율로 폭락했을 것으로 추론하면 작년의 일본 토지가격 상승 보도는 긴 기간으로 보면 현실과 너무 동떨어진 것이라고 할 수 있다.

즉 최고가격과 대비하여 80% 정도 폭락한 수준에서 보면 반등이 매우 미미한 수준으로 무려 27년 만에 조금 오른 것이었구나 하고 판단하는 것이 맞다.

[그림5]를 보면 2010~2018년까지 일본주택지수는 13.0% 정도가 오른 것으로 나타난다. 작년의 토지가격이 27년 만에 올랐다는 기사는 비교를

한 기준시점에 따른 착시현상을 의도한 수치의 결과이거나 이를 간과한 관급기사의 단순 전제 기사로 보인다.

그래서 목적을 띤 관급기사는 다시 속 읽기를 해야 한다.

현재 반포 아크로리버파크 아파트 112㎡(전용면적 84㎡)의 평당가격은 분양 면적 기준으로는 1억에 조금 못 미치는 29억이지만 곧 강남이나 용적률이 116%로 제일 낮은 목동 5단지 등 A급지 일반아파트 시세가 이번의 마지막 파동에서 평균 1억을 돌파한다고 본다. 참고로 아크로리버파크 용적률은 299%이다. 여기가 거품붕괴 시발점이 된다.

한편 1983년경 도쿄의 A급지 맨션(한국의 아파트와 같다)가격이 서울의 3~10배나 간다는 기사를 본 적이 있다. 보통 13평짜리 아파트인데 주로 대기업 취재역(사장)들이 산다고….

앞의 도쿄 23구 주택 시세표에서 보았듯이 지금은 도쿄 A급지의 평균 가격이 반포 아크로리버파크 아파트의 1/3 수준이다. 이것이 바로 롱텀(Lont Term) 디플레이션의 매서운 맛이다.

잘 알다시피 통상적인 디플레인 숏텀(Short Term) 디플레이션 때에도 평균적으로 아파트는 30%는 빠진다. 그러나 롱텀 즉 장기 디플레이션 시에는 상상을 초월하는 폭락시세가 온다는 것을 명심해야 한다.

아래 보도내용도 보자.

2006년 12월 7일 자 MBC 뉴스에서 도쿄 도심의 최고급 주택가인 히로오 가든힐스의 30평짜리 아파트는 1985년 1억 엔 정도 하던 것이 2년 사이에 무려 9억 엔까지 폭등했다고 보도한 적이 있다.

그 후 10년 동안 부동산 가격은 한 해도 멈추지 않고 내려가면서 주택은 최고 60%, 상업지는 80% 폭락했다. 2006년 당시 시세는 1억 8천만 엔 정도라고 보도한 바 있다.

일본통계청 자료를 하나 더 보자.
도쿄 수도권 소재 92.4㎡(28평)의 30년간 아파트의 가격 추이다. 1982년(1,200만 엔) → 최고 시절 1990년(3,600만 엔, 300% 폭등) → 2011년(400만 엔, 89% 폭락)이다.

오르기 전 시세에 비해 33%의 가격이다. 주택을 사들일 때는 보통 레버리지를 일으킨다는 것을 감안하면 깡통도 한참 찌그러진 깡통 주택이 되었다.

임대료 즉 제대로 수치화된 일본 월세의 추이에 관한 자료는 찾을 길이 없다. 참고로 월세는 가수요가 없다. 즉 임대료 가격은 실수요 가격이므로 정확한 자료가 되지만 전 세계가 아직 제대로 된 통계치를 발표하지 않고 있다.

일본 구마모토 단독 주택은 1,080만 엔이다. 토지 198.62㎡(60평), 건물 103㎡(31평)로 1억을 조금 넘는다.

일본처럼 '한국의 잃어버린 20년'이 오면 역시 아파트 투자에서도 단독 주택 투자에서도 아무도 살아남지 못한다는 것을 설명하는 수치들이다.

제2부 [챕터2]에서 설명한 셔터도오리(빈 가게거리)가 한국의 성북구 정도 거리인 동경 시내 부도심에 있다. 이를 보면 상가, 상가 주택도 살아남지 못한다.

고베 등 지방으로 가면 반경 10㎞ 이내에는 주유소도 없다. 마트는 더 없다. 소방서도 가까이 없어서 119구급차도 바로 도착하지 않는 세상이 온다. 그러니, 당연히 상가 투자에서도 시골 지역에서도 아무도 살아남지 못한다.

역시 일본식 하락 즉 인구 감소에 기인한 경우에는
아파트,
단독 주택,
상가,
지방의 부동산도 살아남지 못한다는 것이다.

9 일본형 부동산 폭락은 없다?

결론부터 먼저 말하면 일본식 부동산 폭락은 피할 수 없다.
그 이유는 먼저 연령별 최대 인구인 1971년생 이후부터 급격히 줄어드는 우리나라의 연령별 인구분포도에 답이 있다.
2018년 즉 작년에 우리나라도 이미 인구절벽이 도래했다!

몇몇의 전문가들은 일본식 폭락은 없다고 자신만만하지만, 이것은 그들만의 주장이거나 정부 당국자의 희망사항일 뿐이다.
그들이 주장하는 근거는 세대수가 증가하고 있다는 주장이 논거다. 이런 잘못된 결론에 이른 이유는 제대로 인구분석 즉 세대분석을 하지 않고 대충 해석한 것에서 기인한다. 세대 증가의 내역을 세밀하게 살펴서 결론을 내야 하는 기본 원칙을 지키지 않은 것이다.

하나하나 따져 보자.
2019년 1월 14일 행정안전부가 발표한 '2018년 주민등록 인구통계'에 따르면 한국의 총인구수는 5,183만 명이며, 2,204만 가구이다. 가구당 인구는 2.35명이다.

한국의 인구분포를 보면 두 개의 큰 봉우리가 있음을 알 수 있다. 베이비 붐 봉우리인 첫 번째 봉우리와 이로부터 약 5년 후에 두 번째 큰 봉우리가 하나 더 있기에 한국의 연령별 인구분포는 쌍봉 형태가 된다. 그 후

한 단계 낮은 봉우리지만 에코부머들이 만들어내는 세 번째 인구 봉우리도 있다.

일본의 인구분포와는 다른 형태이다. 일본은 최대 인구분포를 차지하는 단카이 세대, 그 후 25년 뒤에야 단카이 세대 자식들인 단카이 주니어 세대가 가장 큰 인구집단으로 등장한다.

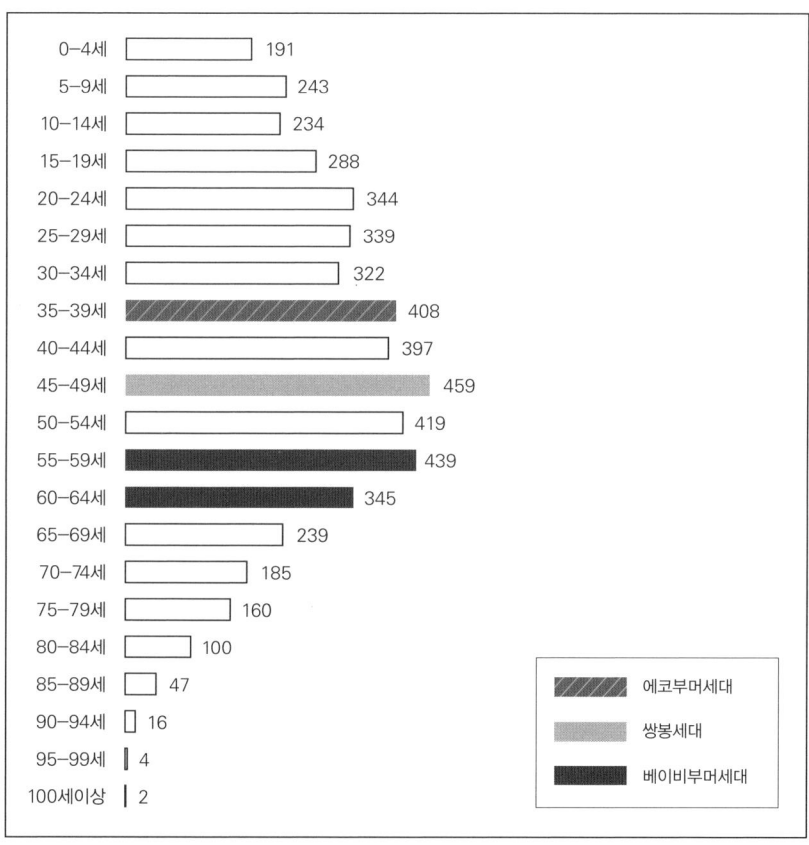

[그림8] 2018년 8월 한국의 5세 연령별 인구(단위: 만 명)

일본의 인구 학자들은 10년마다 세대를 구분하여 별도로 명칭을 부여하여 세대를 구분하고 통용한다. 즉 일본은 단카이 세대(1947~1949년생) + 개인주의 세대 등 + 단카이 주니어 세대(1971~1974년생)로 구분한다. 일본은 단카이 세대 이후 약 25년간 인구가 급격히 줄어들다가 단카이 주니어 세대로 이어진다. 그 이후 일본 인구는 매년 급격히 줄어드는 것을 [그림9]를 통해 확인할 수 있다.

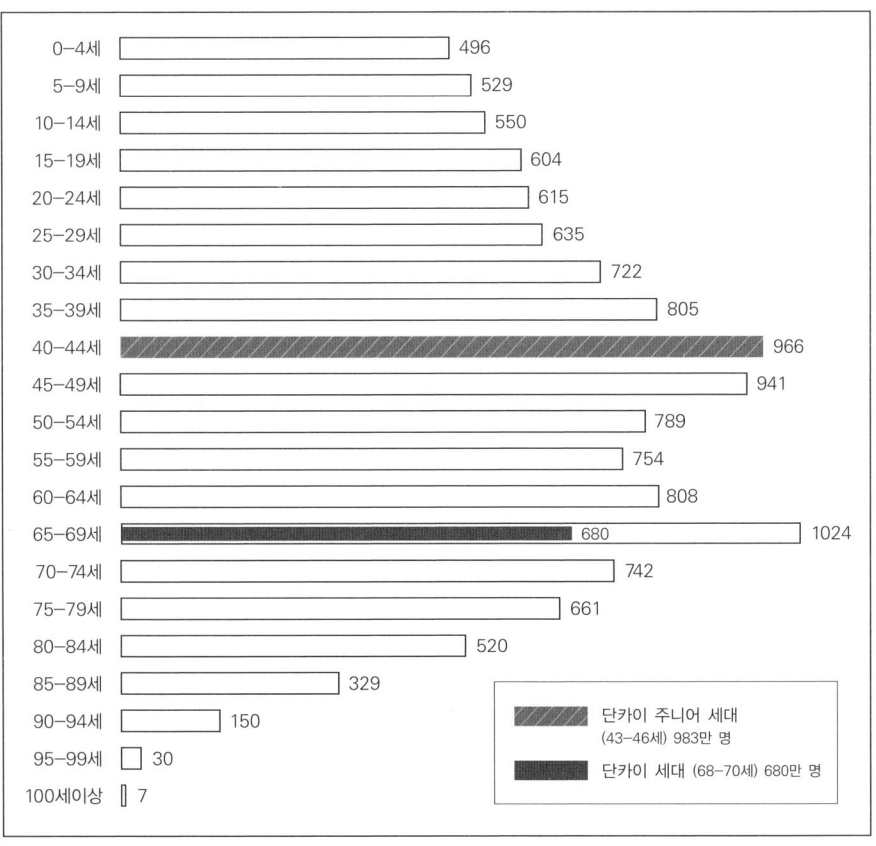

[그림9] 2017년 1월 일본의 5세 연령별 인구(단위: 만 명)

일본의 단카이 세대 다음 세대인 개인주의 세대 등의 세대가 부동산 경기가 계속 좋을 것으로 판단하고 다마신도시 등의 신규 분양에 대규모로 나섰던 세대가 한국의 쌍봉세대에 해당된다.

일본은 개인주의 세대 등이 신도시에 주택 구입을 완료한 후부터 아파트 구입 가능 인구가 급격히 줄었다. 이것도 일본 부동산 폭락의 큰 원인이었다는 점을 잊어서는 안 된다.

한국의 큰 인구집단은 베이비부머(1955~1963년생, 56~64세)+쌍봉세대(1968~1975년, 44~51세)+에코부머(1979~1985년생. 34~40세)세대로 나눠 볼 수 있다.

편의상 베이비부머 이후의 두 번째 큰 인구 봉우리를 쌍봉 세대로 호칭하기로 한다. 쌍봉우리로 이뤄진 한국의 또 다른 거대 인구집단이다.

요약하면 한국은 베이비부머 세대 이후 약 5년간, 쌍봉 세대 이후 약 4년간, 에코베이비부머 이후 약 7년간 인구가 급격히 줄어든다는 점이 일본과 인구구조는 약간 다르다.
이는 인구 문제로만 본다면 향후 1~2년 정도는 한국 부동산 시세는 폭락이 없음을 뜻한다. 쌍봉 세대의 신규 수요가 받쳐주기 때문이다.

그러나 쌍봉 세대 이후부터 에코베이비 부머 직전까지 4년간 인구가 매년 약 20만 명씩이나 줄어든다. 게다가 에코베이비 부머 세대 이후에는 7년간 인구가 더 급격히 줄어든다.

2019년 현재 이미 56~64세에 이른 약 720만 명의 베이비 부머 세대들은 부모로부터 집을 물려받지 못해 엄청난 주택수요를 유발했다. 쌍봉세대(44~51세)는 약 630만 명인데, 이제 그들의 부모로부터 집을 물려받기 시작했다. 베이비부머 이전 세대들인 그들 부모(약 820만 명)의 연령대가 이제 80대이기 때문이다.

에코부머(약 553만 명) 세대들도 약 20년 후에는 그들의 부모인 베이비부머(약 720만 명)에게서 주택을 상속받기 시작한다. 그들의 나이도 20년 후에는 50대가 넘었으나 부모들의 나이는 80을 넘기기 시작하기 때문이다. 에코부머세대들은 그들의 나이 앞과 뒤로 약 12년간 비슷한 나이의 연령대 및 절대인구가 대폭 줄어드는 시기에 그들의 부모에게서 집을 물려받게 된다.

즉, 양측 부모에게서 각기 1채씩 상속받고 스스로 마련한 집이 있다면 최대 3채씩이나 주택을 보유하게 되는 경우도 생겨난다. 즉, 쌍봉세대의 매입 수요가 끝나면 사실상 주택의 신규 매입수요는 없어지는 셈이다.

또한, 720만 명이나 되는 베이비부머 및 630만 명의 쌍봉 세대와 같은 대규모 신규 수요는 앞으로 영원히 없기 때문에 몇 년 후부터는 호경기가 찾아와도 다시는 주택가격 폭등은 없다는 뜻이기도 하다. 세대 간 상속으로 주택은 넘쳐 난다.

에코부머 세대 이후 한 차례 인구 증가 시기는 있으나 절대 인구는 이전의 인구에 비해 턱없이 적어 기존 주택으로도 공급은 차고 넘친다. 이를 끝으로 우리나라 인구는 지속적으로 급격히 줄어듦을 [그림10]을 통해 확인할 수 있다.

이제 공급측면에서 접근해 보자!

연령	주택 보유자 수	연령별 비율
80대 이상	73만 7천 명	5.5%
70대	137만 6천 명	10.3%
60대	238만 3천 명	17.9%
50대	344만 명	25.8%
40대	329만 1천 명	24.8%
30대	183만 1천 명	13.7%
30대 이하	25만 3천 명	1.9%
합계	1,331만 1천 명	100%

[표3] 연령대별 주택보유율 현황(2016년, 통계청)

2016년 통계청 자료에 따르면 1,331만 1천 명이 우리나라 주택의 100%를 보유하고 있다. 2016년 12월, 총 주택 수는 1987만 7천 호이니까, 주택보유자 1331만 1천 명이 평균적으로 1.49채를 보유하고 있고, 50대가 가장 많이 주택을 보유한 인구 층임을 알 수 있다.

2016년 당시 우리나라의 주택 보급률은 102.6%이다. 서울은 96.3%로 전국에서 주택보급률이 제일 낮다.

(1) 2021년 정도면 3기 신도시 우선 공급 물량은 분양에 나설 것이다. 즉 지금부터 3년 후쯤 된다. 즉 3년 후쯤 되면, 80대 이상의 인구가 보유한 주택 73만 7천 명×1.49채=약 110만 호는 상속, 처분, 요양원 입원 등으로 후세로 넘겨진다. 즉, 80대 노인층은 주택 수요자에서 공급자로 전환된다. 거기에다 3기 신도시 물량도 공급된다.

그리고 비슷한 시기에 70대가 보유한 주택의 약 30~40%가 상속 등으로 후손들에게 공급될 것으로 추정한다. 그들이 보유한 주택 수 137.6만 명×1.49채×35%=약 72만 가구나 된다. 3년 후면 70대 후반 인구 중 80대로 진입하는 인구가 생겨나기 때문이다.

3기 신도시 및 기타 지역 신규 공급을 제외하고도 많은 주택이 추가로 공급된다. 즉 개략적으로 3년 후 공급 예정 물량은 상속 분 110만 호+상속 분 72만 호+기타 지역 신규 공급 물량+잔여 2기 신도시 공급물량+3기 신도시 공급 물량이 된다.

참고로 분당과 일산 등 1기 신도시 공급 물량이 29만 호이다. 강남 3구 전체 아파트는 24만 호에 불과하다. 아직도 공급 중인 2기 신도시도 총 58만 가구나 된다. 얼마나 많은 물량이 2기, 3기 신도시, 기타 지역, 상속 등등으로 공급되는지 짐작해 보자!

그리고 20년 후에는 베이비부머인 부모들이 80대에 진입하게 되어 에코부머 후손들에게 상속을 하든 매도를 하든 그들이 주택 공급자로 나서게 된다. 그러나 에코부머들도 나이가 (54~60세)나 된다.

즉, 그들도 주택 구매력이 가장 왕성한 49세를 지났으므로 그들 중 50% 정도는 이미 주택을 보유한 상태가 되지만 부모에게서 집을 상속받게 된다. 어쩌면 양가에서 한 채씩 받아 세 채를 보유하는 경우도 생겨난다.

베이비부머는 1955(64세)~1963(56세)년까지 인구로 720만 명이다. 즉, 20년 후면 이들의 집은 전부 에코부머들에게 상속된다고 봐도 무리가 없다. 그들의 나이가 84~76세에 이르기 때문이다. 즉 베이비부머들이 전부 에코 세대 자녀들에게 아파트를 상속한다면 여기에서도 약 170만 채가 남는다. 바로 아파트 과잉으로 인해 대란이 일어난다.

(2) 전국의 연도별 아파트 신규 입주 물량도 있다.
2016년(29만 가구) → 2017년(37만 가구) → 2018년(42만 가구) → 2019년 4월까지 입주 물량만도 11만 가구나 된다. 이번의 3기 1차 신도시 공급규모도 12만 가구나 된다. 곧이어 3기 2차 신도시 공급규모도 발표될 예정이다.

상속 + 기분양 입주 물량 + 기타 지역 신규 공급 물량 + 3기 신도시로 아파트는 단기간에 공급이 크게 늘고 있으나, 인구 구조상 수요가 곧 급감하는 미스매치(mismatch) 상태가 온다.

곧 아파트가 차고 넘치는 시대가 온다.
참고로 10년 후와 20년 후의 한국의 연령별 인구수를 시뮬레이션해 보자. 신생아 수는 매년 30만 명으로 추산해도 무리가 없다.

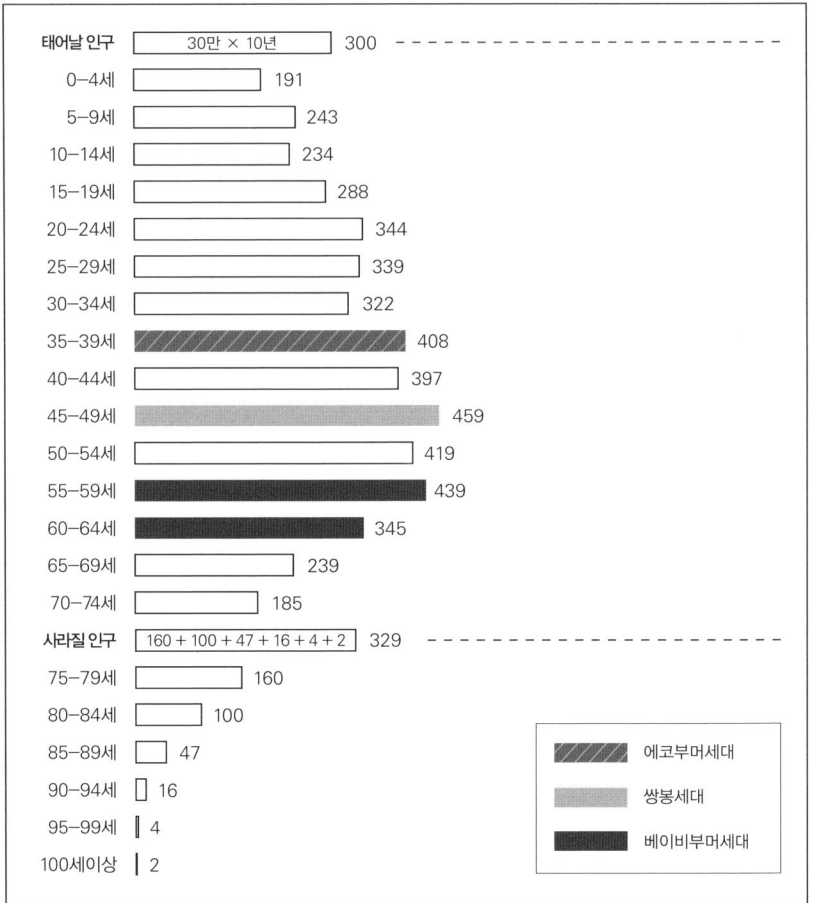

[그림10] 2028년 8월 한국의 5세 연령별 인구(단위: 만 명)

[그림10]을 보면 10년 후인 2028년에는 총인구는 약 29만 명이 줄어들어 5,152만 명이 된다. 고령인구가 보유했던 주택 전부는 즉 (137만 6천 명+73만 7천 명)×1.49채로 추산 가능한데, 총 315만 호가 10년 후에는 시장에 신규로 공급된다.

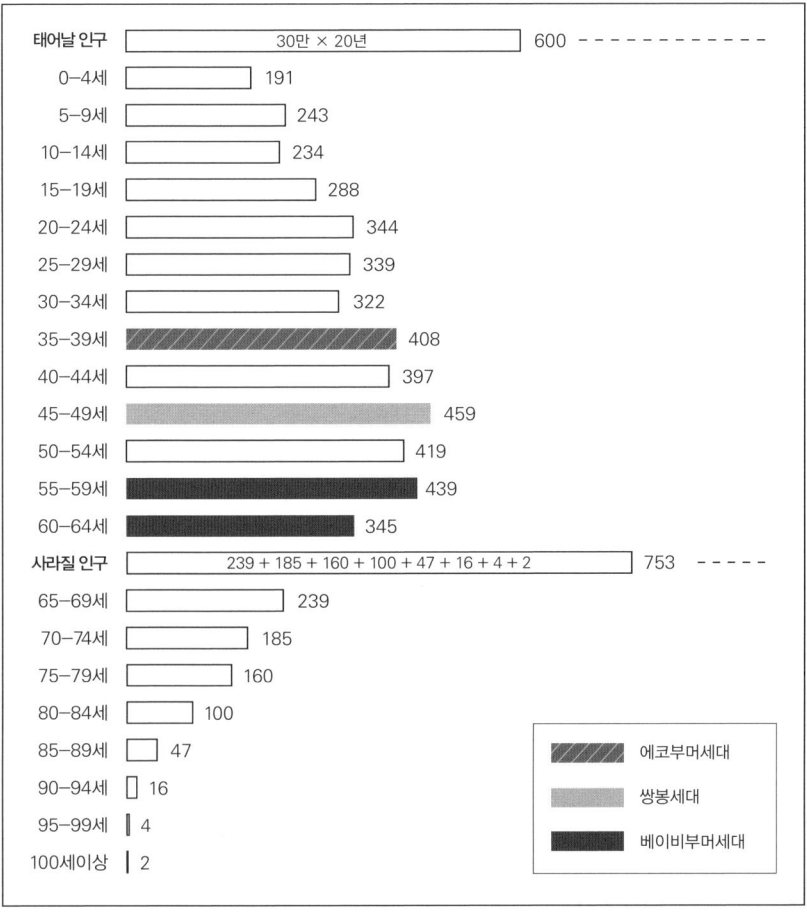

[그림11] 2038년 8월 한국의 5세 연령별 인구(단위: 만 명)

[그림11]처럼 20년 후인 2038년에는 총 인구가 약 153만 명 줄어들게 된다. 역시 고령인구가 보유했던 주택 약 125만 채(238만 8천 명×35%×1.49채) 정도가 시장에 공급된다.

주택 보유자들이 평균 1.49채씩 가졌으므로 85세 이상이 가진 주택을 상속, 증여, 매도, 요양원 입원 등으로 시장에 공급하는 물량만도 어머어마하다.

10년 후에 315만 호, 다시 10년 후에 아파트 125만 호가 고령인구층에서 다음 세대로 공급되어 20년 동안 총 440만 채를 넘겨받게 된다. 20년 후의 대한민국 인구는 5,028만 명으로 추정되며, 10년 후에 약 29만 명, 20년 후에는 153만 명 정도 인구가 줄어든다. 2024년 즉 5년 후에 총 인구가 줄어든다는 분석이 많다.

신생아는 줄어들고 노년층이 인구에서 사라지므로 1인 세대, 2인 세대가 급격히 줄어들게 되며 세대수가 확 줄어듦으로써 주택보급률은 쭉 올라가게 된다. 그야말로 아파트는 차고 넘친다!

정부는 지금 무슨 대책이 필요할까?
시세차익을 노리는 갭(Gap)투자자들과 월세 수입으로 추가수익을 올리려는 월세 투자자들, 즉 다주택자들은 지금 어떻게 대처해야 할까?

같은 요령으로 20년 후의 일본 인구를 추계하면 신생아 수를 현재 0~9세 인구의 2배로 계산하면, 총 인구는 1억 249만 명으로 약 2,450만 명이 확 줄어든다. 한국과 일본의 평균 수명을 85세로 보고 신생아 수는 현재를 유지하는 것으로 계산한 인구 추산이다.

따라서 곧 다가올 아파트의 과잉 공급으로 인한 피해를 줄이기 위해서라도 주택정책의 핵심은 당연히 서울의 다주택자의 매도를 유도하는 것에 초점이 맞춰져야 한다.

우리나라는 '둘만 낳아 잘 기르자'에서 '똑똑한 딸 하나 열 아들 안 부럽다'라는 잘못된 인구정책으로 오늘 날의 재앙을 초래했다. 멍청한 정부가 아니라면 다주택자의 주택 매도를 적극적으로 유도해야 한다. 선진국의 주택 보유세율은 1~2%대다. 우리도 이제 선진국이니 이 기준에 맞춰야 한다.

정책을 잘못 세우면 아파트 물량 과잉만으로도 우리나라는 대재앙을 초래한다. 기준시가는 현실에 맞추되, 주거안정을 위해서 1주택은 보유세 부담을 오히려 줄여주고, 2주택부터는 징벌적 보유 세제를 도입하는 것을 적극적으로 검토해야 한다. 이를 반대할 서민은 없다.

간혹 정부가 바뀌면 옛날로 회귀할 것으로 기대하는 사람들이 있지만 선진국이 되면 더 많은 세금이 필요하다는 것을 안다면 그러한 기대는 기대로만 끝난다.

주변에 공가가 많을수록 여러 가지 이유들로 리턴 현상은 더 가속화된다. 특히 도시기반 시설이나 편의시설 교통 등이 편리한 신도시보다는 열악한 기타 지역의 인구가 서울 도심 지역이나 새로운 신도시로 이동하는 것은 당연하다. 그리하여 결국에는 1, 2기 신도시에도 3기 신도시에도 그 여파는 미치지만…….

또, 한국의 3기 신도시 분양마감 시기가 공교롭게도 일본의 과거 개인주의 세대 등에 해당하는 한국의 쌍봉 세대 이후 인구가 대규모로 줄어들 때와 시기가 비슷하다.

이러한 인구분포는 제3기 신도시 분양 이후부터 아파트 수요가 급감한다는 의미이다. 따라서 3기 신도시가 일본의 다마신도시와 같이 빈 집이 넘치는 노인의 도시로 변해갈 수밖에 없음을 뜻한다. 2018년 말 주민등록상 평균 연령도 처음으로 42.1세가 되었고, 71년생(한국 나이 기준 48세)만 94만 명이 넘는다.

일반적으로 49세가 넘으면 집을 잘 사지 않는다는 점은 앞에서 설명한 바 있다. 1971년생은 쌍봉세대의 핵심 나이이자 인구층이고, 나이로 봐서 1~2년 후에는 이들 쌍봉세대의 아파트 구입 수요가 급락함을 짐작할 수 있다

2018년, 즉 작년의 아파트 가격 폭등세는 쌍봉세대(44~51세)의 3LDK 크기의 평생 살 집의 갭(Gap)투자 열풍과 노후가 불안한 베이비부머세대(56~64세)들의 2LDK 이하 규모의 월세 수입을 위한 임대용 부동산의 대규모 구매에 따른 것으로 본다.

이들도 갭투자를 한다면 쌍봉 세대들보다도 더 위험해진다. 별도의 소득이 없는 은퇴한 고령인구로 회복할 기회가 없기 때문이다.

다음으로는 세대수가 증가한다는 주장에 대한 내용을 확인해 보자. 작년 말, 총 2,204만 가구 중 1인 가구 수는 36.7%인 809만 가구나 된다. 1인 가구는 능력만 되면 전부가 원룸이나 오피스텔보다는 아파트에 살기를 원한다. 그 이유는 단연코 안전 때문이다.

그다음 이유는 아래-위층 소음 문제 등등이다. 그러나 아직은 상당수가 아파트가 아닌 다른 형태의 주택에 살고 있다.
서울의 20평 이하 소형아파트의 비중은 1인 가구 수에 훨씬 미치지 못한다. 그러하니 앞으로도 소형아파트의 인기는 있을 것이라고 예측할 수 있다.

일본처럼 폭락은 없다고 주장하는 사람들은 1인 가구 증가 등으로 세대수가 늘고 있고, 이로 인해 주택 수요가 늘어나기 때문이라고 한다.

그러나 소형아파트 시세가 대세를 결정하는 것은 아니다. 전체의 아파트 중 소형아파트의 점유율은 너무 낮다. 가격도 상대적으로 싸다. 따라서 주택 가격을 결정하는 것은 소형아파트가 아니다. 한마디로 논리의 비약이다.

1인 가구 중 젊은 층이 주로 가주하는 곳은 소형아파트가 아니라 소형오피스텔이며, 오피스텔은 가격 상승이 거의 없어 부동산에 대한 시세 영향력은 거의 없다. 그러나 생산 활동 가능 인구의 감소로 부동산이 폭락한다는 논리가 약간은 손상을 입는다는 것은 맞다.

행안부가 발표한 '2018년 주민등록 인구통계'에 따라 연도별 1인 가구 세대수 증가 추이를 먼저 살펴보자. 먼저 통계치가 제공되는 2008년 당시 총 세대수 1,900만 가구 중 1인 가구는 약 600만 세대로 31.6%를 점유하였다.

2010년부터 총 세대수의 2년마다 증가율을 살펴보면
2010년(+4.5%) → 2012년(+1.7%) → 2014년(+2.5%) → 2016년(+2.8%) → 2018년(+3.5%)이다.

1인 가구의 2년마다 증가한 세대수 및 증가율은,
2010년(+61만 세대, 10.1% 증가) → 2012년(+12만 세대, 2.0% 증가) → 2014(+33만 세대, 4.6% 증가) → 2016년(+39만 세대, 5.7% 증가) → 2018년(+64만 세대, 8.6% 증가)으로 늘어났다.

총인구는 2017년 대비 0.1% 3만 7,000명이 늘어나는 데 그쳤다. 총 세대수는 2016년에 비해 3.5% 증가한 반면, 1인 가구 세대수는 같은 기간에 8.6%가 더 늘었다.

그 결과 2018년 말 1인 가구 수는 무려 809만 가구로 총 세대수의 36.7%나 된다. 즉 이로 인해 소규모 주택 수요가 늘어난다는 것은 맞다. 일본의 작년 1인 가구 점유율은 35%다. 이미 우리가 1.7%나 더 점유율이 높다.

따라서

1) 1인 가구가 선호하는 소형아파트 등은 수요가 받쳐주므로 조정 폭이 다소 낮을 것으로 예상하는 것은 타당하다.

1인 가구 비중을 보면 일본처럼 우리나라는 각 세대가 이미 극단적으로 분화된 것으로 보인다. 그래서 이제 1인 가구가 앞으로 더 늘어난다면 일본처럼 주로 고령층 즉 독거 노인층이 될 것으로 예측된다. 즉 고령자 2인 가구의 1인 가구화로 인한 1인 가구 증가가 젊은 층 1인 가구 증가 세대수보다 더 많을 것으로 보인다.

그러므로 이제 아파트를 구매할 능력을 갖춘 1인 가구 증가 폭은 더 미약해질 것으로 보인다. 작년 일본의 1인 가구 세대수는 35%이며 이 중 1/3이 고령자 즉 독거노인 1인 가구이다. 일본은 우리보다 먼저 1인 가구가 늘기 시작했으나 35% 정도에서 정체 상태이다.

우리나라는 1인 가구가 36.7%로 이미 일본의 1인 가구 비율을 작년에 넘어섰다. 더 이상 늘어나기가 쉽지 않을 것을 추론할 수 있다. 세상의 이치란 차면 넘치는 것이다.
물극필반이다.

고령자 1인 가구는 아파트를 구매하지 않거나, 못할 것을 고려하면 더 이상 소형아파트 수요는 1인 가구 증가 수보다 훨씬 적을 것으로 보는 게 타당하다. 따라서 향후의 1인 가구 세대수 증가에 따른 소형아파트 수요는 1인 가구 증가폭의 점진적 감소, 수요자의 구매력 저하 등으로 봐서 미풍에 그칠 것으로 보는 것이 타당하다.

일반적으로 호경기가 되면 1인 가구가 늘고, 불경기 즉 단기든 장기든 디플레가 되면 1인 가구가 줄어들어 세대수가 줄어드는 드는 것이 일반적이다.

불경기에 각 세대의 생활비를 줄일 수 있는 가장 손쉬운 방법이 주거비의 절감이기 때문이다. 다른 자료를 보면 IMF 상황 직후인 2000년도의 1인 가구 증가율이 3.9%나 1998년에 비해 급락한 사실로 확인할 수 있다.

2인 가구 세대수 변화추이는 통계자료로 제공되지 않아 분석할 수 없지만, 2인 가구는 인구 고령화에 따라 부부 두 식구가 사는 가구의 증가, 결혼 인구의 증가율과 큰 관련이 있다. 결혼 건수도 2012년의 33만 건에서, 2016년 추정치로 28만 건으로 지속적으로 줄어들고 있다.

게다가 자녀들의 분가로 2인 가구가 되었던 경우에도 경제 상황이 어려워지면 다시 합가하여 다인 가구가 된다. 한국의 절대 인구는 앞으로 꾸준히 줄어들 운명이지만, 노령 인구는 급증하고 있어 2인이 거주할 아파트도 수요는 다소 늘어날 것으로 보인다.

그러나 1인 가구, 2인 가구로의 분화가 크게 늘지 못할 상황을 고려하면 소형아파트 역시 큰 폭의 가격 상승은 불가능하다.
점점 1인 가구, 2인 가구 비중이 조금씩이나마 늘어난다는 사실은 국민주택규모(현 85㎡, 25.7평) 재결정의 타당한 근거도 된다. 국민주택규모의 주택은 세제 등 모든 면에서 큰 혜택이 있다.

결론적으로 한국은 앞으로 생산 활동 가능 인구(소비 가능 인구)의 감소로 인한 주택 가격 하락은 피할 수 없다. 베이비부머 720만 명의 거대한 인구층이 주택 소비가 능 인구에서 사라져 가고 있다.
게다가 한국은 이미 디플레이션 7년 차에 들어서 있다. 자연스럽게 부동산 가격의 폭락이 기다리고 있다.

작년 연말에 종료된 EU의 양적 완화, 다가올 일본의 양적 완화 중단과 이자율 인상, 미국의 성장률 둔화, 무역 전쟁으로 중국, 한국의 대미 환율 변동 등등으로 인한 국내자산 가격의 대폭등 시기와 연이은 부동산 대세 하락 추세는 누구도 거스르지 못한다.

1인 가구, 2인 가구가 선호하는 소형아파트 등의 조정 폭은 수요가 받쳐주므로 중·대형 아파트에 비해서 다소 낮을 것으로 예상하는 것은 타당하다.

하지만 우리나라는 각 세대가 극단적으로 이미 분화되어 있고, 주로 소비가 적은 독거노인 1인 세대 혹은 2인 세대의 증가로 인한 아파트 가격 상승폭은 미미할 것이다.

일본의 왕궁이 있는 지요다구 교토의 토지 가격이 1990년 한 때 캘리포니아 전체의 부동산 가격을 넘어선 적이 있었을 만큼 큰 거품이 있었다. 이 교토 지역은 여의도와 광화문을 합쳐놓은 만큼 작은 지역으로 약 1시간이면 둘러볼 수 있다.

당시 일본의 LTV는 약 140%나 되었다. 부동산 가격 상승을 전제하고 은행융자를 해 준 것이다. 우리는 현재 투기 지역인 경우에는 LTV는 40%이다.

전통적으로 은행가 비율(Banker's ratio)이라는 게 있는데, 은행은 대출금에 대한 담보를 유지를 위해서 2대1의 법칙 즉 담보물 가격의 50%를 넘겨서까지 대출하면 안 된다는 것으로 이는 불문율처럼 전해져 오고 있다.

1980년대 후반, 대호황기에 일본은행들은 이 비율을 크게 초과하여 최대 140%까지 대출을 해 줬다. 1950년 한국전쟁 이후부터 거품이 붕괴된 1990년까지 부동산은 오르기를 지속해서 부동산 불패 신화를 만들어 갔다. 이 부동산 불패 신화가 바로 은행가 비율도 무색하게 만든 것이다.

우리가 앞으로 특히 유의하여야 할 점은 2018년 9·13조치로 한국 아파트는 일시적으로 상승을 멈추었지만, 잠시 잠복기를 거친 후에는 또다시 1~2년간의 마지막 남은 랠리를 지속할 것이다. 즉 마지막 상승 파동을 남겨 둔 상태라는 점이다.

경기 순환상 즉 Big Money Big Cycle(제4부 챕터1에서 설명)상으로 보면 1~2년간 완만하게 마지막 랠리를 지속하다가 주식시장이 꺾인 후에는 약 7개월간 폭등할 것으로 예측한다. 폭등할 가능성은 60%이다. 부동산의 폭등 시기 및 대세 하락 시기 추정은 주식시장의 대세 하락 시점에서 출발한다는 사실을 명심하자.

32년간의 한국 주식시장과 부동산 시장의 분석결과에 의한 것이어서 신뢰도는 거의 100% 수준이다. 주택지수상으로 약 50~100% 추가 상승을 예측한다.

9·13조치로 사실상 주택 관련 융자가 막힌 상황이어서 더 이상 주택 가격 폭등은 없다고 보는 전문가들이 더 많은 것도 사실이다. 하지만 이번의 마지막 대세 상승 자금은 향후 원화강세에 따라 주로 해외 부문에서 주식시장을 거쳐 부동산 시장으로 공급하게 될 것으로 본다.

자금 순환상 Big Money Big Cycle에 따라서도 아파트 폭등세는 한 차례 남아 있는 것으로 판단된다. 따라서 우리는 일본 엔화의 변동에 따라서 움직인 니케이 지수를 [그림12]와 [그림19]를 통해서 공부해 둬야 한다. 한국도 이런 일본의 추세를 따라 잠시 급등했다가 장기간 하락한다는 뜻이다.

특히 1988년 12월 즉 [그림12]의 Ⓓ 이후 니케이 지수 급등기의 움직임을 자세히 보라.

먼저 1985년 9월 22일 즉 [그림12] ②의 플라자 합의에 따른 엔화가격의 폭등은 1988년 12월 이후의 니케이 지수 급등과 직접 관련이 있음을 알아야 한다. 폭등 시기에 있어서 약 3년의 시차가 있었음도 알아야 한다.

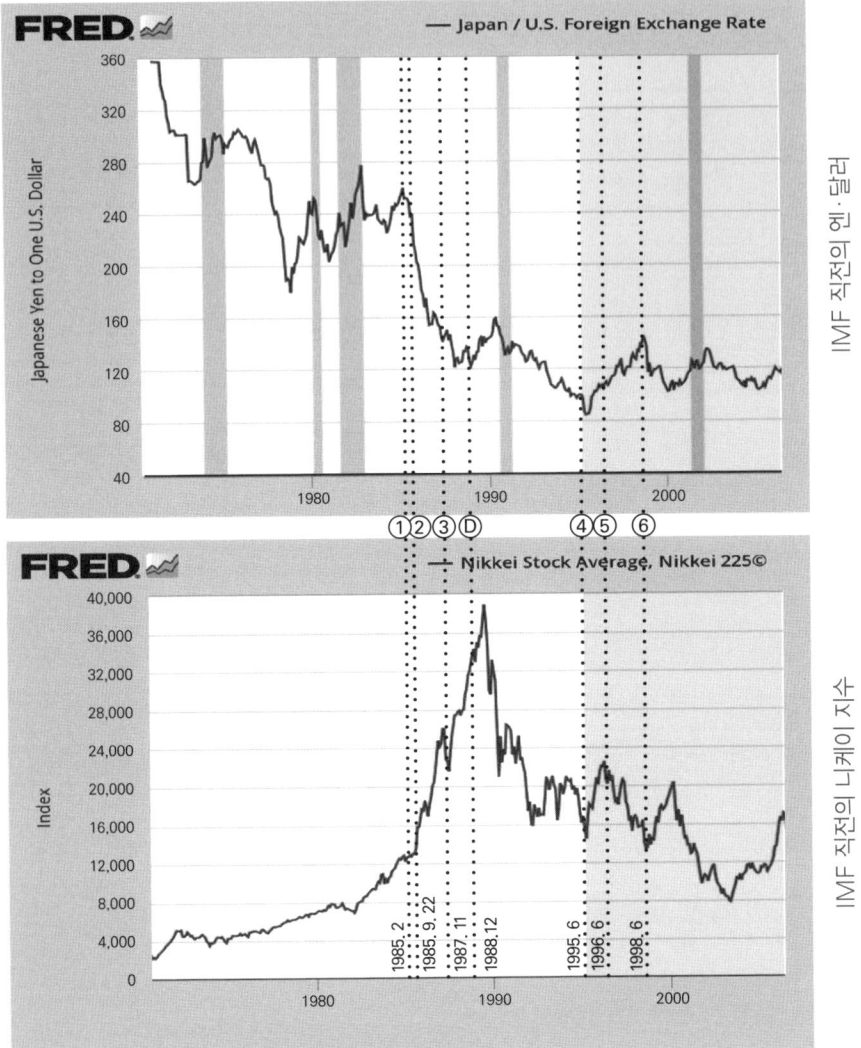

[그림12] 달러 가격 변동과 니케이 지수 변동 비교

1990년 1월에 시작된 단순한 버블 붕괴 이전 기간인 1988년 12월 이전 구간까지는 다이아몬드 달러투자법에 따라 엔화가 오르면 주가는 내리고, 엔화가 내리면 주가가 올랐다.

그러나 1988년 12월 즉 [그림12]의 ⓓ 이후부터는 니케이 지수가 거꾸로 즉 엔화 가격과 니케이 지수가 거의 같은 방향으로 움직이기 시작했음을 알 수 있는 중요한 자료이다.

[그림12]를 조금 더 자세히 살펴보자.
[그림12]의 수직점선 ③은 1987년 11월경의 엔·달러 가격과 같은 날의 니케이 지수를 나타낸다. 이때가 3저 현상으로 니케이 지수가 대세상승 후에 자연스레 상승을 마무리(?)하던 때로 보인다.

그러나 플라자 합의로 인한 영향이 약 3년 후인 1987년 11월 이후에 본격적으로 나타나기 시작해 니케이 지수가 추가로 더 폭등한 것으로 판단된다. 당시 찾아온 3저 현상은 한국 증권시장에도 같이 찾아왔는데, 코스피 지수 역시 1987년 10월경에 단기 하락세를 시현하다가 일본 니케이가 1987년 11월 이후 또다시 크게 오르자 같이 폭등세를 시현한다. 일본과는 모든 산업이 경쟁 관계에 있으니 엔고에 힘입어 당연하다고 하겠다.

그 후, [그림25]의 ②처럼 한국은 일본보다 먼저 1989년 3월 대세상승을 마감하였고, 일본의 니케이는 1990년 초에 거품이 터지면서 대붕괴를 시작했다. 즉 일본 니케이 지수는 한국의 코스피보다도 약 9개월간이나 더 폭등하였다.

[그림12]의 수직점선 ⓓ선은 1985년 2월 일본 내 달러가격이 259.45엔

을 기록한 이후 줄곧 내려 1988년 12월에는 121.47엔을 기록한 때이다. 이 기간 중간인 1985년 9월 22일에 플라자합의 조치가 단행되었음은 [그림12]의 ②선으로 확인할 수 있다.

1985년 2월부터 1988년 12월까지 약 3년 11개월간이나 지속적인 엔화 강세(258.45 → 121.47로 약 213% 급등)로 이에 맞춰 니케이 지수도 급등하였음을 볼 수 있다.

1988년 12월 이후 즉 일본의 엔화가 약세로 돌아선 이후에도 니케이 지수는 상당 기간 급등을 시현하여 1990년 1월에 최고치를 기록한 후 대세 하락에 진입하였다.

저자가 주창한 다이아몬드 달러투자법이 제대로 작동되지 않기 시작한 1988년 12월이 바로 이상 징후를 나타내기 시작한 시점이다.

[그림12]의 수직점선 ⑤ 근처에서 ⑥까지는 아시아 IMF 외환위기 당시, 일본 엔화의 위기를 볼 수 있는 때이다. ⑤선은 1996년 6월의 엔·달러 가격이고 이에 반응한 니케이 지수의 변동을 나타낸다.

[그림12]의 수직점선 ⑥은 1998년 6월의 같은 아시아 외환 위기 시에 엔화가 처했던 상황이다. 즉 동 기간 중에 엔화급락에 따른 니케이 지수의 급락 현상을 볼 수 있다. 수직 점선 ⑤와 ⑥의 기간 동안, 즉 1996~1998년 약 3년간 엔·달러 환율은 급등하고 니케이 지수는 급락

하여 일본도 외환위기에 처했었음을 알 수 있다. 이때가 와타나베 부인(Mrs.Watanabe)들이 FX마진 거래로 해외 달러투자 신드롬을 만들어 낸 때이다. 이른바 와타나베 부인 구간이다.

[그림19]와 [그림33]을 통해서는 롱텀 디플레이션 과정 중의 양자 관계를 더 확실히 볼 수 있다. 그래서 일본의 본격적인 롱텀 디플레이션(Long Term Deflation)은 1998년 12월 이후에 시작되는 것으로 보는 게 맞다고 본다.

제2부 [챕터9]에서 설명한 바와 같이 한국은 생산 활동 가능 인구의 감소, 가계부채로 인한 부채 디플레이션, 인구 고령화, 저성장 시대 즉 뉴노멀(New Normal) 시대로의 진입, 근로시간 단축, 지속되는 불황형 무역 흑자 등등으로 일본식 붕괴는 피할 수 없다. 그전에 일본식 급등이 한 차례 남아 있다고 추정한다.

하지만 지금이 본격적인 디플레 경제로 이미 진입된 시기일 수도 있다. 지금의 아파트 가격, 주식시장의 하락세가 이미 진행되어오던 디플레이션의 연장선상에 있다고 보는 견해이다.

한국은 이미 2013년부터 디플레 경제를 시현 중에 있다. 핵심 경제활동 인구가 줄어들기 시작한 해가 2013년이다. 마지막 랠리가 없이 이미 디플레 경제가 시작된 것이 맞다면 부동산 가격의 하락은 서서히 진행될 것이다. 큰 거품이 단기간에 생성된 것이 아니기 때문이다.

어느 경우에도 위의 두 가지 경우 중 한 가지를 피할 수는 없다. 마지막 랠리가 있다면 일본식 폭락과 일본식 불황을 그대로 대입하면 될 정도로 꼭 같은 디플레가 올 것이다.

추가적인 랠리가 없이 지금부터 그대로 디플레로 진입을 본격화한다면 일본처럼 초장기 디플레가 진행될 것이다. 디플레이션에 대한 기본적인 여건이 일본과 거의 같기 때문이다.

이들을 감안하면 마지막 탈출 기회는 딱 한 차례 남아 있다.
이 기회를 이용하여 과대 레버리지를 이용한 투자는 전부 정리하여야 한다.

장차 흑자부도가 될 월세투자, 전세와 은행의 차입금을 이용한 갭(Gap)투자, 상가, 오피스텔 상가 주택 등의 임대사업자 등록 등 부동산 투자는 이제 마지막 폭등 시기를 이용하여 과감하게 손을 빼야 한다.

저자는 이번 폭등을 계기로 자가 보유도 하지 않고, LH 단독 임대주택에서 인생을 마감할 예정으로 이미 영구 단독 임대주택을 마련해 두었다. 인플레 시대만을 살아온 우리들은 자가 주택에서 거주하면 월세를 안 내고 사는 줄 알고 살아왔다.

매년 재산세와 종합부동산세, 경우에 따라서는 지역건강보험료까지 월세로 환산해 보라!
월세를 매월 30~40만 원 가까이 내고 산 것과 같다. 게다가 아파트가 매년 내린다면 월세는 매월 300~400만 원이 될 수도 있다. 바로 기회비용이 발생하는 것을 잊지 말아야 한다.

지나온 인플레 시절에는 30년쯤 사는 동안 아파트 가격은 매년 올랐다. 이후에는 약간의 돈을 추가로 내거나 혹은 무상으로 새집으로 이사하여 거주할 수 있었다.

하지만 이제는 아니다.

결론적으로 정부나 일부 전문가들의 주장과는 달리 한국도 일본식 부동산 폭등과 폭락은 피할 수 없다. 이번의 마지막 랠리 이후에는 한국도 거품이 대 붕괴하면서 일본식 불황으로 진입하게 된다.

오히려 일본보다도 여러가지 면에서 본격적인 디플레이션에 진입한 일본보다도 한국은 상황이 더 안 좋다.

제3부

제3부
해외투자자의 눈물, 주식투자자의 눈물,

지금까지 제1부, 제2부에서 살펴본 바와 같이 일본인들이 그랬던 것처럼 장차 한국에서의 부동산투자 즉 월세투자, 갭투자도 전부 수익을 창출하기는커녕 크나큰 위험에 봉착하게 된다는 사실이다.

얼마 전까지 한국에서 대유행을 한 수익성 부동산에 대한 몰입 투자를 일본인들은 이미 30년 전에 전부 경험한 것이다. 현재 일본의 3040세대는 그들의 부모들이 수익성 부동산 투자로 대 실패하여 망하는 과정을 전부 지켜보았다.

그래서 일본의 보통 사람들은 돈을 싸들고 외국으로 나갔다. 그동안 투자한 해외 순금융자산이 무려 3조 5천억 달러다. 2008년 금융위기 시에 미국이 쏟아부은 돈이 4조 5천억 달러이니 그 규모를 짐작할 수 있을 것이다.

일본인들이 해외에 투자한 돈은 지금 유령달러(Ghost Dollar)가 되었다.

한때 360엔이던 달러 가격은 40년 동안 내리고 내려 지금은 110엔이 되었다. 해외투자한 돈은 환차손만 약 300%가 넘는다. 해외에 달러를 투자한 일본인들은 이제 이러지도 저러지도 못한다.

지금 현재에도 일본 국내에 투자해서 적정 수익률이 확보되는 자산은 없다. 그동안 각종 금융회사나 정부의 권유에 따라 해외로 진출하여 투자한 자산들의 가격상승으로 돈을 벌었어도 귀환 시에는 환차손이 현실화되므로 국내로 들여오지도 못한다.

하지만 일본의 젊은이들은 투자금은 아직도 외국을 향하고 있다. 바로 한국인들의 해외 배당투자, 해외 주식투자, 해외 수익성 부동산 리츠 투자 자금이 결말지어질 것도 유령달러 인 것을 모르는 것처럼….

경제의 90%는 환율이다.
1978년 중국의 개혁 개방 후의 위안화는 1위안에서 10위안까지 폭락했다. 이 사이의 일본의 엔화는 360엔에서 무려 78엔까지 폭등했다.

사람들은 흔히 값싼 인건비 때문에 중국이 흥한 줄 알지만 사실은 환율이 더 큰 역할을 해준 것이다. 환율 때문에 수출품이 가격경쟁력을 다 잃는데 무슨 수로 일본이 중국을 이겨낼 수 있으랴!

또 하나 저환율 정책을 쓰느냐 고환율 정책을 쓰느냐에 따라 국민의 복지는 크게 차이가 난다. 고환율은 특히 수출 대기업에게 중소기업이나 국민들의 부를 강제 이전시키는 것과 같음을 안다면 앞으로는 현 정부의 정책 기조까지 눈치채는 지혜가 필요하다.

이제 전 세계적으로 혹은 한국의 경제구조상 가격경쟁의 시대는 끝났다. 즉 환율로 가격경쟁력을 확보하는 것이 아니라 오로지 품질로 경쟁력을 확보해야 하는 시대이다.

또한 개혁개방 후의 중국과 베트남의 환율을 보면 북한의 개혁개방 후의 투자방법이 떠오른다. 짐 로저스는 북한 투자에 목숨을 걸고 있는 이유도 알 수 있다.

환율은 마법같이 자산시장의 가격을 일제히 일시에 조정한다. 바로 환율의 마법을 익혀 둬야 할 이유가 된다.

일본인들은 30년 전부터 모든 수익성 자산에 투자하지 않는다. 집도 잘 사지 않는다고 설명한 바 있다. 게다가 해외에 투자한 돈마저 장기환율 예측에 실패하여 유령달러가 된지 이미 오래 지났다. 국내의 예금이자도 0%대여서 아무것에도 투자할 이유도 없어 각 가정의 금고에 막대한 현금을 보유한 노년층이 많다.

우리나라도 롱텀 디플레이션(Long Term Deflation) 시대 7년차에 진입했다! 아파트와 물가가 올랐는데, 웬 디플레 타령이냐고 타박하는 사람도 꽤 있다.

그러나 지금의 일시적 인플레이션은 양적완화로 세계 금융시장에 풀린 돈으로 인한 일시적인 착시 현상에 불과하다는 사실을 다시 강조한다.

환율은 장차 860~760원이 된다. IMF 직전 평상시의 환율도 760~780원대(1995.4~1996.3)였음도 기억해 보면 추론 가능한 일이다. 이에 따라 지금 나가는 한국인들의 해외투자 자금들은 모두 유령달러가 된다.

장기 디플레이션이 계속되면 이에 따라 일본 엔화처럼 원화 환율도 오르게 된다. 롱텀 디플레이션으로 은행금리도 0%대가 되고 대출금리도 0%대가 된다.

따라서 부동산도 주식도 대 폭락을 거듭하게 된다.
제4부에서 소개할 [그림33]을 통해서 30년간 장기 디플레이션 중인 일본의 니케이 225 주가지수와 주택지수의 48년간 폭락상황을 먼저 일견하기 바란다. 정말 가공스러운 폭락 현상이 나타나는 것이다.

이것이 기존의 경제 상식을 뒤엎는 롱텀 디플레이션이다. 미리 공부해서 대처한 사람은 웃고, 그렇지 않은 사람은 일본인들처럼 피눈물을 흘리게 된다.

다시 말하지만 투자자는 보이는 것만 보지 말고 안 보이는 것을 미리 봐야 투자에 성공하는 것이다. 이제 한국도 2020년 혹은 2021년에 즉 1~2년 뒤에 본격적인 롱텀 디플레이션 시대가 임박해 있어 '일본인들의 눈물'에 이어 '한국인들의 눈물'은 피할 수 없다.

이 사실을 알면서도 마땅한 대책도 세울 수 없는 것이 더 답답할 뿐이다. 인구문제, 가계부채 문제, 인구고령화 문제는 단기간에 풀 수 있는 방법이 없기 때문이다.

한편 일본과 달리 우리에게는 단 한 가지 희망이 있다. 바로 북한과의 영토적·인구적 통일이다. 우리나라는 위기가 닥칠 때마다 천우신조의 큰 기회들이 찾아와 주곤 했다. 파독광부, 월남전, 중동전, 전후 복구 중동 건설 붐 등등이다.

만약 북한과의 영토적·인구적 통일이 찾아오지 않더라도 비자에 의한 자유왕래와 자유로운 투자와 회수가 가능해진다면 위기를 헤쳐 갈 수 있을 것으로 본다.

만약 우리나라에 환율조작국이나 세컨더리 보이콧이 시행되면 어떻게 될까? 달러와 부동산, 주식, 금, 은, 석유 등과의 관계는 어떠한가. 아르헨티나는 부동산 거래 시에 반드시 달러로만 거래하는 이유는 〈환율의 마법 (a)〉에서 설명한다. 현재의 달러 국제통화제도 하에서의 달러는 너무나 중요하다.

결론적으로 주식이나 ETF 리츠를 활용한 해외 주식투자, 해외배당투자, 국내 주식 투자자의 꿈은 눈물로 변하게 될 운명임을 미리 제3부를 통해서 알게 된다.

1 환율의 마법(a)

달러를 일상의 화폐로 쓰지 않는 나라에 존재하는 모든 물건 즉 부동산, 주식 등의 가격은 환율이 그 가격을 결정 혹은 변동시켜 준다. 따라서 환율의 변동이나 환율에 신경을 쓰지 않는 투자자는 푼돈을 벌 수는 있지만 큰돈을 벌 수는 없다.

한편 미국에 거주하는 워런 버핏이나 뛰어난 미국의 투자가들도 이 환율의 마법을 이용해서는 미국 내의 재산 가격의 변동을 예측하거나 돈을 벌 수는 없다. 그들의 일상통화가 바로 달러이기 때문이다.

현재의 환율도 중요하지만 보다 더 중요한 것은 향후의 추세다. 즉 오름세를 어느 기간 동안 어느 정도 유지하느냐, 내림세를 어느 기간 동안 어느 정도를 유지하느냐가 재산 가격 형성에 결정적인 영향을 끼친다.

그 이유는 모든 물건은 달러 환율과 반비례 관계에 있기 때문이다. 이를 응용해 저자가 정리한 달러이분법(Dollar Dichotomy Rule)으로 간단히 재산을 수성(守城)할 수 있는 비법은 이미 졸저 《일본인의 눈물》에서 자세히 소개한 바 있다.

즉 이제 달러 2분법으로 재산을 100% 영원히 지킬 수 있다. 인플레 경제하에서는 달러이분법이 정리되어 있으므로 이제 전통적인 재산 3분법은 무용지물이 되었다.

환율의 변동을 예측하는 기법이나 환율의 결정원리까지는 일반 투자자들이 이해하지 못하더라도 환율이 변동되면 내 재산과 내 물건의 가치가 어떻게 변동되는지는 반드시 알고 있어야 큰돈을 벌 수 있다고 단언할 수 있다.

즉, 국내 달러 환율 변동의 추세를 알 수 있다면 더 큰돈을 벌 수 있다. 서울 아파트 평균 가격이 8억 정도라고 하니까 환율이 10%만 변동되어도 아파트 가격은 8천만 원이 올랐다 내렸다 하는 것이다.

물론 주식도 환율변동을 그대로 적용받는다. 10%는 큰 금액이 아닌 것 같지만 투자총액의 비율로 생각해야 한다. 1억을 투자하고 있다면 10% 환율변동에 보유한 주식 가격이 1천만 원이 오르내리는 것이다. 즉각적으로 재산이 환율에 변동치 않으나 결국에는 환율과 반비례 관계를 나타낸다.

국제적으로 거래되는 원자재 시장의 물건들 즉 원유, 곡물, 금, 공업용 금속 등등 달러로 거래되는 재산은 다 결과가 같음을 50년간의 달러인덱스와 재산 가격을 비교하여 분석한 결과로 증명된다. 어느 나라의 국내 달러환율과 국제환율인 달러인덱스는 특별히 관계가 크지 않다.

달러인덱스란 기축통화국 6개 통화로 만든 달러 가중평균 지표다. 세계 주요 6개국 통화 대비 미국 달러화의 평균적 가치를 나타내는 지표로,

1973년 3월을 기준점(100)으로 미국 연방준비제도 이사회(FRB)가 작성·발표한다. 6개국 통화는 아래와 같다.

> **6개국 통화**
>
> 유로 57.6% 비중   캐나다 달러 9.1% 비중
>
> 엔 13.6% 비중   크로네(스웨덴) 4.2% 비중
>
> 파운드 11.9% 비중   프랑(스위스) 3.6% 비중

각 통화의 비중은 그 국가의 경제 규모에 따라 결정된다.

즉 원화와 위안화는 달러인덱스에 전혀 영향을 주지 못함을 알 수 있다. 달러인덱스 그래프를 보면 점차 고점이 낮아져 왔음을 알 수 있다. 즉 달러인덱스 그래프와 같이 달러가치도 고점이 점점 낮아지며 6개국 통화의 가중치와 비교해서 달러가치가 약해져 오고 있음을 위의 그래프를 통해서 간단히 알 수 있다.

달러인덱스 움직임과 개별 국가의 달러환율은 6개 기축통화 국가라고 하더라도 꼭 같은 비율로 움직이는 것이 아닌 이유는 달러인덱스는 6개국의 가중평균지표이기 때문이다. 유로화가 57.6%의 비중이니까 유로화 가치와 가장 큰 관계가 있음을 알 수 있다.

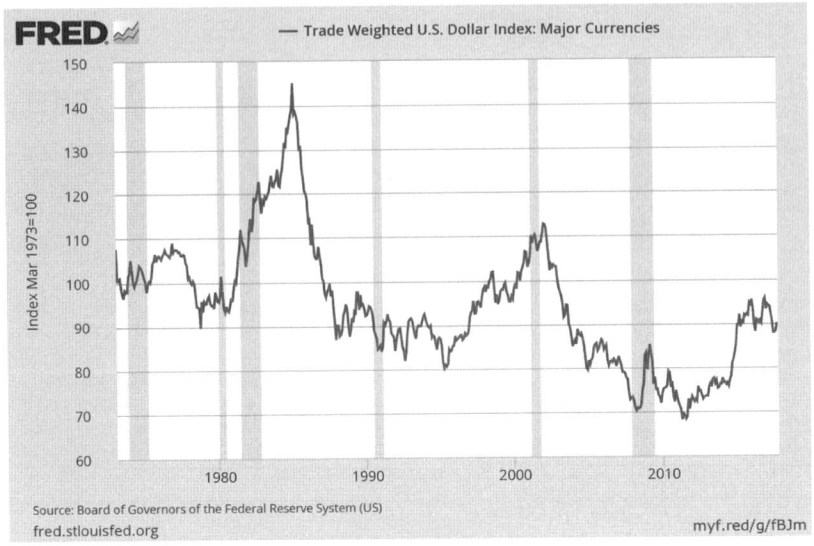

[그림13] 달러 인덱스(Dollar Index) 그래프

달러인덱스와 국제 원자재 가격의 변동관계에 관한 보다 자세한 설명과 증명은 《일본인의 눈물: 자식들에게만 전해주는 달러 투자로 재산 4배 불리는 기법》에 구체적 사실들을 증명해 두었다.

경제학은 미시경제론, 거시경제론으로 양분하여 경제이론을 설명하고 이론화 체계화되어 있지만 여태까지의 증권 투자론은 달러 환율과의 관계를 전혀 고려치 않는 미시적 투자론이었다. 하지만 이제는 아니다.

거시적 투자론, 즉 거시증권 투자론과 기존의 투자 방법인 미시적 증권 투자론으로 나눠 설명하고 가르쳐야 한다. 투자자들은 이에 따라서 투자해야 함은 물론이다.

기존의 증권 투자 방법은 전부 미시적 증권 투자론에 속한다고 보면 맞다. 기존의 그래프를 활용한 매매법, 단타매매법 등등 전부 다 미시적 증권 투자론에 속한다.

환율의 마법을 응용한 부동산과 주식 투자자만이 큰돈을 거머쥐게 된다. 그 이유는 부동산과 주식은 환율의 추세를 보고 매매하는 기다림의 미학이 적용되는 분야이기 때문이다.

자산의 투자(주식, 아파트, 토지, 금, 원유 등 원자재 등등)로 큰돈을 벌고 싶다면 하루하루의 움직임이 아닌 큰 그림으로 환율의 마법을 제대로 활용할 줄 알아야 한다.

특히 우리나라처럼 혹은 10년마다 한 번씩 찾아오는 국내와 경제위기 시에 환율의 마법을 응용하는 투자자는 큰돈을 벌수 있다.

우리가 겪었던 고통의 IMF 시절과 2008년 금융위기 등의 경우에 한국의 아파트, 주식 등 자산들의 드라마틱한 변동을 생각해 보면 알 수 있다. 그럼 왜, 환율이 변동되면 달러로 거래되지도 않는 자산인 국내의 아파트 주식이 반비례로 움직일까?

거의 정확하게 달러와 어느 나라의 부동산, 주식 등의 자산은 반비례 관계임은 이미 위의 저서에서 수차례 설명하였고, 아래의 그래프들로 다시 간단히 알 수 있다.

수시로 IMF 구제금융을 받아왔던 아르헨티나에서는 국민들도 이 사실을 전부 알기에 모든 부동산 거래 시에는 1990년부터는 달러로만 부동산을 거래한다. 달러로 부동산을 거래해야만 현 시세가 제대로 반영된 시세이기 때문이다.

즉, 환율변동에 따른 가격변동은 제외하고 제값에 부동산을 거래하기 위해서 아르헨티나의 부동산은 항상 달러로만 거래하는 것이다.

주식도 페소가 아니라 제 가격을 반영한 달러로만 거래하고 싶지만 주식 매매 전산 시스템이 달러화로 갖춰져 있지 않기 때문에 어쩔 수 없이 페소화로 거래한다. 주식 매매는 거래 건수도 많고 하루 거래 금액이 너무 큰 이유도 달러로 거래하지 못하는 이유가 된다.

70년대 전 금본위 화폐제도하에서는 금리의 영향력이 절대적인 것이었고, 신용화폐제도 하에서의 금리는 환율보다도 경기변동에 영향이 적다.

아무도 그 영향력을 비교 검토한 적은 없으나, 환율이 경기와 물건 값에 무차별적인 영향력을 끼침은 무시할 수 없다. 따라서 환율이 우리들의 재산 가격에 더 큰 영향을 끼치는 것으로 보인다.

이러한 사실들은 입증시켜 주는 증거로 우선 [그림14]는 한국의 원 달러 환율의 변동과 같은 해의 코스피 지수 변동과 주택지수의 변동을 나타낸 그래프이다. 수직점선을 따라 가며 비교하면 된다.

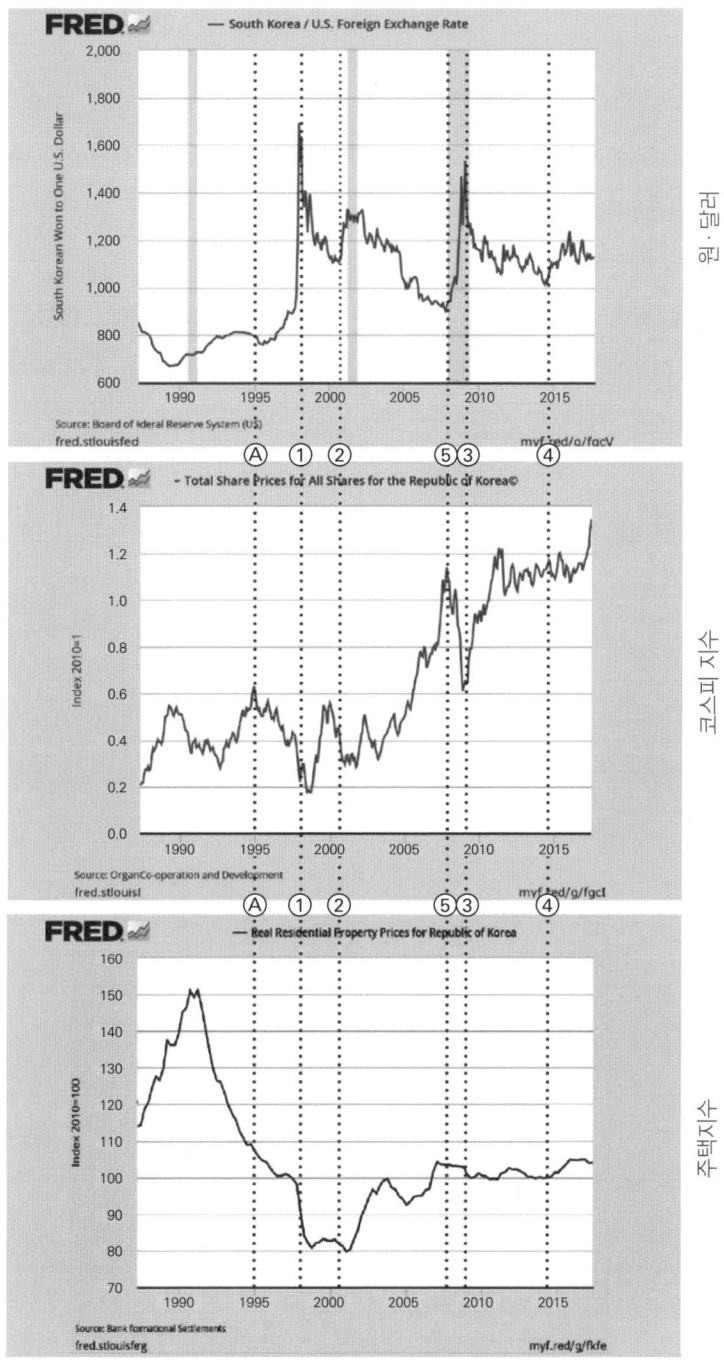

[그림14] IMF 및 금융위기시 원·달러, 코스피 지수, 주택지수

우선 ①, ③번을 주목하기 바란다. ①은 IMF사태에 돌입한 후 달러가 최고가격일 때의 주가와 주택지수를 보여 주는데 주가와 주택지수는 최저치 부근임을 알 수 있다.

③은 서브프라임 금융위기 당시에 원·달러환율이 최고치에 달했을 때의 주가와 주택지수의 실제 변동치이다. 이를 보면 원달러환율과 주가 등 자산은 반비례 관계임을 간단히 알 수 있다.

[그림15]를 통해서는 중국의 개혁 개방후의 드라마틱한 위안화의 대 달러 가치 변동을 기억해 두자! 약 539% 정도 위안화가 평가 절하되었음을 알 수 있다. 상상을 초월하는 평가 절하이다.

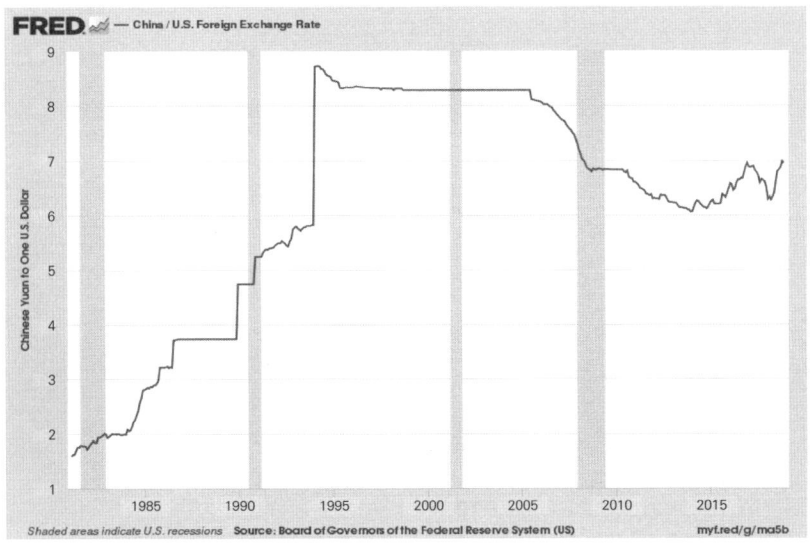

[그림15] 위안·달러 그래프

[그림16]은 한국의 IMF사태 당시 일본이 위기에 처했던 당시의 엔·달러 환율과 니케이 지수의 변동을 같은 연도를 비교한 그래프이다. 수직점선 중 앞의 점선은 1996년 6월의 변동관계이고 뒤의 점선은 1998년 6월의 당시 상황이다.

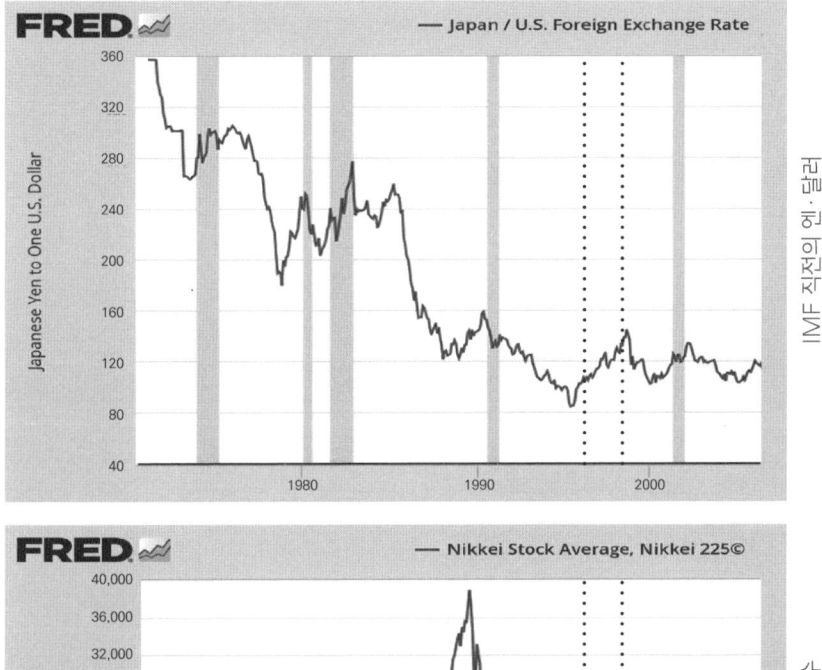

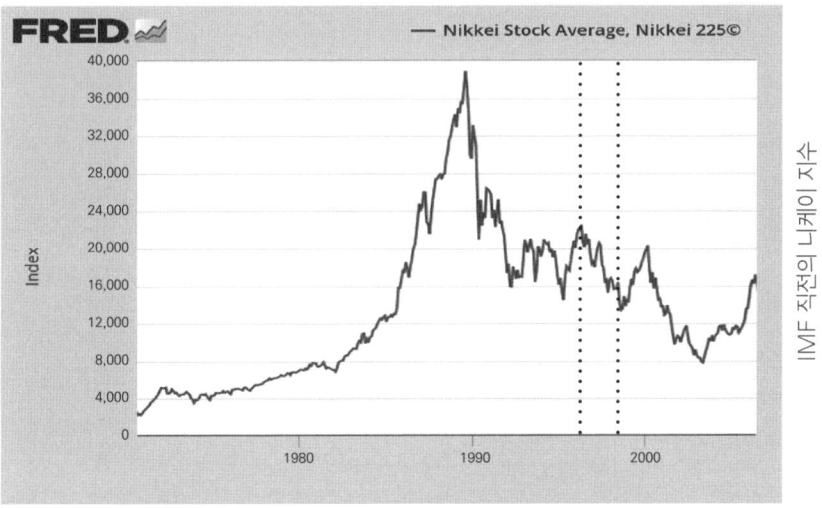

[그림16] 한국의 IMF 당시 일본의 엔·달러, 니케이 지수(1996.6~1998.6)

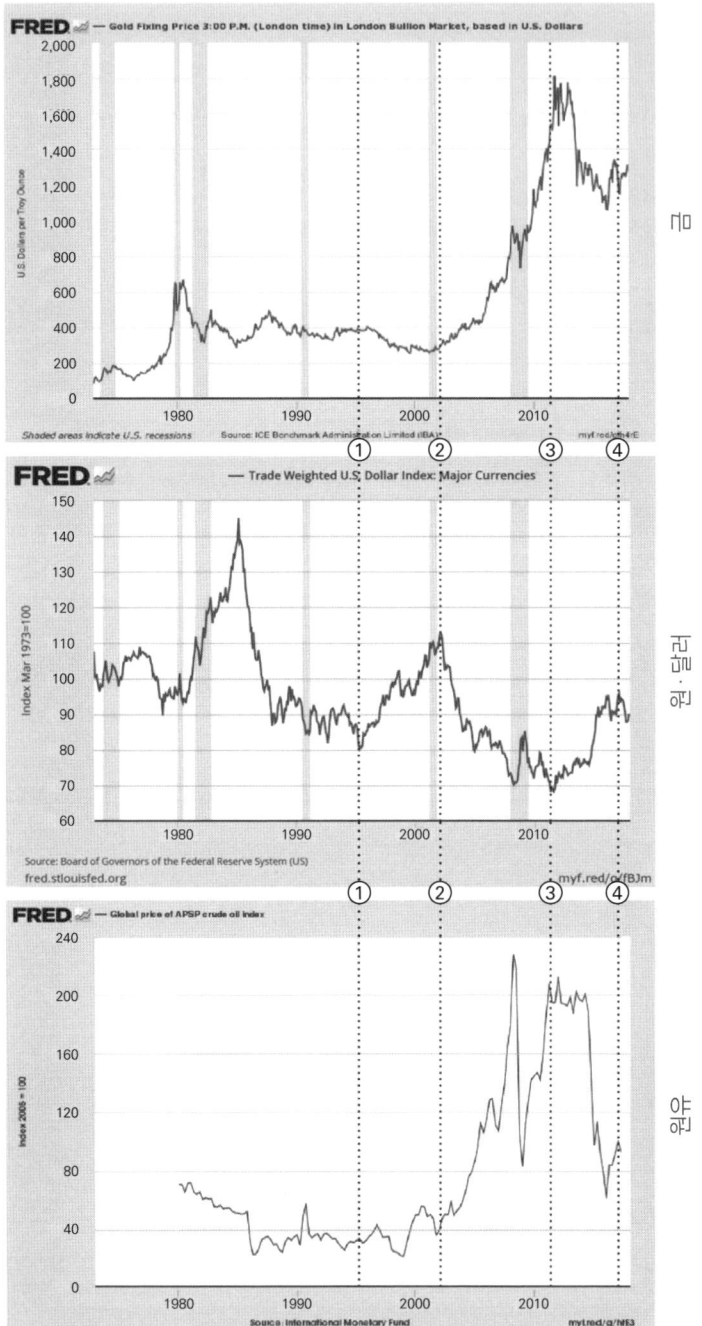

[그림17] 금, 원·달러, 원유 가격의 관계

이처럼 달러가격의 변동은 어느 나라, 어느 시대에나 해당국의 자산가격을 무차별적으로 반비례 관계로 변동시킴을 알 수 있다.

[그림14], [그림16], [그림17]은 달러가격의 변동이 주식, 부동산, 금, 원유 등 모든 자산시장에 무차별적으로 영향을 끼치는 또 다른 증거이다.

[그림17]의 ②, ③번을 주목해 보면 달러가 최고치일 때 금가격과 원유가격은 바닥이고, 금가격과 원유가격이 최고치가 되면 달러가격은 바닥세임을 알 수 있다.

약 50년간의 통계치를 그래프화 한 것이므로 100% 가까이 신뢰할 수 있다. [그림18]은 1978년 중국이 개혁 개방이 조금 지난 무렵부터 그 전후의 한·중·일의 대 달러환율의 같은 연도의 환율 등락 비교 그래프다. 수직점선을 따라 같은 연도의 3국의 환율 변동을 보자.

일본 엔화와 위안화의 드라마틱한 환율 변동추세의 차이를 보라! 일본의 엔화는 강세를 지속하고 있고 위안화는 초약세를 지속한다. 이런 상황에서 일본의 수출가격 경쟁력은 중국에 비해 추풍낙엽이 될 것은 너무나 뻔하지 않은가?

1978년의 중국의 개혁·개방이후 위안화 환율은 1981년 2월 28일 달러당(1.6179위안)이었다. 중국 위안화 환율은 [그림18]의 1981년 2월부터, 한국의 환율은 1981년 4월 ①번부터 FRED에서 확인할 수 있다.

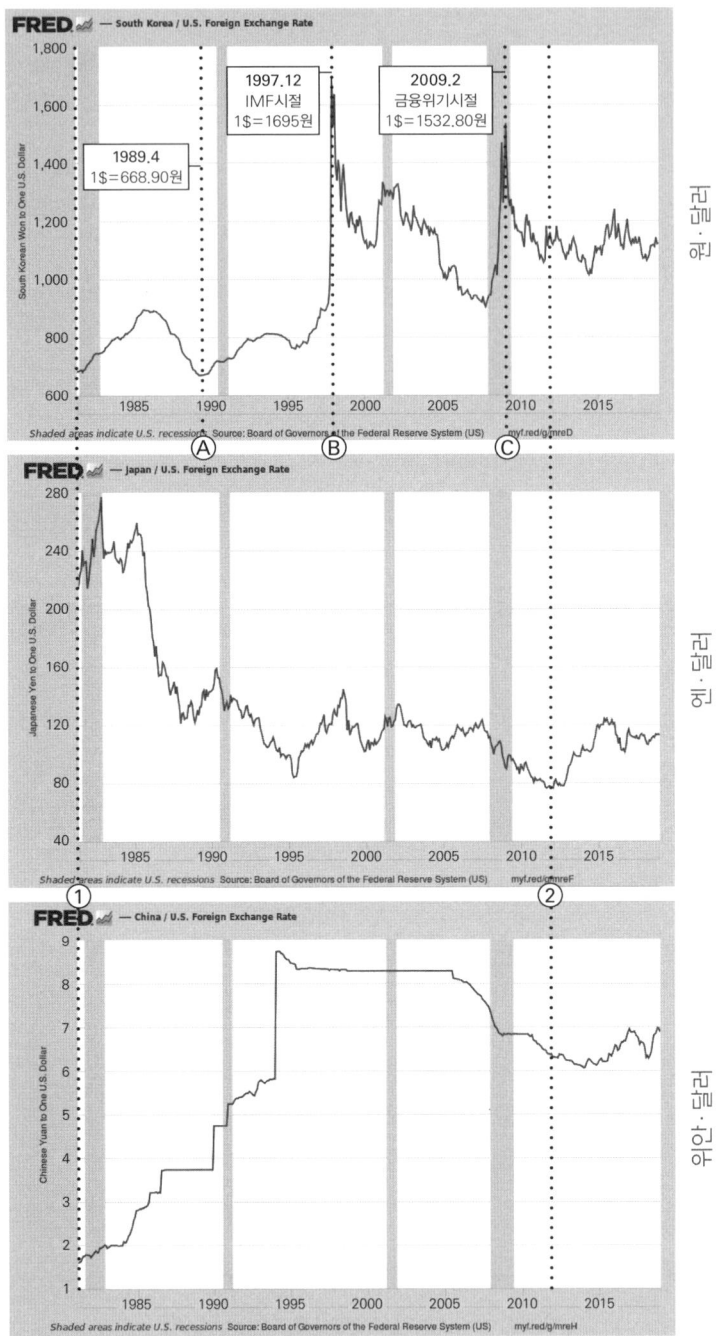

[그림18] 1978.12.18 중국 개혁개방 이후 원, 엔, 위안 환율(1981~2018)

따라서 같은 날짜의 환율을 동시에 비교 가능한 1981년 4월부터 일본의 엔화가 최저치 76.34엔을 기록한 2012년 1월 ②번까지 한·중·일의 3개국 환율을 [그림18]에서 비교해 보면 세 개 국가 수출품들의 가격경쟁력 변화를 비교해 볼 수 있다.

세 개 국가의 수출품은 중복되는 것이 많다.

그리고 세 개 국가의 수출품 가격경쟁력을 구체적인 데이터를 이용하여 아래의 표로 간단히 비교해 볼 수 있다. [그림18]의 수직 점선 ①과 ②는 같은 일의 한·중·일의 대미달러 환율을 나타낸다.

	1981.1.30 환율	2012.1.31 환율	변동률
중국	1.6882	6.3080	373.6% 상승
일본	215.78	76.34	282.7% 하락
한국	678.90	1125.70	165.8% 상승

[표4] 한·중·일의 (1981~2012년) 환율변동 비교

중국으로서는 같은 제품을 미국에 파는 경우에 환율차이로 약 3.7배를 더 비싸게 판 것이고, 우리나라는 약 1.65배 비싸게 판 것이다. 반면에 일본은 약 2.8배를 더 싸게 받은 셈이다. 같은 물건을 수출하는 것인데 어느 나라가 더 이득을 본 것인가는 불문가지다.

해외투자 성공의 기본 조건은 해외투자 자산의 상승과 달러가격의 꾸준한 상승이 전제되어야 하는 것을 안다면 지금의 무분별한 해외투자는 향후

지속되는 원화강세로 일본인들처럼 대실패로 끝날 것이다.

참고로 우리나라는 아직도 IMF 사태 이전의 환율을 회복하지도 못한 것도 알아 두자! [그림18]의 맨 위의 수직점선 Ⓐ를 보면 IMF 전 1989년 4월의 원화 환율이 불과 668.90원이었음에 주목하여야 한다.

앞으로 한국 내의 원화 강세는 앞의 챕터들에서 설명한 이유들로 [그림21]의 일본의 지속된 엔화 강세처럼 롱텀 디플레이션과 만성적인 불황형 흑자 등으로 지속될 것으로 판단된다. 장기적인 달러가격은 760~860원으로 예측한다.

일본처럼 롱텀 디플레이션(Long Term Deflation)이 진행되는 경우에는 환율과 자산과의 관계가 기존의 다이아몬드 달러투자법의 결과와는 완전히 다르다는 사실 또한 분명히 알아 둬야 한다.

지금 해외로 나가는 한국인의 해외투자 자금 역시 지속적인 원화강세로 일본처럼 유령달러(Ghost Dollar)가 될 것은 확실하다.

롱텀 디플레이션하에서는 환율과 국내 자산 간의 관계가 평소의 다이아몬드 달러투자법의 반비례 결과와 달리 동조화 현상을 보이므로 해외투자에 나서면 절대 안 된다는 것도 다음 챕터에서 자세히 설명한다.

2 환율의 마법(b)

10년이면 강산이 변한다는 말이 있듯이 통상적인 경기는 보통 호경기 5년, 불경기 5년 정도로 변동된다. 반드시는 아니지만 개략적으로 세계경기는 이 기간 정도로 경기가 순환변동을 겪어왔다.

지구상 처음으로 롱텀 디플레이션(Long Term Deflation)을 겪고 있는 일본의 니케이 지수와 주택지수와 엔화의 변동 추이와는 [그림19]에서 입증한 것처럼 환율과 반비례 관계를 보이지 않는다.

우선 엔화 추이와 일본의 니케이 지수, 그리고 주택지수와의 관계를 장기 그래프를 [그림19]의 그래프를 확인해 보라.

누구도 정확히 알 수는 없지만 [그림12]의 니케이 지수 장기 그래프를 보면 1995년 6월경 즉 [그림12]의 수직점선 ④ 정도가 일반적인 숏텀 디플레에 따른 경기변동(Business Cycle) 시의 주가조정으로 판단된다. 여기가 버블붕괴 후의 니케이225 지수의 대바닥으로 보인다.

엔·달러, 니케이 지수, 일본 주택지수의 변동 관계를 일목요연하게 비교할 수 있는 연도는 [그림19]의 2009~2019년까지의 11년간의 롱텀 그래프이다. 2009년 이전의 엔화 추이와 같은 기간의 주택지수 및 니케이 지수 그래프는 BIS(국제결제은행)에서 제공되지 않아 분석할 수 없는 것이 너무 아쉽다.

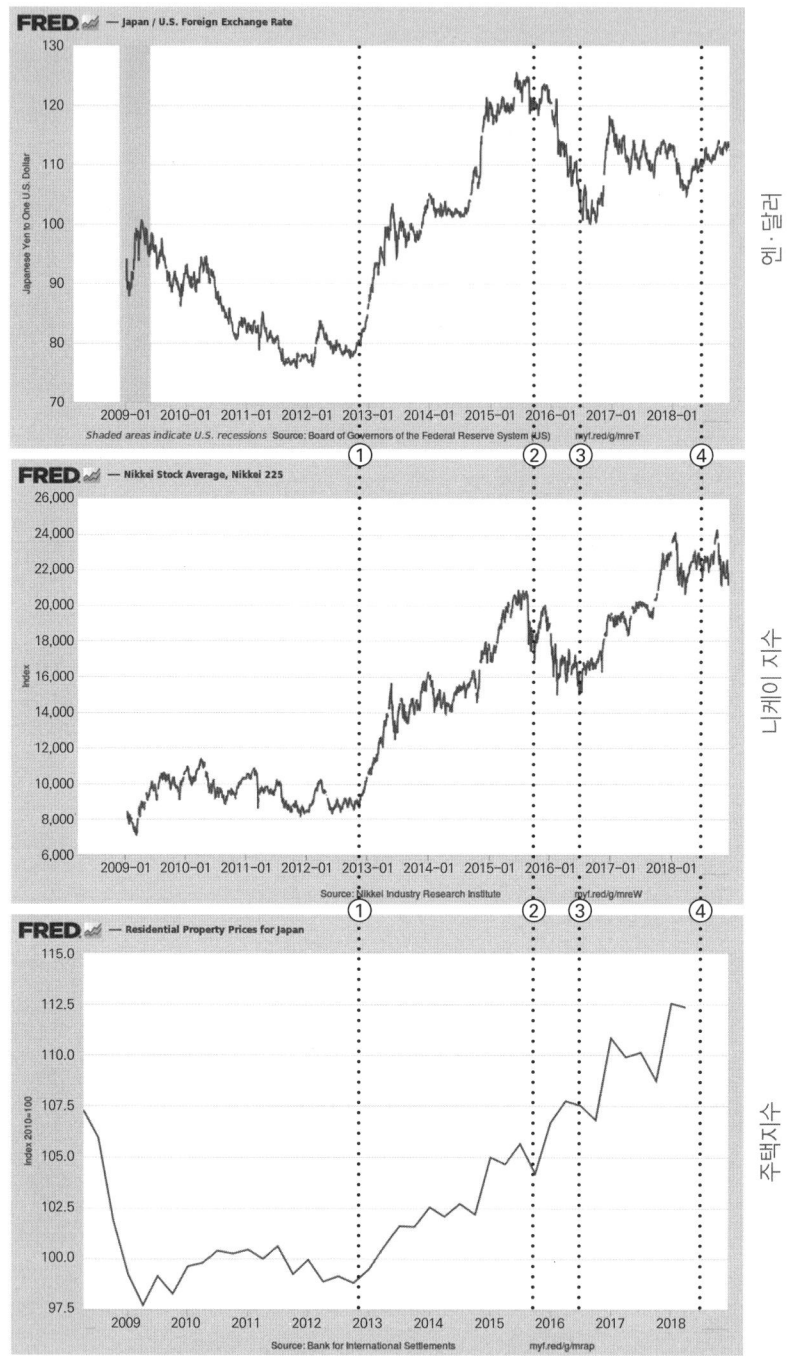

[그림19] 11년간 롱텀 디플레(2009~2019) 중 엔, 니케이 지수, 주택지수

하지만 그 이후의 즉 2009~2019년의 엔화 가격과 주택지수·니케이 지수의 관계는 [그림19]를 통해서 간략히 비교할 수 있다.

이 3지수의 그래프를 보면 본격적인 롱텀 디플레이션이 진행되는 경우에는 3자의 관계는 기존의 모든 관계, 즉 저자가 주창한 다이아몬드 달러투자법에서 증명한 반비례 관계를 무너뜨리고 있다.

[그림20] 롱텀 디플레(2009~2019) 중 엔, 니케이 지수, 주택지수의 싱크로율

[그림20]은 2009~2019(11년간) 위의 3지수의 싱크로율을 보기위해 엔·달러/니케이/주택지수를 한 그래프 안에서 비교해 본 싱크로율 그래프이다.

[그림12]의 Ⓓ 이후 혹은 [그림19]의 수직점선 ② 이후의 같은 월의 엔·달러 시세와 니케이 지수, 일본의 주택지수를 약 11년간 비교해서 보기 바란다.

[그림19]의 수직점선 ①과 ③, ④는 엔화가치와 니케이 지수, 주택지수의 관계를 단순히 비교해 보기 위한 것이다. 3자산의 관계 즉 3그래프의 모양이 흡사해 보임을 알 수 있다.

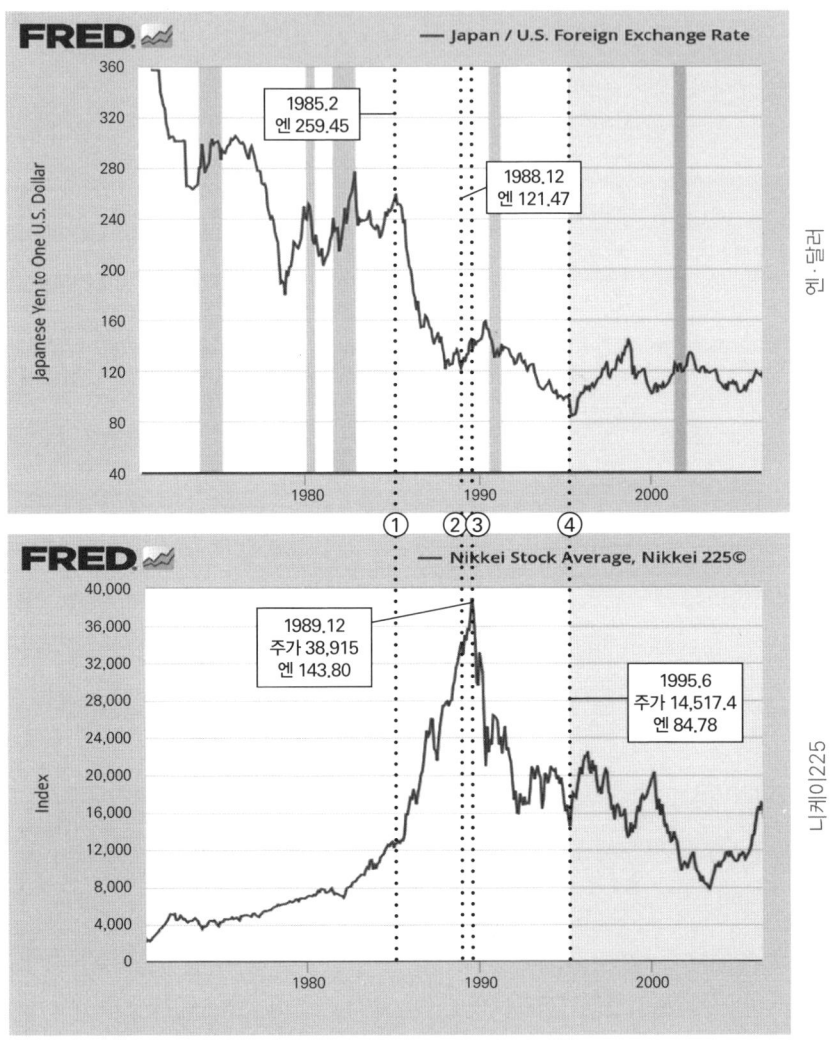

[그림21] 초장기(48년간) 엔·달러, 니케이225 지수

[그림21]을 통해서는 48년간의 엔화환율과 니케이 지수의 변화를 볼 수 있다.

우선 수직점선 ③은 1989년 12월 니케이 지수가 일본 역사상 최고지수인 38,915.87을 나타내고, 같은 1989년 12월의 엔화 환율은 143.80을 보여 주는 수직점선이다.

이후 곧 대세하락을 시작한 니케이225 주가는 1995년 6월 말 14,517.4까지 급락하였다. 엔화환율은 1989년 12월 말 143.80을 기록한 후 1995년 6월 말 84.78엔을 기록하였다.

같은 기간에 니케이 지수는 62.7% 급락하였고, 엔화가치는 59% 급등하였음을 그래프로 확인할 수 있다.

(1) [그림14]는 우리나라의 IMF 및 금융위기 시의 원·달러, 코스피지수, 주택지수를 같은 날짜로 비교한 그래프이다. 점선 ①과 ② 구간에서는 달러가 급락하고 코스피 지수는 급등하고 주택지수는 급락함을 보여 주고 있다. ⑤와 ③ 구간은 2008년 금융위기 발생으로 달러가 급등하고 뒤이어 코스피지수와 주택지수가 급락함을 보여 주고 있다.

(2) [그림16]은 한국의 IMF 당시 일본의 엔·달러, 니케이 지수의 관계를 살펴본 그래프인데 두 점선 구간을 살펴보면 달러가격이 급등하고 니케이 지수가 급락함을 볼 수 있다.

(3) 다음 챕터의 [그림22], [그림23], [그림24]로 환율조작국으로 지정된 한국 대만 일본의 달러가격의 급락과 각국 주가지수의 급등 관계를 볼수 있다.

위의 네 가지 사실들은 저자가 주창한 달러와 자산 간의 반비례 관계가 뚜렷하다. 즉 위의 네 곳은 중요한 팩트들이다. 즉 저자가 주창한 다이아몬드 달러투자법이 옳음을 증명해 주는 증거들이다.

(4) 영국의 브렉시트로 영국 내의 부동산·아파트 주가의 움직임도 [그림1]을 통해서 획인 가능하다. 이로써 다이아몬드 달러투자법은 어느 시대 어느 나라에서도 그대로 적용되는 일반이론임을 확인할 수 있다.

또 하나, 수직점선 [그림21]의 ①선과 [그림33]의 A점과 ①선을 보면 1985년 2월 말 262.80엔을 기록한 엔가격은 1988년 12월 말에는 B점인 121.47엔을 기록하여 엔화가격이 53.8% 급등함에 따라 니케이 주가는 1985년 2월 말 11,960.60에서 거의 45도 각도로 상승을 지속하여, 1989년 말에는 최고치를 기록하게 된다.

이 두 수직점선은 현지통화가 강세를 보이면 역시 그 나라의 주식이나 아파트는 초강세로 돌아섬을 입증해 주는 증거이다. 이 또한 다이아몬드 달러투자법을 증명하는 또 다른 증거도 된다.

[그림21]의 수직점선 ②는 1988년 12월 121.47엔을 기록한 엔화가격이다. 같은 상황을 [그림33]으로도 확인가능하다. [그림33]의 ②선과 ③

사이 구간을 살펴보면 다이아몬드 달러투자법과 반대로 움직이는 니케이 지수의 급등세와 엔·달러가격의 급등세를 확인할 수 있다. 이 시점 이후에는 다이아몬드 달러투자법이 제대로 작동하지 않는다. 즉 1988년 12월이 바로 롱텀 디플레 경제로 본격적으로 진입한 시기로 추정할 수 있는 강력한 증거가 된다.

대세하락기에는 대체로 2~5년간 지루한 조정을 거치고 다시 호경기로 진입하는 것이 일반적이다. 즉 숏텀 디플레 과정인 일반적인 경기조정 기간을 2~5년 정도 거치고 경기가 호전되기 시작하는 것이 일반적이다.

롱텀 디플레가 아니라 통상적인 경기 조정 시의 지수 대바닥으로 보이는 곳 즉, 숏텀 디플레에 따른 대바닥으로 추정되는 곳은 [그림21]의 ④선 1995년 6월의 니케이 지수 14517.4로 추정된다.

1971~2018년의 48년간 엔·달러와 니케이 지수, 일본주택지수를 동시에 비교한 [그림33]을 통해서 48년간의 3자의 관계를 다시 확인해 보자. 맨 위의 엔·달러 그래프상의 A점은 1985년 2월로 당시 엔·달러는 262.80엔이었고, B점은 1988년 12월이며 당시 엔·달러는 121.47엔이다.

이 기간 동안 엔화가치의 지속적인 상승과 이에 따른 니케이 지수의 지속적인 강세 현상을 볼수 있다. [그림33]을 보면 같은 기간 일본의 주택지수는 제공되지 않아 3자의 관계를 48년간 전부를 동시에 비교할 수는 없다. 하지만 다이아몬드 달러투자법에 따라 약 5개월의 시차를 두고, 엔·달러

가격의 대폭적인 하락으로 당연히 이에 비례하여 주택가격도 대폭 오를 수밖에 없었을 것이다.

우리는 [그림6]을 통해 1990년 전후의 일본 상업지와 주택지의 토지가격의 급등현상과 급락현상을 확인할 수 있다.

2008년 금융위기 발발 직후인 [그림33]의 D점은 2010년을 100으로 본 주택지수인데, 2009년 7월의 일본 주택지수는 97.71을 나타내어 일본 대붕괴 이후 최저 시세를 보여 준다. 그 후 그래프상으로는 주택지수가 급등한 것처럼 보이지만 최고지수에 비하면 2018년 중순까지 바닥에서 겨우 12.5% 오른 것에 불과함을 [그림7]을 통해 개략적으로 확인할 수 있다.

한편 가운데 그림의 2009년 2월 니케이 지수는 주택지수보다 5개월 먼저 최저점인 7,518을 기록했음을 알수 있다. 우리나라는 7개월의 시차가 있고 일본은 5개월의 시차가 있다. 즉 이는 주가지수가 주택지수에 비하여 한국과 일본 공히 먼저 오르고 내리는 증거이다.

위의 팩트들이 바로 다이아몬드 달러투자법에 따라서 주식이나 부동산 등에 투자하고 철수해야 한다는 증거임을 다시 강조한다. 참고로 본 저서의 모든 수직 점선의 아래, 위를 따라가면서 보면 같은 날짜의 데이터들의 변화를 볼 수 있는 유의미한 점선들임을 첨언한다.

[그림20]의 싱크로율 그래프는 2009년 이후의 엔·달러, 니케이 지수, 주택지수 3자의 싱크로율을 보여 준다. 그리고 [그림21]의 수직점선 ② 이후 즉 1988년 12월 이후부터는 엔·달러와 니케이 지수, 주택지수는 보

통의 일반적인 경기하강기인 숏텀 디플레처럼 서로 반대가 아니라 오히려 동조화 현상을 보여 주고 있다.

달러가 급등하고 주가도 급등했다. 이때는 마지막 투기적 장세로 이성이 지배하는 구간이 아니어서인 것 같다. 그 후 한 차례 1996년 8월~1998년 6월 사이에 일본이 IMF위기 사태에 직면했을 때 정상적인 관계가 나타난다. 롱텀 디플레이션 때문에 이처럼 비정상적인 상황이 생겨나는 것이다.

결론적으로 기존 다이아몬드 달러투자법 이론으로 보면 엔화가 강세로 돌아서면 일본 국내 자산 가격은 당연히 비례관계로 올라야 한다.
하지만 오히려 내림세를 시현하고 있는 것은 바로 롱텀 디플레이션이 진행 중이라는 뜻이 된다. 즉 이때부터 일본은 장기 디플레이션으로 진입한 것으로 보인다.

환율도 내리고 자산 가격도 내리므로 이중으로 가격이 내리는 셈이 되는 것이다. 이 한 줄이 천금 같은 내용이므로 본 저서의 독자들은 [그림12], [그림19], [그림21], [그림33]을 통해서 1988년 12월 이후 일본의 니케이 지수와 엔화환율의 정비례 관계를 꼭 기억하기 바란다.

즉, 롱텀 디플레이션(Long Term Deflation) 시에는 숏텀 디플레이션(Short Term Deflation)과 달리 환율의 움직임과 자산이 흡사한 움직임을 보인다는 점이다. 즉 엔화의 움직임과 궤를 같이하는 경향을 보였다는 점이다.
2012년 12월 16일 자민당 재집권 이후부터는 일본도 양적 완화 조치로 무한정 돈을 풀어대고 있다. 향후 방향은 더욱더 추론하기 힘들다.

그러나 롱텀 디플레이션 경제에서의 3자의 관계는 인플레이션이나 숏텀 디플레 때의 반비례 관계가 아니라 정비례 관계라는 점이다.

이러한 추세는 롱텀 디플레이션 국가에서의 투자지침이 될 뿐 아니라, 어느 나라가 롱텀 디플레이션 상황인가 혹은 탈출했느냐의 여부를 판단하는 기준으로 활용될 수 있다.

또 한 가지, 롱텀 디플레이션이 진행된다면 재산 보전법의 완벽한 기법으로 소개했던 달러이분법(dollar dichotomy theory)과 다이아몬드 달러 투자법이 그 기능을 발휘하지 못함을 간접 증명하는 것이 된다.

반면에 다이아몬드 달러교체투자법이 정상적으로 작동되는 대표적인 그림은 [그림14]와 [그림16]그리고 [그림17]이다.

이 두가지 사실들을 동시에 감안해서 보면 아베노믹스로 그렇게 많은 돈을 시중에 퍼붓고도 엔.달러.환율이 아직도 110 엔 언저리에 머무는 것을 봐도,[그림12]와 [그림20] 및 [그림21]과 [그림33]을 봐도 일본의 롱텀 디플레는 아직 치유되지 않았음을 간단히 알 수 있다.

1988.12월에 시작된 롱텀 디플레가 아직도 진행중인 것은 일본의 비극이다. 1988.2월부터는 저자가 주창한 다이아몬드 달러교체투자법이 거꾸로 작동되고 있음은 이미 설명한 바 있다.

즉 롱텀디플레시에는 달러와 여타 자산간의 교차관계가 반대로 작용되어 역(逆) 다이아몬드 달러교체투자법이 적용된다는 뜻이다. 한 마디로 롱텀 디플레 시에는 즉 1988년 12월부터는 숏텀 디플레이션 시의 다이아몬드 달러투자법과는 반대로 니케이지수와 주택지수도 급락하고 달러도 급락한다.

1-2년 후 급등했던 국내의 달러의 움직임도 주가와 아파트의 움직임도 일본처럼 이렇게 움직일 것으로 보인다.

따라서 롱텀 디플레이션이 진행 중에 투자할 때에는 역(逆)다이아몬드 달러투자법으로 적용 시키고 투자해야 한다.즉 기존의 다이아몬드 달러투자법을 믿고 따르면 안된다는 점이다.

일본은 2020 도쿄 올림픽(7.24~8.9) 때 까지는 어떻게든 현재의 경기를 지켜내려 할 것이지만.그 후 늘어난 통화량은 부메랑이 되어 일본을 뒤덮을 것으로 보인다.

[그림33]은 1971~2018년까지 약 48년간의 엔화와 니케이225 지수의 변동을 연도별로 맞춰 놓았기에 3자의 관계를 한눈에 볼 수 있다. 수직점선을 따라가면 같은 해 같은 날짜의 엔화가치와 니케이 지수를 볼 수 있다.

특히 1988년 12월 이후의 변동을 주목하기 바란다. 롱텀(Long Term Deflation) 디플레이션 경제하에서의 엔화와 니케이225 지수의 변동을 꼭 기억해 둬야 한다.

3 환율조작국 지정 시의 재테크

미국 재무부는 1988년부터 세계 각국의 환율 개입 여부를 조사하고, 매년 4월과 10월 두 차례 환율보고서를 발표한다.
만약, 어느 나라가 환율조작국으로 지정되면…
이는 해당국 돈의 가치가 급등함을 의미한다.

따라서 저자의 저서들을 읽은 독자는 환율조작국으로 지정되면 그 나라에서는 주식, 아파트 등 자산시장에 완벽한 대박 기회가 왔음을 눈치 채야 한다.

환율조작국 지정 후속 조치로는 우선, 해외민간투자공사(OPIC)를 통한 자금 지원이 금지된다. 둘째, 미국 정부 조달시장 참여 금지. 셋째, IMF를 통한 감시 강화 요청. 넷째, 미국 무역대표부를 통한 무역협정 협상에서의 압력 등의 조치가 내려진다. 즉 제재로 인한 직접 타격도 문제이지만, 그 과정에서 해당국 통화가치가 상승하면 수출을 비롯해 경제 전반에 어려움이 커질 가능성이 높다.

환율조작국 전 단계가 심층분석 대상국이고 그 전 단계가 관찰대상국이다. 한국과 함께 독일, 일본, 중국, 대만이 관찰대상국이다. 한국은 2016년 4월 이후 5회 연속 심층분석 대상국 아래 단계인 관찰대상국으로 분류되어 있다.

심층분석 대상국으로 지정된다면 그 후에도 1년 동안 해당국과 협의를 거쳐 개선되지 않으면 환율조작국으로 보고 제재를 가한다.

즉 관찰대상국(1단계) → 심층분석대상국 1년간(2단계) → 환율조작국(3단계)의 순서를 밟는다. 투자자들은 2단계부터 환율의 변동을 이용한 투자에 나서면 빅머니(Big Money)를 벌어들이게 된다.

그러려면 미리 이론적으로 무장하고 환율이 오를 때의 자산시장의 움직임과 환율이 내릴 때의 주식, 부동산, 아파트 등 자산시장의 움직임을 공부해 두지 않으면 구경만을 하게 됨은 당연하다고 하겠다.

미국 재무부의 환율조작국 지정기준은 대미 무역 흑자 200억 달러 초과, 국내총생산(GDP) 대비 경상수지 흑자 3% 초과, GDP 대비 외환시장 순매수 2% 초과 등 세 가지 요건을 모두 충족해야 한다. 우리는 외환시장 개입을 제외한 두 가지가 해당돼 미국 재무부의 모니터링 대상인 관찰대상국이 됐다.

미국이 중국만을 환율조작국으로 지정해도 반사이익보다는 경제적인 측면에서는 부정적 영향이 더 크다. 환율조작국으로 지정된 중국이 위안화 절상 압력을 받을 경우 대미 수출에 타격을 받게 되고, 중국 경제 의존도가 높은 한국 원화도 동반절상 압력이 높아질 것으로 예측되기 때문이다.

그러나 생각만큼 국제수지에는 단기간에 큰 영향을 끼치지는 않음을 아래의 그래프들로 확인할 수 있다. 더구나 한국의 제품들은 이제는 가격경쟁력보다는 품질경쟁력이 앞서 있기 때문에 1988년 환율조작국 지정 당시와 별 차이가 없을 것이다. 또한 일본의 플라자합의 이후의 상황과 비교해 보면 중장기적인 경기변동이 더 중요한 요소임도 알 수 있다.

그 당시 한국과 대만 일본의 수출입액과 국제수지 변동과 환율변동 그래프이다.
차례대로 한국과 대만, 일본의 환율과 수출입 변동을 각국별로 한 그래프에 각각 나타낸 그래프인데 이를 보는 방법은 왼쪽 수직선(Y축)의 맨 위 그래프는 각기 한국. 대만, 일본의 환율을 나타내는 것이다. [그림22], [그림23] 그리고 [그림24]에 표기한대로 환율이 급락했어도 수출액은 견조했음을 한국, 대만, 일본의 그래프로 확인 할 수 있다.

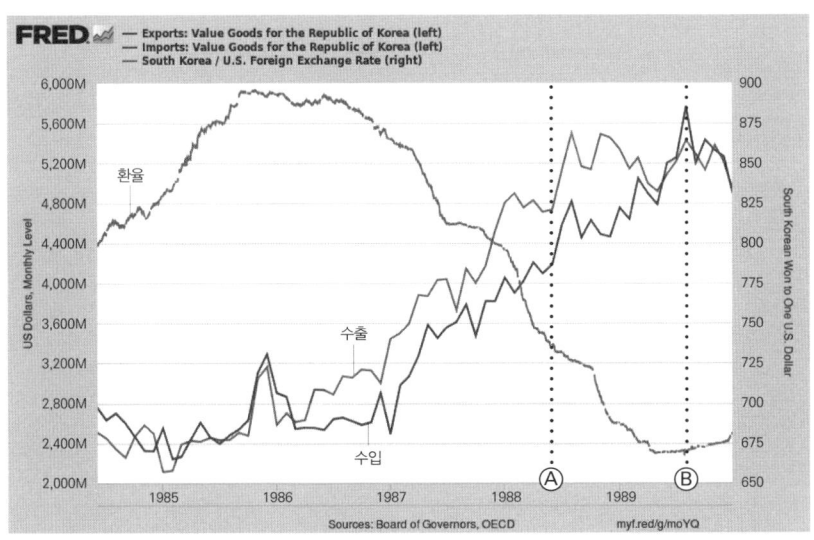

[그림22] 한국 수출, 수입 그래프

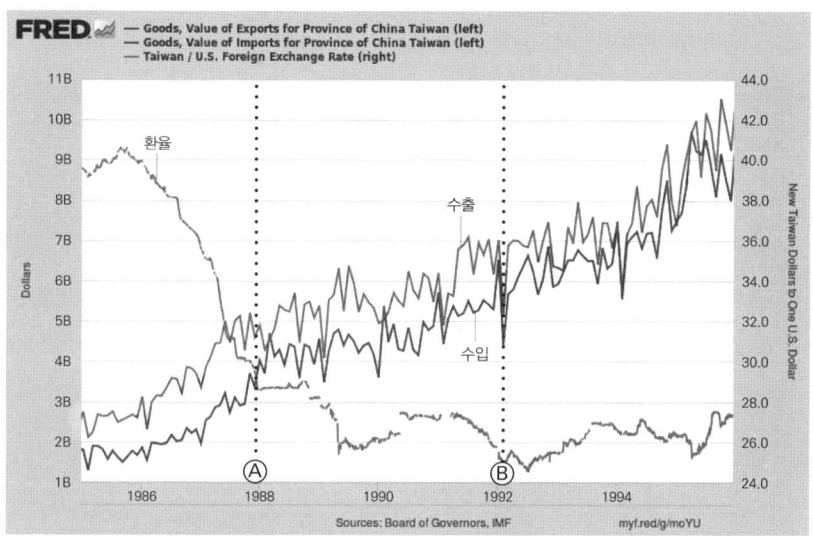

[그림23] 대만 수출, 수입 그래프

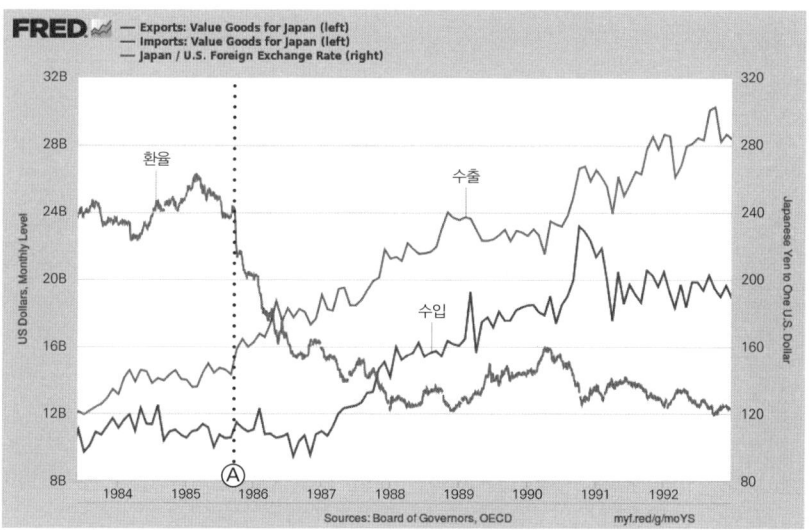

[그림24] 일본 수출, 수입 그래프

3개국 모두 환율은 급등했지만 수출과 수입은 기존의 추세를 지속하였으며 수출액이 대폭적으로 줄어들었다든가 수입액이 눈에 띄게 늘었다는 결과는 없음을 알 수 있다. 즉 생각보다 큰 차이가 없었음을 3개국의 그래프를 통해서 확인할 수 있다.

1985년 9월 22일 레이거노믹스 시절 미국의 뉴욕 플라자 호텔에서 프랑스, 독일, 일본, 미국, 영국으로 구성된 G5의 재무장관들이 일본과 독일의 대 달러화 환율 강제조정에 합의했다.

그 결과는 현재의 환율조작국 지정과 같다. 미국 입장에서는 이제 이런 합의 절차가 필요 없으니 훨씬 더 간편해진 것이다.

한편 1988년 한국(1988년 4월~1989년 10월까지)과 대만(1988년~1992년 12월까지) 그리고 중국(1992년, 1994년)이 환율조작국으로 지정되었던 적이 있다.

우리나라는 '복수통화바스켓PEG' 방식을 '시장평균환율제도'로 1990년에 변경하면서 환율조작국에서 벗어났다. 한국, 대만, 일본의 환율조작국 지정 전후의 대미달러 환율을 좀 더 자세히 살펴보자.

환율조작국 지정 여파로 지정 직전인 1987년과 이후 1989년을 비교하면 달러 대비 원화가치가 직전의 최고점 대비 약 24%, 대만은 36% 상승했고, 일본은 50% 이상 절상되었다.

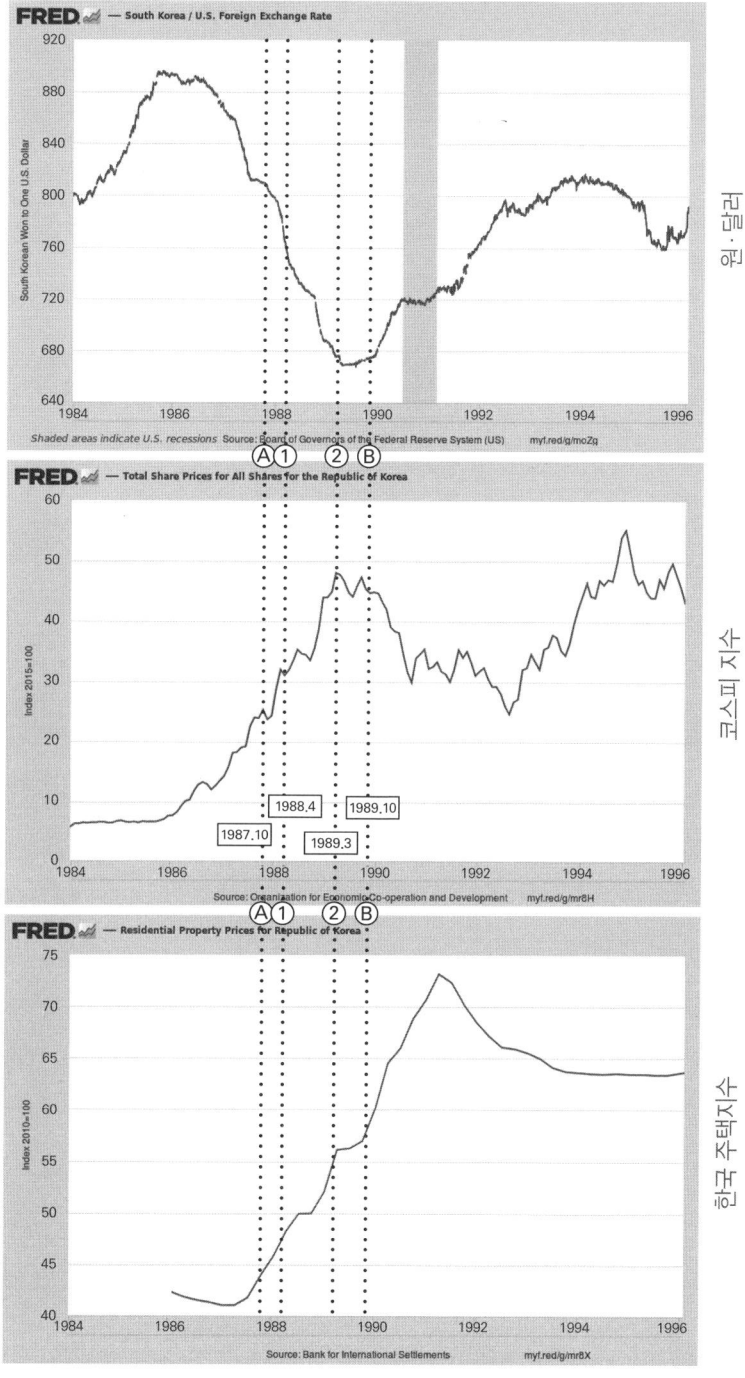

[그림25] 1984~1996년 원·달러, 코스피, 주택지수 비교

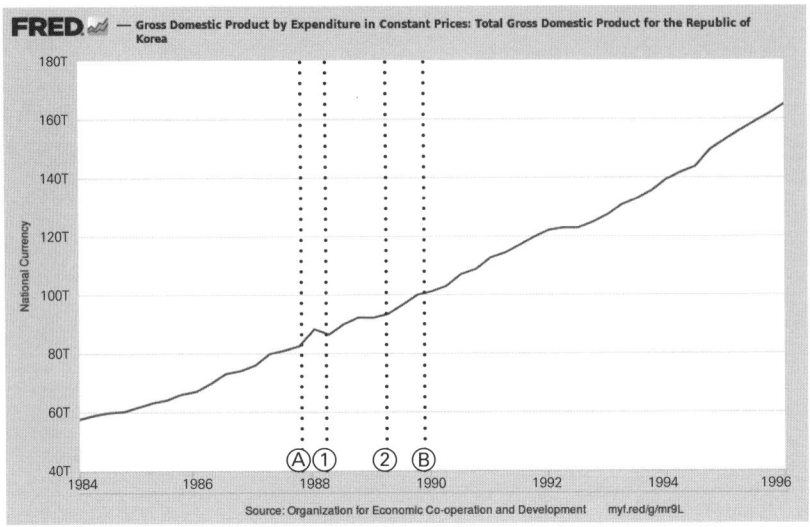

[그림26] 1984~1996년 한국 GDP

이 챕터의 사례들도 저자가 최초로 확립한 다이아몬드 달러투자법이 구현되는 증거들이다. 그러나, 당시에 한국의 성장은 타격을 받아, 실질GDP 성장률은 1987년과 1989년의 2년 사이 5.4% 포인트나 감소했다.

[그림27]을 통해서 1985년 9월 22일 플라자 합의 이후의 일본의 환율과 니케이 지수의 변동 추세를 살펴볼 수 있다. 수직 점선은 같은 날짜의 엔화환율과 니케이 지수를 나타내고 이후의 그래프들도 같은 날짜의 환율과 니케이 지수를 나타낸다.

플라자 합의란 오늘 날의 환율조작국 지정과 그 효과가 같다고 보면 된다. 일본의 플라자 합의, 한국과 대만의 환율조작국 지정은 각국의 주식, 부동산 등 자산의 대폭등을 가져왔음을 그래프로 확인할 수 있다.

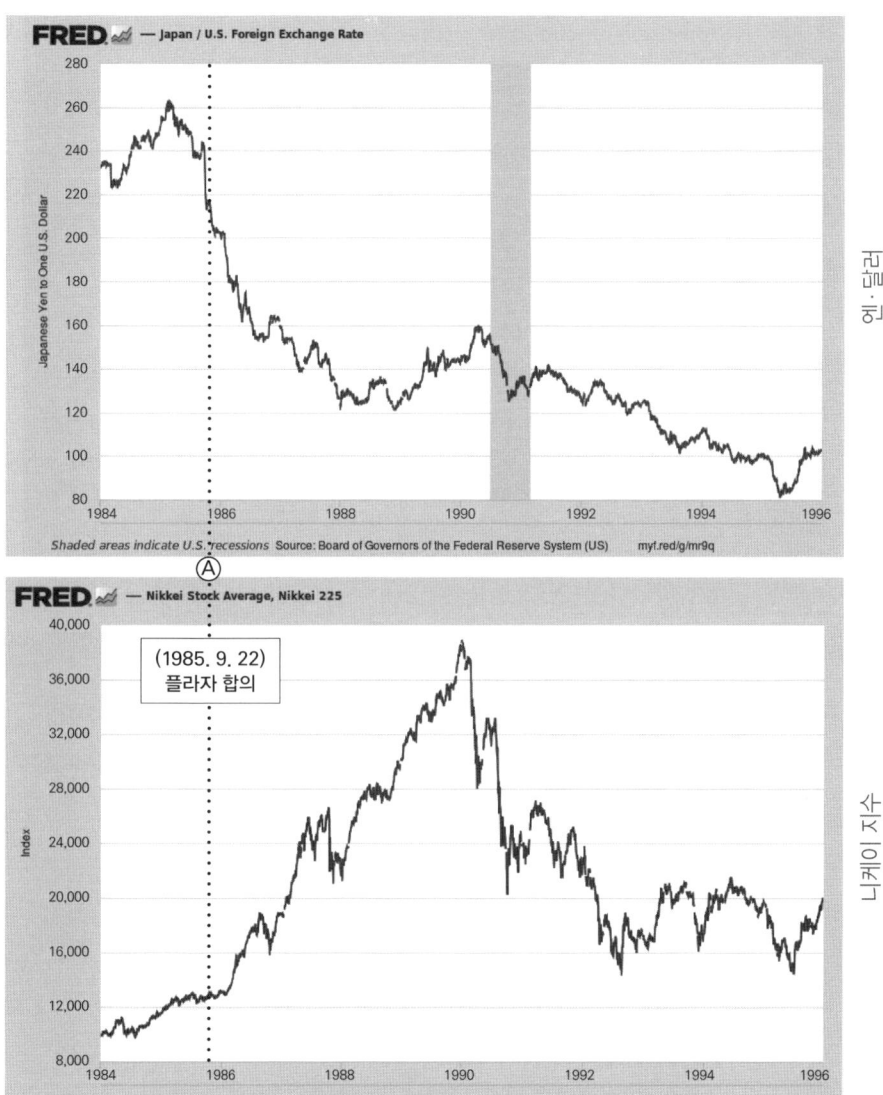

[그림27] 1984~1996년 엔·달러, 니케이 지수, 일본 주택지수 n/a

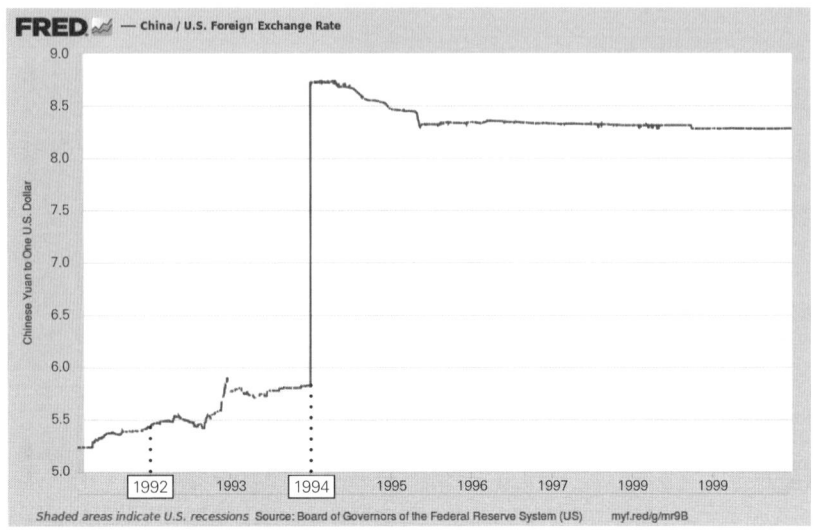

[그림28] 1992~1997년 중국 위안·달러, 주가ⁿ/a, 주택지수ⁿ/a

[그림18]과 [그림28]은 개혁 개방후의 중국 위안화의 대달러 환율 그래프이다. 중국은 1978년 개혁·개방 후 1993년까지 이중환율제도 → 1994년 관리변동 환율제도 → 고정환율제도 → 2005년 복수통화 바스켓 관리변동 환율제도 → 2008년 고정환율제도 → 복수통화 바스켓 관리변동 환율제도를 다시 채택하였다.

유로, 엔, 홍콩달러, 원화 등 11개 통화를 바스켓으로 묶은 뒤 이들 통화의 환율변동을 가중평균 방식으로 반영하는 관리변동 환율제도로 다시 변경했지만 11개 통화의 종류나 비중은 밝혀진 게 없다.

이들 환율조작국으로 지정되었던 3개국은 환율 급락을 가져왔고 중국은 환율조작국 지정의 결과가 다르게 환율 급등으로 나타났음을 알 수 있다.

[그림28]의 앞쪽 수직점선은 중국이 환율조작국으로 지정된 1992년의 위안화 환율을, 뒷쪽 수직점선은 중국이 환율조작국 지정에서 해제된 연도의 대달러 환율을 나타내는 그래프이다.

1992년 1월 중국의 위안화 환율은 5.4686위안이었고, 1994년 1월의 환율은 8.7217위안이었다. 159.5%의 위안화 환율폭등이었다. 이 당시 중국은 고정환율제도를 채택하고 있던 시절이었다. 그 결과가 다른 나라들과 다르게 나타난 이유는 자료의 부족으로 확실히 알 수 없어 앞으로의 연구대상이기도 하다.

이 중국 위안화의 그래프와 [그림30]의 베트남의 동·달러 그래프 및 [그림31]의 인도 루피/달러 그래프의 대 달러환율도 자세히 살펴 두면 이들 두 나라의 앞으로의 환율을 짐작할 수 있을 것이다.

1978년의 중국의 개혁·개방 이후 위안화 환율은 1981년 2월 28일 달러당(1.6179위안)에서 → 1994년 1월 31일(8.7217위안)으로 539%나 폭등하였다. 2019년 1월 말에는 1달러당 6.7위안대이다. 1981년 이전의 위안화 환율 그래프는 구할 길이 없어 살펴보지 못함을 아쉽게 생각한다.

이렇게 위안화 환율이 폭등했으므로 다이아몬드 달러투자법에 따라서 중국 내 부동산과 주식은 폭락에 폭락을 거듭했어야 옳다. 그러나 주지하다시피 중국의 부동산과 주식시장은 개방 이후에 거꾸로 폭등에 폭등을 거듭하였다.

왜 그랬을까?

다이아몬드 달러투자법은 잘못된 이론인 것일까?

아니라고 본다. 아주 특수한 경우에 해당하는 예외로 추정한다. 사회주의 경제였던 중국은 계획경제 체제로 시장의 가격기능이 정상적으로 작동되지 않았기 때문으로 본다.

즉 시장에서 자유롭게 물건의 가격이 정해지는 것이 아니라 정부에서 정해주는 가격으로 거래된다. 즉 이렇게 다이아몬드 달러투자법이 정상 작동되지 않은 이유는 사회주의 시장경제 체제 도입 이후에야 비로소 중국에서도 가격기능이 생겨나기 시작했기 때문이다. 즉 개혁·개방 후 일정한 기간은 중국 내의 모든 물건은 정상적인 시장 가격이 아니었기 때문으로 본다.

아무튼 환율 덕에 중국은 세계의 공장이 되어 전 세계는 인플레 없는 호황을 몇십 년간 맞이하였다. 이렇게 고환율 덕에 중국은 개혁 개방 40년 만에 즉 단기간에 급성장해 정상궤도에 올라서 오늘 날 G2로 불린다.

하지만 아직도 자유세계는 중국은 완전한 시장경제 체제가 아니라고 중국과 무역전쟁을 벌이고 있다. 우리 기업인들과 개인투자가들은 이런 관점에서 베트남이나 인도의 환율도 판단해 봐야 한다.

만약 북한이 개혁·개방된다면 마찬가지가 될 것은 뻔하다. 중국 등처럼 북한 환율은 급락하고 모든 물건은 적정가격을 찾아가는 과정이 필요한 것이고…, 이를 아는 짐 로저스는 북한에 투자하고 싶어서 안달하는 것이고…, 개방하는 정부는 국부유출을 막기 위해 일정기간은 외국인들의 자국 내 자산 투자를 제한해야만 하고….

일본의 주택지수는 2008부터, 중국의 주택지수는 2005부터, 중국의 주가지수는 1992년부터 제공되므로 비교 데이터로서는 값어치가 없다.

대만의 주택지수는 제공되지도 않는다. 따라서 Not Available(n/a)로 표기하였다. 제공되는 데이터가 부족하여 가능한 데이터들만 비교·그래프화하였음을 아쉽게 생각한다.

또 환율조작국 지정에 따른 해당 국가의 대미 달러 환율, 주가의 변동, 주택 가격의 변동, GDP 등의 변화는 큰 가치를 지녔지만 충분치 못한 자료로 한국을 제외하고는 제대로 분석치 못함을 아쉽게 생각한다.

중국의 환율제도는 개방 전의 국가에서 정하는 고정환율제도를 거쳐 현재는 복수통화바스켓 제도를 쓰고 있음은 우리나라의 제도에 비추어 시사하는 바가 크다는 점도 인지해야 한다.

주가는 지수상으로 대만은 환율조작국 지정 후부터 고점까지 400%가량 상승했고 중국은 270% 한국은 55%가량 상승했다. 일본은 170%가량 상승하였다.

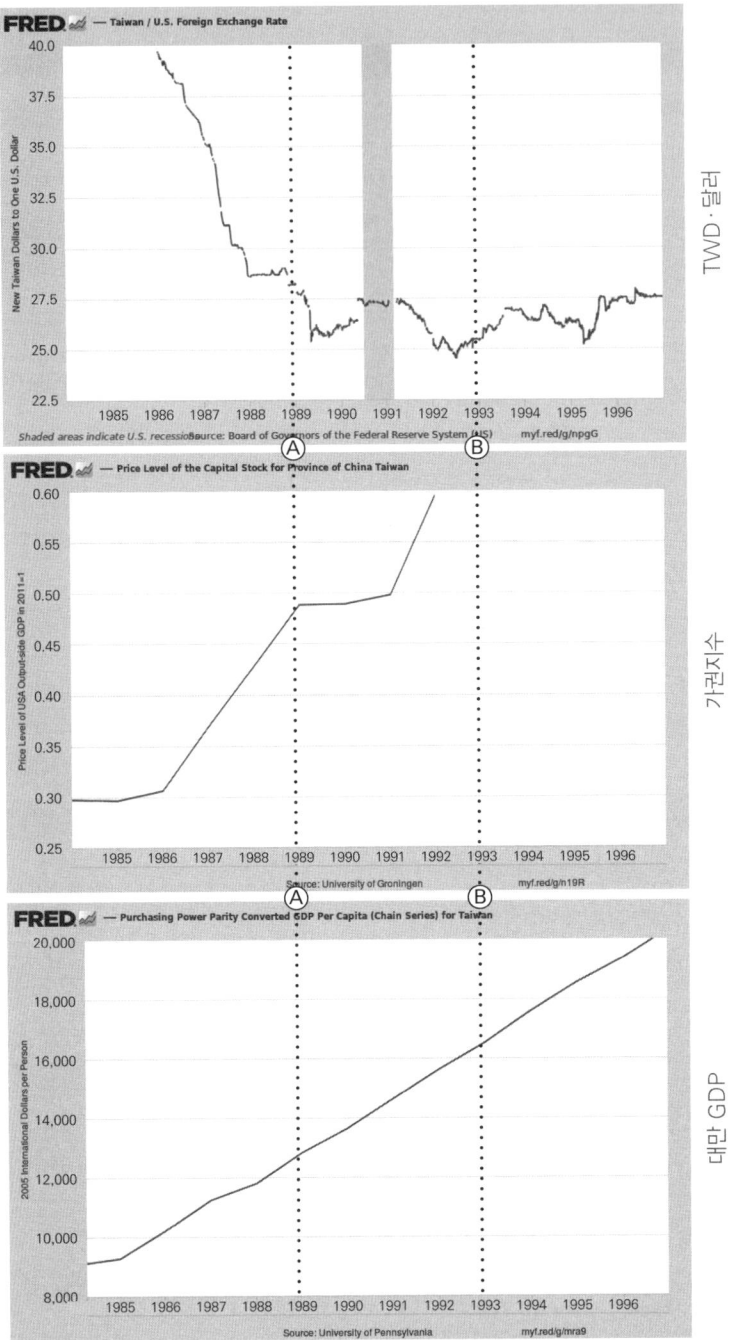

[그림29] 1984~1992년 TWD·달러, 가권지수, GDP, 주택지수 ⁿ/a

또한 주가지수는 폭등 후 폭락했는데 대만은 고점 대비 80% 한국은 고점 대비 50% 중국은 고점대비 80% 하락했지만… 일본은 고점인 1989년부터 2003년까지 무려 14년간 증시가 80%가량 하락했다.

이제 알아보아야 할 사항은 일본의 그 후 경상수지 변화다. 사실 1985년부터 5년간은 일본 역사에 길이 남을 세월이었다. 대기업에서 중소기업까지 그리고 모든 국민들이 경제번영의 꿈에 젖어 투기붐에 휩쓸렸던 때이다.

부동산 가격은 임대료보다 몇 배 더 빠른 속도로 상승했다. 어느 단계에 이르자 임대 수익으로 대출이자도 못 낼 수준으로 임대료는 폭락했다.

일본의 외환보유고, 경상수지 추이도 살펴보자.

먼저 외환보유고는 1980년(246억 달러) → 1987년(809.8억 달러) → 1988년(967.3억 달러) → 1989년(839.6억 달러) → 1990년(785억 달러) → 1991년(720.6억 달러) → 1992년(716.2억 달러) → 1993년(985.2억 달러)로 2000년에는 외환보유고가 무려 3,560억 달러나 되었다.

경상수지는 1987년(870억 달러) → 2008년(1,566억 달러)로 매년 대폭적인 흑자를 이어 갔다. 그 사이에 해외자산도 급증했음은 물론이다.

그러나 대만과 한국 모두 환율이 절상되고 환율 조작국 지정이 끝난 후 대만달러와 원화는 모두 약세를 나타냈다. 두 나라는 경기 침체가 찾아왔기 때문이다.

그림들을 통해 당시 원화 환율의 변동을 좀 더 자세히 들여다보면 1988년 1월 시세는 785.10원이었다. 그 후 1990년 1월 689.00원을 기록한 바 있다.

시장의 속성상 실제 환율조작국 지정일과 해제일 전후에 환율은 미리 움직이므로 이 수치들은 당시 환율의 최고치/최저치가 아님은 물론이다. 같은 기간 원화가 무려 14.7%, 116원이 올랐다.

이에 따라서 같은 기간 코스피 지수는 2015=100으로 본 인덱스지수를 보면 28.81에서 44.65로 55%나 급등했다. 당시 경제성장률은 급락했는데도 주가가 폭등한 이유는 바로 환율급락으로만 설명 가능한 것이다.

환율과 자산 가격의 변동은 이처럼 단기적으로는 비율에 맞춰 반비례 관계가 바로 적용되지 않지만 중장기적으로는 당연히 비율에 맞춰 반비례함은 저서 《일본인의 눈물: 자식들에게만 전해주는 달러 투자로 재산 4배 불리는 기법》 등에서 이미 수차례 그 이유와 결과를 증명한 바 있다.

한중일 등등 미국을 제외한 세계 어느 나라에서나 환율의 마법은 그대로 적용되므로 장기 환율의 방향을 예측한다면 Big Money를 버는 것은 당연하고 간단하다.

달러가 국제결재 통화이기만 하면 꼭 같은 현상은 영원히 미국을 제외한 어느 나라에서도 지속된다.

환율조작국 지정은 악재가 아니라 엄청난 호재임을 3개국의 그래프를 통해서 확인하였다. 주식, 아파트 ,월세시장 나아가 전세시장 등의 위기가 아닌 것을 위기로 잘못 판단하여 그에 따른 대응 투자를 하면 바로 바보 투자자가 되는 것이다.

따라서 우리는 평소 관련된 금융 지식을 습득하여 남들에게는 위기로 보이는 찬스를 큰 기회로 활용할 줄 알아야 한다. 저환율 정책과 고환율 정책에 따른 자산 시장의 반응도 차이, 환율의 급격한 변동과 완만한 변동이 자산시장에 어떻게 투영되는가는 저서의 곳곳에 스며들어 있으니 유의해서 보면 다 알 수 있다.

[그림22~24]의 한국, 대만, 일본의 사례처럼 환율 조작국 지정은 해당국의 자산 시장에 초대형 호재가 된다는 점을 잊지 말아야 한다.

2019년 8월 5일 중국은 또 다시 환율조작국으로 지정되었다. 환율전쟁의 승패는 뻔하지만, 향후 1~2년간은 중국은 물론 우라나라도 대시세가 날 것을 미루어 알수 있고. 중국이 환율조작국에서 벗어나는 때와 근거는 우리나라의 사례로 미루어 짐작할 수 있다.

[그림25]는 원/달러/코스피/주택지수에다 다시 같은 연도의 한국의 GDP를 비교해 볼 수 있는 소중한 그래프이다.
같은 날짜로 맞춰서 비교해서 한국 경제의 네 가지 지표를 동시에 비교 검토해 볼 수 있다.

4 북한이 개혁·개방한다면, 투자 순서는?

환율이 모든 것을 결정함은 환율의 마법(1)과 (2)를 통해서 설명하였다. 이에 덧붙여 '북한이 개혁·개방한다면'을 주제로 미리 예측을 해 보는 것도 의미 있는 것 같아 이를 생각해 보기로 한다.

먼저 중국 개방 후의 환율 변화 추이를 다시 한번 [그림15]를 통해서 살펴보고 1986년 12월 도이머이(Doi Moi; 쇄신)라는 이름으로 개혁개방을 실시한 베트남의 환율 변동 추이를 보면 북한의 개혁·개방정책을 예측하는 데 도움이 될 것이다. 그들의 중국식 모델을 채택하든 베트남식 모델을 채택하든 큰 차이는 없다.

트럼프의 대북 담판 내용으로 추론컨대 그들은 남북한의 통일은 전혀 고려하지 않는 것으로 읽힌다. 통일보다는 평화 협정을 통한 영구 평화가 정착된 후 반세기 쯤 지나야 희미한 빛이 비춰지지 않을까 싶다.

먼저 베트남의 달러 환율 추이를 보자.
참고로 1991년 경제 개혁정책을 도입한 인도도 사회주의 국가이며 최근 모디총리가 이끄는 인도의 경제 개혁 정책으로 급성장하고 있으므로 인도의 환율추이도 살펴두자.

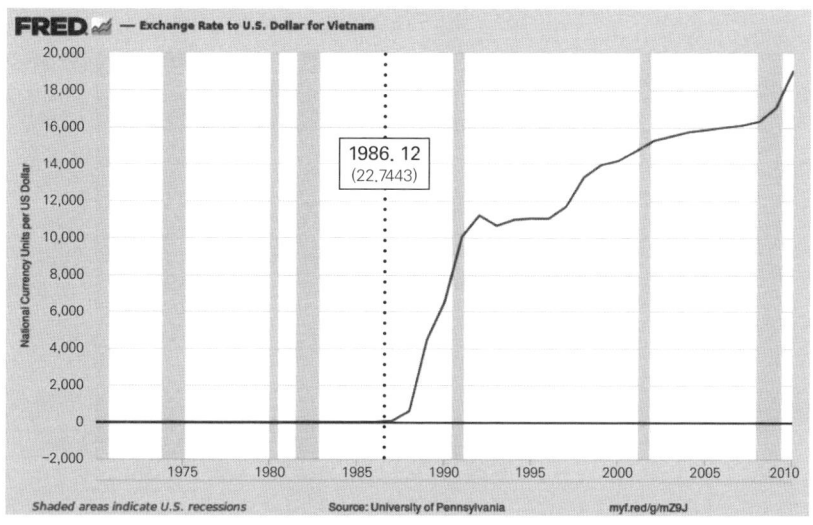

[그림30] 베트남 동·달러 환율 추이

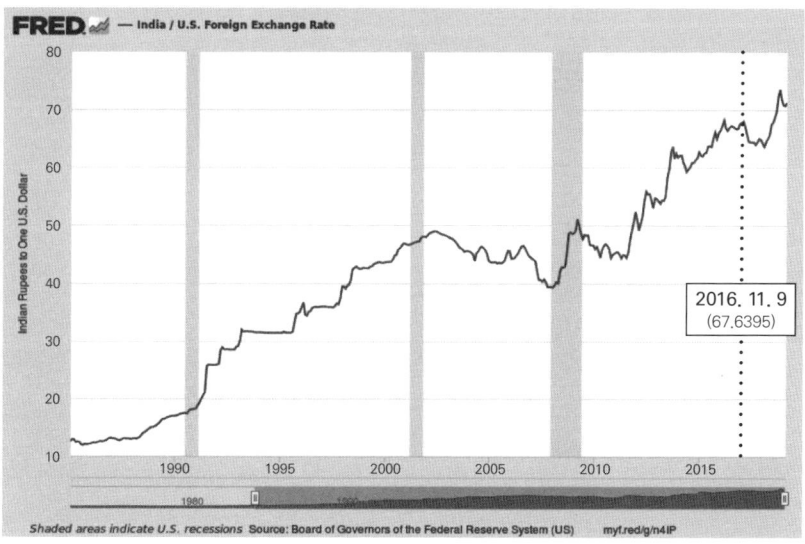

[그림31] 인도 루피의 달러 환율(2016.11.9 디노미네이션 단행)

베트남은 도이머이라는 1986년 개혁·개방 정책 이후 중국의 개혁개방 이후에 그랬듯이 역시 대 달러 환율은 천정부지로 올랐다. 사회주의 국가는 특히 대 달러환율을 국가의 자존심처럼 높게 통제한다.

그들은 흔히 환율은 국가의 자존심이라고 말한다. 사회주의 국가들은 계획경제여서 달러환율이 물가나 자산 가치에 별 영향을 주지 못하지만 그들이 개혁·개방하는 순간에는 대 달러 가치는 구제적인 시세에 맞추기 위해서 큰 변동을 초래하게 됨은 개혁개방 직후의 중국이나 베트남 환율변동으로 알 수 있다.

북한은 공식 환율이 없다.
그러니 그들이 개혁·개방한다면 과연 얼마쯤에서 대 달러 환율이 시작될지 가늠조차 할 수 없다. 그러나 한 가지 짐작되는 것은 사회주의 국가들은 개방 이전에는 달러와의 환율을 1:1로 하거나, 심지어는 자국 화폐 가치를 더 우위에 두기도 할 것이란 것이다. 즉 개혁·개방 초기에는 저자의 다이아몬드 달러투자법의 이론이 적용되지 않는 것이다.

적정 환율이 되기 이전에는 화폐가치의 지속적인 급락이 온다는 것이다. 이런 경우 저자가 주창한 다이아몬드 달러투자법에 따르면 달러 가격이 급등하고, 개혁·개방국의 화폐 가치가 급락하므로 해당국의 부동산이나 주가는 급락해야 맞지만 워낙 싼 가격에 거래되고 있으므로 오히려 일정 기간 급등한다.

이런 현상은 어떤 이론으로도 설명이 불가능하다. PIR을 기준해서도 맞지 않는다. 이제야 사회주의 시장 경제 체제를 도입하기 때문이다. 이런 사실을 아는 개혁·개방 국가들은 개방 초기 처음에는 외국인의 국내 투자를 허용하지도 않는다. 개혁·개방을 시작하는 사회주의 국가에의 초기 투자자들에게는 엄청난 이익이 주어질 것은 누구나 알고 있기에 투자자들은 항상 선행 투자를 원한다.

특히 미국의 짐 로저스는 전 재산을 북한에 투자하고 싶다고 공공연히 말하는 것을 몇 차례 기사를 통해 읽은 적이 있다. 우리는 베트남 개방 순서를 검토하면 북한의 개방 순서와 투자할 곳을 어렴풋이 짐작할 수 있을 것이다.

베트남 개방 노선의 설계자는 응우옌 쑤언 오아인 박사다. 베트남이 먼저 주목한 것은 3모작이 가능한 베트남의 쌀농사이다. 중국이 식량 문제를 그렇게 해결했듯이 베트남도 집단 농장 체제에서 농가 가구별로 경작하게 하고 일정량을 제외한 농산물을 자유롭게 처분할 수 있도록 한 것이다.

다음으로는 토지를 50년 동안(중국도 50년) 상속과 매매 연장도 가능하도록 함으로서 사유재산이나 마찬가지의 권리를 부여했다. 북한이 개혁·개방한다면 마찬가지의 제도를 도입하게 된다.

해외투자 시에는 원화환율이 지속적으로 약세일 때에 진출해야 한다. 우리나라의 환율은 1~2년 뒤의 자산시장의 대세하락 시에 한 차례 급등한 후에는 지속적인 강세가 예상된다.
즉, 일본인처럼 투자시기를 잘못 선택하면 유령달러(Ghost Dollar)가 양산된다는 점을 잊지 말아야 한다.

그 후 쌀 생산량은 폭발적으로 늘어나 베트남은 오늘날 전 세계 쌀 수출 3위국이다.

한때 우리나라의 노년층이 먹어 보았던 푸석푸석했던 즉 바람에 날린다는 안남미는 3모작을 하므로 생산원가는 상상 이상으로 쌀 수밖에 없었기에 세계 3위 수출국이 되었다.

그 후 국제수지 적자를 해소하기 위해 사회주의 나라가 개방 초기에 취하는 화폐 가치의 엄청난 평가 절하를 단행한다. 중국도 마찬가지였음은 주지의 사실을 [그림15]를 통해서 확인할 수 있다.

그 후 외자 도입을 원활히 하기 위해 외국인 투자법과 외국환관리법을 만들어야 한다. 외국인 투자를 끌어내려면 과실의 자유로운 해외 송금이 필수이기 때문이다.

그리고 개발자금의 원활한 조달을 위해서 보통 아시아개발은행(ADB)에 가입하여 기술 원조와 차관을 받아낸다. 한때 80%에 육박했던 베트남의 농업 비중은 20% 미만으로 축소되고 이제는 그 자리를 제조업과 서비스업이 차지하고 있다.

그 후 베트남은 ASEAN(동남아시아 국가연합)에 가입하면서 개발도상국들이 제공받는 공적자금(ODA)의 대상에도 포함됐다. 북한이 개혁개방을 한다면 베트남이나 중국의 사례와 크게 달라질 것은 없으므로 먼저 개혁·개방에 나선 사회주의 국가들의 환율 정책과 외환 정책은 꼭 알아둬야 한다.

여기에 덧붙여 결국에는 달러가 모든 것을 결정한다는 것을 유념하자! 즉 북한도 개혁 개방한다면 사회주의 시장 경제체제를 도입하는 것인데, 이는 자본주의 시장경제 체제와 약간은 다르지만 역시 시장의 논리, 가격의 논리대로 시장을 움직이는 것은 같다.

베트남 개혁개방 초기를 보면 대충의 투자방향을 가름할 수 있다. 베트남 개혁개방 초기에는 무역상사와 건설업체가 먼저 진출하였다. 다음으로는 개성 공단처럼 의류, 가방, 모자, 인형, 텐트, 신발 등의 봉제 임가공 기업들이 진출한다.

이후에는 중소기업들이 토지사용권을 획득한 후에 직접 공장을 짓고 경공업 제품을 생산하게 된다. 이에 따라서 식당과 유흥업종이 진출했다가 호텔, 사무실이나 아파트 등 중·대형 사업이 진출한다.

이후 베트남으로 은행, 증권회사 등 금융회사들과 IT업종·첨단산업이 진입했다. 북한도 베트남과 비슷한 수순을 밟을 것임은 뻔하다.

중국의 개혁·개방 40년 후에 1인당 GDP는 63배, 도시의 부동산은 약 15배 이상 올랐다. 부동산 가격의 급등에 따라 월세도 급등하였음은 물론이다. 중국. 베트남. 인도. 북한 등의 투자 결과는 대동소이할 수밖에 없다. 역시 선제투자가 중요한 것이다.

원칙적으로 북한의 모든 자산(부동산. 아파트, 주택 등)은 국가 소유이지만 등기부등본 등으로 확실히 입증되는 경우에는 개인 소유권을 인정한 통일 독일처럼 북한에도 소유권이 인정될 가능성이 크다.

제3부에서는 환율과 주식, 부동산, 금, 원유 등의 자산시장과 GDP와의 관계를 살펴보았다.
살펴본 대로 경제의 90% 이상이 환율이다. 특히 유의해야 할 것은 약 2~5년 이내인 통상적인 디플레이션 기간 동안에는 기존의 다이아몬드 달러투자법과 달러 이분법의 투자 원칙을 그대로 적용하면 된다는 점과,

롱텀 디플레이션으로 전환되는 순간부터는 저자가 주창한 위의 투자 이론의 적용을 배제하고 투자하여야 함을 설명하였다. 장기 디플레이션이 진행 중인 1988년 12월 이후의 지속적인 엔화 강세와 니케이 225지수를 주목하기 바란다.

결론적으로 엔화의 장기 환율예측에 실패한 일본의 해외 순 금융자산 3조 5천억 달러는 반입하는 경우 막대한 환차손으로 국내로 반입하지도 못하고 해외를 떠도는 유령달러가 되었고, 이로 인해 내수불황으로 일본인들은 부동산이나 주식 예금 등 모든 투자처를 잃었음 또한 수차례 설명한 바 있다.

한국도 일본의 잃어버린 20년을 넘어 잃어버린 30년을 고스란히 뒤이을 가능성이 너무나 큰 경제상황에 처했음도 앞에서 이미 설명한 바 있다.

지금 한국의 기관투자가나 증권회사들은 투자자들의 해외투자를 부추기고 있다. 기업의 직접 투자는 물론 개인들의 무차별적인 미국 주식에의 투자, 미국 배당주 투자, 부동산 리츠, 미국 ETF에 자금이 몰려들고 있다.

일본인들의 무분별한 부동산투자, 주식투자, 해외투자가 일본인의 눈물이 되었듯이, 뒤이어 월세투자, 갭투자, 해외투자에서 실패하게 될 한국인들의 투자는 이제 한국인의 눈물이 된다.

단연코 한국인은 지금 해외 투자를 해서는 안 된다.
해외투자는 달러가격의 꾸준한 상승이 전제되고 투자자산의 수익성이 담보되어야 할 수 있는 투자임을 명심하여야 한다.

월세투자도 갭투자도 롱텀 디플레이션의 본격화를 앞둔 시점에서는 바로 철수하는 것이 유리하고 새로이 부동산에 투자하는 것은 더욱이 아님을 지금까지 지속적으로 설명해 왔다.

그러나 투자자들은 수익을 위해서 투자를 지속하여야 한다. 롱텀 디플레이션이 진행되어도 월세투자보다도 안전하며 수익성이 높은 투자방법을 다음 제4부에서 소개한다.

이러한 투자수단 외에는 디플레시절에 유효한 투자방법은 없다. 단지 인버스 종합주가지수 ETF나 달러가격의 급변동을 이용한 달러 관련 ETF만 존재할 뿐이다.

제4부

제4부

월급쟁이와 가난뱅이가 부자되는 방법

지금까지 살펴본 바와 같이 일본인들처럼 한국인들도 곧 본격화될 롱텀 디플레이션 시에는 월세투자를 통해서도 갭투자를 통해서도 해외 주식투자로도 해외 배당주 투자로도 국내 주식투자로도 이익을 보기는커녕 큰 폭의 손실이 날 것임을 [그림33]을 통해서 동시에 다시 간단히 확인해 보자.

선진국이 되면 재산이 금융자산으로 신속히 이동하는 것은 맞지만 주식투자도 롱텀 디플레이션 기간에는 80% 정도가 폭락함을 제4부 [챕터1]의 일본의 니케이225 지수를 보면 간단히 알 수 있다.

그럼 장기디플레이션 시절에는 재테크를 하지 않고 그냥 디플레가 끝날 때까지 기다려야만 할까? 그럼 이제 돈을 불려갈 방법도 없는 것인가? 그럼 가난은 대물림되고 월급쟁이와 가난뱅이들은 영원히 가난해야만 하는가?

아니다. 롱텀 디플레 시절은 지식으로 무장된 월급쟁이와 가난뱅이에게는 오히려 절호의 찬스가 된다. 지금까지 상속이나 증여에 의한 단순한 부자들의 부를 재테크 지식으로 무장된 월급쟁이와 가난뱅이들이 반 값 이하로 넘겨받을 절호의 기회가 된다.

인구구조상 일본이 30년 걸쳐 경험한 롱텀 디플레를 한국은 12년이면 도달할 가능성이 너무나 많다고 제4부 [챕터4]에서 자세히 설명한다. 월급쟁이나 가난뱅이가 부자가 되는 방법은 주식이나 부동산 투자에 성공해야 한다. 그러나 장기 디플레 시절에는 이 방법들은 재산을 오히려 급속히 감소시킴을 지금까지 계속 강조해 왔다.

시중에는 갭투자로 2년에 60억을 벌었다. 100억을 벌었다고 떠드는 책과 사람들도 있다. 월세 1천만 원으로 경제적 자유를 얻었다는 사람도 있다. 그렇다면 60억 자산을 가진 자의 빚은 70억이 아닐까?를 생각해 본 적이 있어야 하고 1천만 원 월세 수익자의 매월 은행 이자는 850만 원이 아닐까를 생각할 수 있어야 한다. 세상에 이런 일은 있을 수 없음을 살아 보면 안다.

이런 과대 광고는 대개의 경우 거짓으로 들통나 훗날 사회적 물의를 일으키지만 이런 것은 사기죄나 과대광고에도 걸리지 않는 게 현행 대한민국 법 체계다.

그동안 인플레 경제가 2차 대전 후 약 70년간 지속되었기에 부동산을 사서 오래 버티기만 하면 부자가 되는 이 방법은 항상 옳았다. 그리고 은행에서 돈을 빌리고 전세자금을 이용하여 갭투자한 장기 투자자들은 거의 전부 투자에 성공했다.

현재 우리나라 전체 건물 중 567만 동(5층 이상 건물 17만 호)을 개인들이 보유한다. 전체 빌딩의 79.5%가 개인소유다. 법인소유는 6.3%에 불과하고, 국·공유 건물은 2.7%이다.

이 개인 건물 소유주들은 거의 다 개발경제 시절부터 단순히 토지를 장기간 보유함으로써 재산을 늘려 새로이 건물을 신축했거나 부동산 투자·투기로 돈을 모은 것으로 추정된다.

아니라면 노력 없이 상속 등으로 재산을 넘겨받은 것으로 추정된다. 건물 소유주의 과거 직업을 살펴보면 좋은 직업을 가졌던 봉급생활자는 거의 없기 때문이고 임대소득을 제외한 고소득 사업가도 많지 않기 때문이다.

그러나 단순부자들은 이제는 초장기 디플레이션 진입으로 경제의 패러다임이 변했음을 알지 못할 가능성이 더 많다.

월급쟁이나 가난뱅이가 부자가 되는 방법은 제일 먼저 저자가 주창한 Big Money Big Cycle 이론에 맞춰서 투자해야 한다는 것이다. Big Money Big Cycle 이론을 알면 부동산으로 성공하기 위해서는 부동산과 주식을 동시에 이해해야 하는 이유도 저절로 알 수 있다.

시중의 재테크 책들은 수백 종류이지만 사실 몇 권을 제외하고는 그 내용이 그 내용일 수밖에 없다.
인간의 욕심은 역사 이래로 항상 같고, 그 욕심을 다룬 책이 바로 재테크 책이기에 내용이 크게 다를 이유가 없는 것이다.

단지 새로이 분석해서 이론화하고 체계화한 책만이 새로 익혀야 할 재테크 내용임을 단언한다. 저자의 저서들을 제외한 거의 모든 재테크 책들은 미국인의 책을 단순히 번역했거나 그들의 시각과 방법을 준용하여 저술한 책들뿐이어서 재테크 기법의 1/4씩만을 소개한 책인 셈이다.

즉 달러와의 교체투자 과정을 설명치 못하였고, 주식 → 부동산 → 달러 → 국채로 교체투자해야 하는 재테크 기법의 네 부문 중 1/4씩만 설명한 책이 된다.

본 저서에서는 디플레 시절에도 꾸준히 돈을 늘려갈 방법들 중에서 남의 재산이 반토막 이하로 떨어지는 때에도 3~4배 이상으로 재산가치를 높여주고 매년 현금이 들어오는 상품들을 [챕터5]에서 차례로 소개한다.

이렇게 돈을 불린 이후에는 롱텀 디플레이션으로 재산가격이 지금 시세의 20~30%로 떨어진 자본가나 부자들의 재산들을 주워 담으면 되는 것이다. 이는 미리 지식으로 무장되어 있지 않으면 도달할 수 없는 월급쟁이와 가난뱅이에게 주어진 천재일우의 부의 길이다.

기회가 오고 있다!
지식으로 무장된 월급쟁이와 가난뱅이에게 일생일대의 큰 기회가 오고 있음을 직감적으로 느껴야 한다. 단순한 부자들의 부를 거저 넘겨받을 기회가 오고 있다.
노동자에서 자본가로, 빈자에서 부자로 새로이 탄생할 기회가 오고 있다.

더 늦어질 가능성이 많지만 2032년쯤 다시 시작되는 인플레 경제 초입에 달러교체 투자로 약 10~20배 이상으로 불어난 자금을 투입할 기회를 갖게 된다. 즉 현재 시세의 20~30%에 나뒹구는 부동산이나 주식에 투자하는 타임을 맞게 된다. 2032년쯤 롱텀 디플레 시대에서 다시 인플레 경제로 실제로 전환된 시점은 [그림12]등을 참조하여 다이아몬드 달러투자법이 다시 제대로 작동되느냐 여부로 검증할 수 있다.

이번에 투자에 성공하는 월급쟁이나 가난뱅이는 그 후 또다시 70년 이상 지속될 인플레 경제 시절을 보내면서 예전에 그랬던 것처럼 시간이 가면 갈수록 부는 축척되어 현재의 부자와 위치가 완전히 뒤바뀌게 되는 것이다.

즉 이번의 롱텀(Long Term) 디플레는 지식으로 무장된 월급쟁이와 가난뱅이의 운명이 바뀔 절대절명의 타임임을 잊지 말아야 한다.
숏텀 디플레시 즉 통상적인 대세하락 시에는 다이아몬드형 달러투자법의 달러교체투자 기법으로 재산을 기본적으로 네 배 이상으로 불릴 수 있다. 이는 《일본인의 눈물: 자식들에게만 전해주는 달러 투자로 재산 4배 불리는 기법》 책으로 설명하였다.

한편 롱텀 디플레시 즉 디플레가 5년 이상 지속되는 경우에는 달러교체투자 기법과 남들의 실물자산 폭락을 이용하여 기본적으로 10배 이상으로 재산을 불려갈 수 있음을 본 저서의 제4부 [챕터5]에서 확인하기 바란다.

이 기회를 잘 활용한 투자자는 노동자에서 자본가로 신분이 수직상승한다. 무려 70년 만에 한 번 오는 기회다. 우선 재산을 늘리기에 가장 중요한 저자의 독창적인 달러와 다른 자산 간의 교체투자 기법인 Big Money Big Cycle 이론부터 살펴보자.

1 Big Money Big Cycle 이론에 맞춰 교체투자하라

일반인들의 생각과는 달리 주식과 부동산은 불가분의 관계를 갖는다는 것이 입증된 바 있음은 저자의 다른 저서에서 수차례 자세히 설명하였다. 양대 자산은 통계에 따르면 오르는 순서와 내리는 순서까지도 정해져 있다.

간략히 요약하면,
한국의 무역 흑자가 시현되기 시작한 지 1년 후부터 혹은 미국의 경기가 호전된 후 6개월~1년 후부터 한국의 주식시장이 상승을 시작한다. 한국의 무역흑자로부터 1년 7개월 후부터는 부동산 특히 아파트가 먼저 상승을 시도한다.

대세 상승을 시작하면 보통 주식과 아파트는 3~4년간 상승을 지속한다. 항상 주식시장이 양대 자산 중 먼저 상승을 선도하며 아파트 등 부동산은 항상 후행한다. 이것이 32년간의 통계로 입증된 한국의 대세 상승 패턴이다.

저자는 2017년 5월을 주식시장의 대세 상승 시발점으로 본다. 이에 따라 한국에서의 부의 대이동 즉 주식의 대폭락은 2020년 5월쯤에 시작되고, 부동산의 대폭락은 2020년 12월에 시작될 것으로 보인다.

늦으면 2021년에 시작된다. 경기 순환상 한국의 새로운 불경기와 롱텀 디플레이션은 2020년 연말 혹은 2021년 연말쯤에 본격 시작될 것으로 보인다.

보통 불경기의 끝에는 금리가 제일 낮으므로 큰 돈들은 국채에 투자하고 있게 된다. 그러나 기나긴 불경기 끝에 경기가 좋아지기 시작하면 돈들은 이제 움직임을 시작한다.

보험회사, 투자신탁, 연기금들의 채권 투자자금이 가장 클 것이고 우리가 잘 아는 미국의 채권왕이라는 사람들의 자금도 먼저 움직인다. 호경기로 금리가 오르면 국채값은 폭락을 시작하기 때문이다. 거대한 자금의 움직임이기에 이를 Great Rotation이라고 부른다.

그러나 자금의 순환 과정에서 돈이 빠져나가는 것이 아니라 언젠가 금리가 다시 내리기 시작하면 다시 국채 등으로 재순환하기에 이런 현상을 로테이션(rotation) 즉 교대라는 의미의 로테이션이라는 단어를 쓴다.

이 자금들의 순환 기회를 놓치면 돈의 이동 경로와 순서를 놓친 것, 즉 적절한 투자자산의 종류와 투자시기를 놓친 것이 된다.

그러나 앞으로는 기존의 그레이트 로테이션 과정과 달리 단기간에 재산을 4배로 불려주는 달러로의 교체투자 과정을 반드시 거쳐야 한다.

그동안 투자자들은 경기순환에 따라서 주식 → 아파트 → 국채 → 주식의 순서로 투자금을 순환시키면서 투자하는 것이 이익을 극대화하는 방법이었다.

하지만, 기존의 그레이트 로테이션 이론에는 달러와 자산 간의 교체투자 과정이 없다. 이제부터는 주식 → 아파트 → 달러 → 국채 → 주식 순서대로의 달러 교체투자 과정이 꼭 필요하다.

왜냐하면 주식이나 아파트가 내리면 달러가 급등하기 때문이다. 이 반비례 관계는 공식과 같음을 저자의 졸저 《일본인의 눈물》에서 이미 증명한 바와 같다.

달러와의 교체투자 과정이 포함된 저자의 주장을 반영한 자금순환 투자 이론을 그레이트 로테이션 이론과 구분하기 위해서, 간단히 Big Money Big Cycle 이론이라고 명명하고 이야기를 전개한다.

미국에 거주하지 않는 투자자들, 즉 미국의 달러를 일상의 화폐로 쓰지 않는 모든 투자자들은 항상 이 Big Money Big Cycle 이론에 맞춰서 투자해야만 투자이익을 최대로 끌어올릴 수 있다. 미국을 제외한 어느 나라나 어느 시대에나 같다.

만약, 2017년 5월의 경기순환 시작 연도 예측이 어긋난 것이 된다면 무역흑자 시작부터 1년 후의 상승기 3~4년과 대세 하락기 연도를 순차적으로 맞게 조정해서 적용하면 된다.

물론 다음의 경기순환 과정에서도 이 기간들을 그대로 적용하면 된다. 32년간의 통계치에 따른 것이므로 이 패턴의 적중률은 거의 100%에 가까울 것이다.

핵심 경제활동 인구의 정점부터 시작하는 한국의 롱텀 디플레는 이미 2013년에 시작되었고, 2008년 금융위기 이후 각국의 양적 완화정책으로 그 영향을 받아 우리나라도 일시적인 인플레 비슷한 과정을 거치고 있는 것으로 보인다.

현재 약간의 물가 오름세를 전후부터 시작된 인플레 경제의 지속으로 사람들이 오해하는 경우도 많은 것으로 알지만 이는 잘못된 판단으로 보인다. 이미 한국은 디플레이션에 돌입한 지 7년차로 본다.

[그림32] 한국의 주택지수

반면 새로운 인플레 경제는 2032년 혹은 2033년에 시작될 것으로 예측된다. 먼저 FRED에서 제공한 일본과 한국의 주택지수를 비교해 보자. 일본의 주택지수는 [그림5]을 참조 바란다.

2차 대전 후 70년 만에 처음 찾아오는 이번의 롱텀 디플레이션으로 인한 급락장을 비껴가지 못하면 부의 대 이동이 일어난다.

그동안 한국에는 새로이 기업(起業)하여 창업자 이윤을 누린 경우를 제외하고는 큰 부자의 탄생이 없었다.
창업자 이윤 혹은 창업자 이득이란 창업자로서 누리는 독점적인 혜택들을 말하는데, 이들은 액면가로 첫 자본을 납입하며 기업이 성공해서 IPO(기업공개)에 성공할 경우 천억 단위 혹은 조 단위의 엄청난 부를 한꺼번에 거머쥐게 된다.

이들 창업주들의 주식 취득원가는 액면가의 몇십%에 불과하다, 일정한 제한이 있지만 기업공개 이전에 수차례의 유·무상증자를 통해 자본을 지속적으로 증자해 왔을 것이기 때문이다.

빌 게이츠, 스티브 잡스, 제프 베조스 등등은 전부 창업자다. 이들뿐만 아니라 한국의 다음, 네이버, 엔씨소프트, 넥센의 창업주 등등은 창업자 이윤을 톡톡히 챙긴 사례들이다. 그래서 이들 IT 혹은 인터넷 기업들의 창업주들은 기업공개와 함께 단숨에 세계적 부호가 된 것이다.

요즘 세대들은 이전 세대에 비해 도전정신이 많이 부족하다고 느낀다. 절대빈곤에서 벗어난 세대들이니 미국의 젊은이들처럼 인터넷기업 창업에 많이 도전했으면 한다. 실패해도 일어설 기회가 있으니까….

저자도 획기적인 빅 비즈니스 아이템인 신차, 중고차, 보험, 액세서리, 융자 등등을 포괄하는 자동차 판매 인터넷기업 아이디어가 있어도 사업화에 나서지 못한다. 모든 게 나이가 있으니까…. 한국 기업 풍토는 아이디어는 가치를 인정하지 않아 아쉽지만 그냥 사장시키는 수밖에 없다.

요즘 창업은 아이디어만 있으면 성공하기도 쉽고, 3M(Man, Money, Material)도 거의 들지 않는다. 게다가 인터넷기업은 설립 시부터 전 세계적으로 키워나갈 수 있다.

인터넷 기업의 수익은 투입과 산출이 초과 비례 관계에 있는 점도 기존 산업의 창업과 다른 매력 포인트이다. 또한 아직 세계 인터넷 사용 인구는 전 세계 인구의 43%에 불과하다는 사실을 잊지 말아야 한다.

그동안 한국에는 가끔 언론에 등장했던 샐러리맨의 신화도 없었다. 부모의 상속재산으로 부자들은 70년간 부를 이어갈 수 있었다. 자본주의 경제는 사유제산 제도를 인정하므로 창업자 이득과 전쟁 등이 아니면 부와 가난은 대물림된다.

재산은 대물림되어 그들에게 연봉 외에 추가로 월세 수입과 시세차익을 보장해 주었다. 그러나 이번의 디플레로 인한 경제의 패러다임 변환 시기에는 가난한 자와 부자가 바뀌는 대변혁이 일어나는 시기이다.

물론 지나온 약 70년간의 인플레이션 시절에는 부동산 가격의 폭등으로 인한 부의 이동이 지속되었다. 인플레이션이나 디플레이션은 부를 국민들 계층 간에서 이동시킨다.

디플레이션에 대처해서 성공하는 자와 인플레이션 시에 실물에 투자했던 투자자들의 부는 다른 계층의 국민에게서 이들 계층으로 이동된 부이다.

그러나 하이퍼인플레이션은 국민들에게서 정부로 모든 부를 이동시킨다. 그래서 하이퍼인플레이션을 유발시키는 것은 범죄행위에 속한다.

IT와 인생을 같이한 한국의 젊은이들은 월세투자는 꿈도 꾸지 마라! 길거리 가게 창업은 손도 대지 마라!
인터넷 기반 사업과 골목장사는 다르다!

이제 초격차를 벌이는 빅브라더 1등 기업 한참 뒤에 2등 기업만이 존재하는 초격차 사회가 온다. 3등과 4등은 없다! 아마존 다음에 2등 기업이 존재하던가?

미래를 읽어라!
그대들은 절대빈곤 세대가 아니다!

인터넷 기업을 창업해 세계로 나아가라! 투입(Input)과 산출(Output)이 비례하는 구태의연한 업종의 창업은 하지 마라. 투입과 산출이 초과비례하는 미래산업으로 나아가야 한다.

우리에게는 미운 친구인 일본이 가까이 있다.
타산지석, 그들의 실패를 교훈 삼아 우리를 되돌아볼 기회, 다가올 미래를 예측해 볼 기회까지도 늘 얻을 수 있다.

1990년 일본 주식시장이 열리자마자 주가의 대폭락이 시작됐다. 1991년 일본의 부동산이 폭락을 시작했다. 지난 50년간 오르기만 했던 집값은 속절없이 떨어져, 5년 후 집값은 30%가 떨어졌고, 10년 후에는 반 토막이 났다. 그 후 최대 하락 폭은 80% 정도다.

1990년부터 시작된 핵심 경제활동 인구가 줄어드는 인구 절벽을 앞두고 일본 정부는 어마어마한 거품을 만들게 되었음은 누구나 아는 사실이다. 1985년 플라자합의를 통해 엔화가 약 2배 절상되자 해외에서 엄청난 자금들이 투기화되어 밀려들어왔다.

자금이 밀려올 수밖에 없던 이유와 주식, 아파트의 거품 생성 이유 등등의 자세한 내용들은 이미 다른 저서에서 자세히 설명한 바 있다.

플라자합의에 따라, 경기 방어를 위한 공격적인 금리 인하(5% → 2.5%로 인하, 1년 소요)는 자산 시장의 버블(주식 5.9배, 부동산 9배)을 초래했다. 하지만 플라자합의를 맺은 지 약 1년 후, 우려와는 달리 오히려 일본경제는 대호황을 맞았다.

1986년 11월부터 1991년 2월까지 연속 51개월 동안 확장세를 기록한 '헤이세이' 경기는 당시로써는 제2차 세계대전 이후 두 번째로 긴 초호황기였다. 게다가 플라자합의로 외국 자본이 물밀듯이 밀고 들어왔다.

그러나 일본은 곧이어 국제기준에 맞춰 BIS(국제결제은행) 비율을 새로이 맞춰야 함에 따라 다시 신속히 금리 인상(1989.5~1990.8 사이 2.5% → 6%로 240% 인상, 1년 3개월 소요)에 나서야 했다.

이는 주식 시장을 1990년 1월 14일 붕괴시켰다. 1989년 5월에는 금리를 한꺼번에 0.75%나 올렸다. 1990년 3월 부동산 폭등을 규제하기 위해서 일본 대장성은 부동산 관련 융자도 사실상 금지시켰다.

우리나라의 9·13조치도 집을 한 채라도 갖고 있으면 규제지역 내에서 주택을 신규 구입하기 위한 주택담보대출을 해 주지 않는다. 무주택자라도 공시가격 9억 원 초과 고가주택을 살 경우 주택담보대출이 제한됨을 보면 사실상 대출 금지조치와 같다.

제2의 진주만 공습이라 불리었던 뉴욕의 록펠러센터 매입. 그 후 일본은 지분 51%(1999년 20억 달러에 매입)를 12억 달러에 되팔아야만 했고, 이미 사들인 고가의 미술품들도 1/8 정도 가격에 되팔아야만 했다.

1991년 474조 엔이던 일본의 경상 GDP는 20년 후인 2010년 475조 엔으로 잃어버린 20년 동안 제자리걸음이었다. 조세 수입은 62조 엔에서 37조 엔으로 가파르게 떨어졌고 국가부채는 천정부지로 늘어났다.

니케이225 주가는 1989년 말 3만 8,915로 정점을 찍은 뒤 [그림33]의 ⑤처럼 2009년 2월에는 7,568로 1982년 2월 말 시세였던 7,518과 비슷하게 되돌아갔다. 약 30년 전 지수로 되돌아간 것이다.

[그림33]처럼 일본의 니케이225 지수는 자유 낙하했다.

[그림33]을 통해 1971년 1월 1일~2018년 12월 30일까지 48년간 엔화와 니케이 지수의 변동 관계는 한눈에 볼 수 있다. 일본 전체의 주택지수 장기 그래프는 구할 길이 없어 엔화가치 변동에 따른 주택가격의 48년간의 변동을 자세히 알 수 없다.

그러나 [그림33]의 D점을 보면 2009년 7월 주택지수도 97.71(2010년을 100으로 본 지수임)로 최저치를 기록했고, ⑤점처럼 니케이 225지수는 주택지수보다 약 5개월 먼저 최저치를 기록했음을 알 수 있다. 아쉬운 점은 2009년 7월 이전의 주택지수 그래프는 알려진 것이 없어서 그 이전의 엔·달러, 니케이 지수와 주택지수의 변동을 동시에 파악할 수 없다는 점이다.

그러나 [그림33]의 수직점선 ②를 통해서 1988년 12월 이후부터는 엔·달러, 니케이 지수가 동조현상을 보이고 있음을 확인할 수 있다.

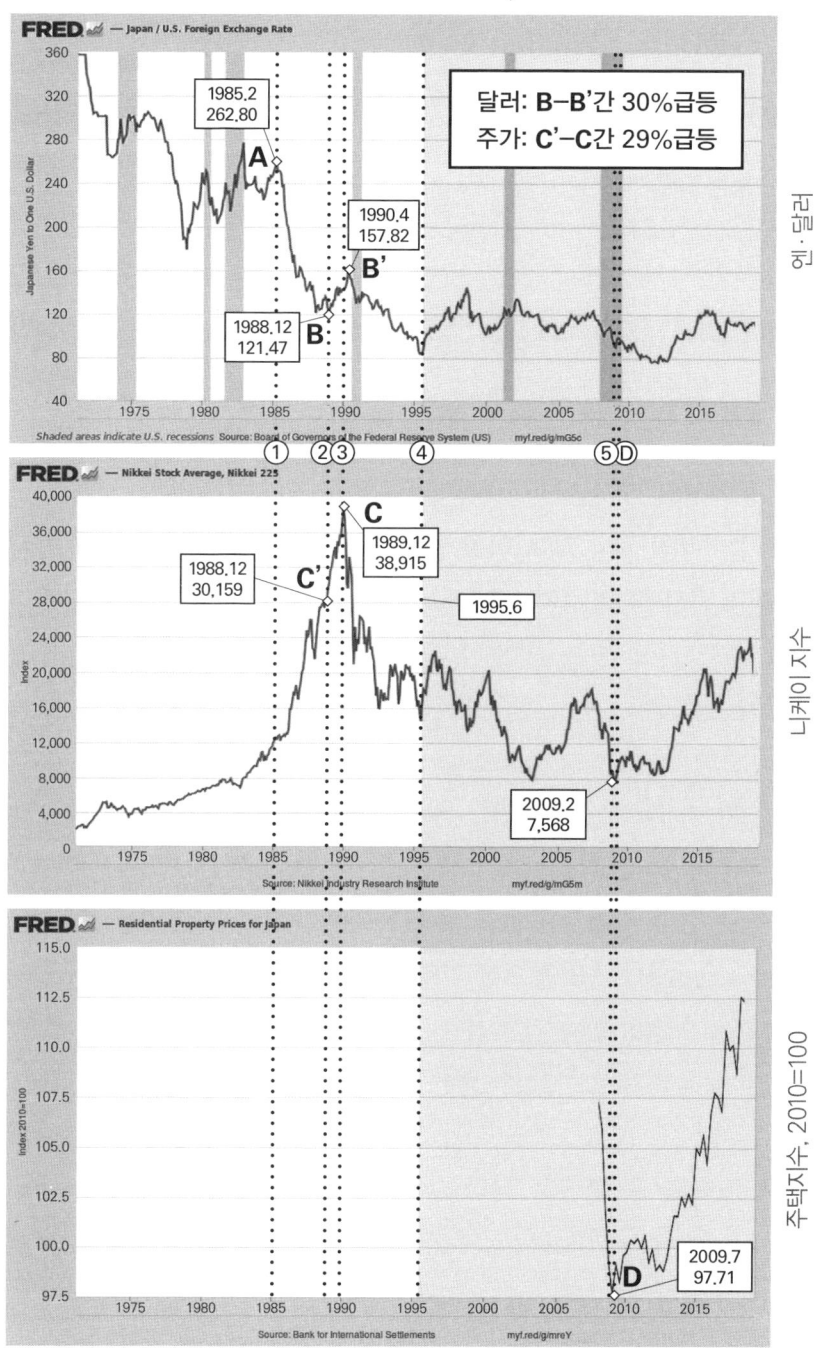

[그림33] 48년간 엔·달러, 니케이 지수, 일본 주택지수

그 이후에는 엔·달러, 니케이 지수, 주택지수 등 네 가지가 동조현상을 보임을 알 수 있다. 이를 통해서 일본의 롱텀 디플레이션 시발점은 1988년 12월이며, 롱텀 디플레이션이 되면 저자가 주창한 다이아몬드 달러투자법도 무용지물이 된다고 이미 설명한 바 있다.

더불어 [그림7]에서 1993~2018년까지의 도쿄와 지바신도시의 단순한 주택가격 변동치는 파악할 수 있다.

[그림6]에서는 1974~2007년까지의 일본 전체의 상업지와 주택지의 단순 땅값 추이를 알수 있다. 이를 통해서 당연히 1990년 4월 부동산 붕괴 전, 후의 토지가격 변동치도 확인할 수 있다. 2008년 이후는 엔화·니케이지수, 주택지수의 변화 관계는 [그림19]를 통해서 다시 일목요연하게 확인할 수 있다.

부동산과 주식의 평균 하락률은 둘 다 평균 80%대였다. 근로자 가구 소득 역시 월 54만 9천 엔에서 52만 1천 엔으로 줄었다. 일본이 이렇게 망가진 가장 큰 이유로 꼽는 것은 인구 절벽이다. 1990년 6월 후생성은 "일본의 출산율이 1.66명으로 앞으로 경제활동 인구가 줄어들면서 경제성장에 큰 지장이 있을 것"이라고 경고했다. 그러나 일본 사회는 이를 먼 훗날의 일로 생각하고 무심히 흘렸다.

이후 예측은 곧 현실로 나타났다. 주택을 구입하는 핵심 소비층인 35~55세 인구가 20년간 약 350만 명(−9.5%)이 줄어드는 사상 초유의 일이 발생했다.

단카이 세대(1947~1949년)의 주택 구입은 그들이 대략적으로 40대에 들어선 1990년 무렵에 일단락되었다.

이후 주택 경기는 물론 소비도 덩달아 가라앉았지만, 단카이 세대에 비하여 수가 적은 1950년대 전반 출생자들은 주택경기가 지속적인 호황일 것으로 착각하고 주택 구입을 이어가게 된다.

그들이 일본의 신도시들인 다마 신도시와 지바 신도시로 새집을 분양받아서 간 것이다. 그 후 다음 세대들의 후속 매수세도 사라지고, 최초 분양자의 자식들은 직장을 찾아 도시로 떠나갔다.

1991년부터 부동산 버블은 일본 전역에서 본격적으로 붕괴되기 시작했다. 그 후 일본의 신도시들은 텅 빈 도시와 노인들의 도시로 변해 간 것이다. 도쿄 근처에는 위의 신도시 두 곳을 포함하여 20여 개의 신도시가 있으나 이 신도시들도 고령화율은 전국 평균을 훨씬 웃돈다.

이제 우리의 현실을 보자.
먼저 인구 절벽은 일본의 90년대 초와 똑 닮았다.
우리의 핵심 경제활동 인구인 35~55세 인구층은 2012년 정점을 찍었다.

이후 핵심 경제활동 인구는 20년간 약 240만 명(총 인구대비 14.1%)이 줄어들 예정이다. 베이비붐 세대(1955~1963년생) 720만 명의 마지막 막내들인 1963년생들이 58세가 되어 전부 은퇴하는 해가 2021년이다.

핵심 경제활동 인구의 비율로 보면 한국(14.1%)이 일본(9.6%)보다 총 인구 대비 비율이 훨씬 더 높다. 베이비붐 세대 비율도 당연히 더 높다. 저금리로 거품이 잔뜩 낀 모습도 닮았다.

주택 경기 부양을 위해 겁 없이 불어나기 시작한 가계부채가 국제결재은행(BIS) 기준으로 GDP의 94.8%(2017년 말)였다. 한국은행의 자금순환동향 자료로 계산하면 한국의 가계부채 비율은 가처분 소득과 대비하여 2017년 말 당시 무려 185.9%였다.

BIS가 발표한 수치와 한국은행의 자금순환동향으로 계산한 가계부채비율이 큰 차이를 보이는 것은 우선적으로 총 소득 즉 GDP에서 가처분 소득이 차지하는 비중이 약 55%에 불과하기 때문인데, 부채감당능력을 판단하는 데는 가처분 소득이 더 중요한 것임은 물론이다.

다음으로는 한국에만 특유한 전세보증금을 부채로 보느냐 보지 않느냐의 차이가 가장 큰 것으로 보인다. 사업자대출 자영업자 대출이 가계부채냐 아니냐의 차이도 있다. 또한 사업자, 자영업자들의 소득도 한국에서는 축소 신고하는 것이 거의 대부분이기에 이들의 가처분 소득도 정확하지는 않다.

결국 가처분 소득도 적게 계산되었을 우려가 크며, 전세보증금 또한 100% 전체를 부채라고 보기에는 뭔가 안 맞다. 그래서 양 수치가 큰 차이가 나는 것으로 이해하면 된다.

그렇다손 치더라도, 1991년 당시 일본 가계부채가 국제결재은행(BIS)기준으로 GDP의 70%이었던 점을 감안하면 거품이 꺼질 때의 충격은 우리가 더 클 수 있다.

한국은행이 집계하는 가계부채에는 전세보증금대출, 사업자대출, 자영업자대출이 포함되지 않는다는 점은 항상 감안해야 하는 것이다.

이제 우리 차례가 오고 있다.
특히 작년은 해리 덴트가 그의 저서 《2018 인구 절벽이 온다》에서 "한국 부동산 시장이 장기 침체에 접어들 것"이라고 내다봤던 바로 그해다.

일본의 핵심 경제활동 인구의 정점은 1990년이었고, 생산 활동 가능 인구의 정점은 1995년이었다. 한국의 핵심 경제활동 인구는 2012년이 정점이었고, 생산 활동 가능 인구(15~64세)는 2017년이 정점이다.

앞에서 말한 것처럼 2020년 혹은 2021년 연말에는 경기순환의 마무리에 따른 거품붕괴 시기와 인구 절벽, 저성장, 인구 고령화의 세 가지 조건도 일본과 거의 흡사하기 때문에 충격은 우리가 일본보다 더 클 것으로 예측한다. 게다가 한국도 소구형 주택담보대출 제도를 운영하므로 미국처럼 가계부채를 단기간에 해결할 방법도 없다.

아파트 시장의 붕괴는 월세시장과 전세금 시장의 붕괴를 초래하게 됨은 당연하다. 이른바 아파트 가격 폭락에 맞춘 깡통전세와 월세시장의 본격적인 하락이 한국에서도 시작되는 것이다.

깡통주택은 매매가 하락으로 전세금과 대출액이 매매 시세보다 높은 주택을 말하고, 깡통전세는 이로 인해 전세 재계약을 하거나 집이 경매로 넘어갔을 때 세입자가 전세금을 다 돌려받지 못하는 주택을 말한다.

깡통월세는 깡통전세인 경우 역월세를 주며 위기를 버티고 있는 경우의 월세주택을 의미하며, 주택담보대출원리금 상환액 + 자기자금이자 상당액 등에도 못 미치는 월세 수입을 올리는 월세주택도 거의 같다고 보면 된다. 1~2채면 감당할 수 있을지 모르지만, 결국 이들은 경매시장에 나오게 된다.

이번의 주식시장, 아파트 시장의 하락은 단순한 경기 순환적 불경기인 숏텀(Short term) 디플레이션이 아니라 인구 문제, 부채 문제, 저성장, 인구고령화에 기인한 롱텀(Long term) 디플레이션의 본격적인 시작이므로 국채, 현금 등이 최고인 시대가 10년 이상 지속된다.

즉, 월세 투자는 아파트 가격 하락에 따른 월세 가격 하락 조정과 아파트 가격의 폭락이 겹쳐서 오므로 투자대상이 전혀 아닌 것이다.

아파트, 오피스텔, 상가 주택 등 수익성 부동산의 가격 하락 속도보다는 월세 가격 하락 속도가 조금 더 늦다. 그러나 결국에는 Big Money Big Cycle 연도에 맞춰 수익성 부동산 가격 폭락으로 인한 월세폭락이 시작된다는 점에 유의하여야 한다.

가끔 학자들 중에는 생산 활동 가능 인구의 감소는 생산성 향상으로 극복할 수 있다고 말한다.

이는 생산 활동 가능 인구를 단어 그대로 이해한 것에서 연유한다. 사실 생산 활동 가능 인구는 이 단어보다 소비활동 가능 인구로 불리어야 맞다. 즉 이 두 단어는 동전의 양면과 같다.

기술혁신, 자동화, 기계화 등으로 생산성을 유지하거나 향상시킨다면 인력 채용을 줄이게 된다. 이로 인해 오히려 인건비 부문이 더 줄게 되어 GDP는 더 줄어든다는 사실도 알아야 한다. GDP의 상당 부분은 인건비이기 때문이다.

결국 생산 가능 인구(=소비 가능 인구) 감소 → 공급능력 과잉 → 재고 누증과 가격경쟁 심화 → 물건 가격 하락의 구조의 틀 속에 갇히게 된다. 이것이 디플레이션의 구조다.

국내 소비를 해서 국내 경기를 선순환시켜야 하는데, 그렇게 저축만을 하던 일본인들은 이제 국내 저축을 하지 않고 매년 해외 달러자산 투자에 열을 올리고 있다. 즉 해외 저축만을 하는 셈이다.

일본은 해외에 나가 있는 유령 달러(ghost dollar)를 불러들이거나, 앞으로 나가고자 하는 달러를 규제하면 디플레 해결의 단초를 찾은 것이 된다.

무려 1년 GDP의 71%인 3조 5천억 달러가 국내 소비를 하지 않고 해외에 이미 나가 있다. 일본 국민들이 소비하고 즐기면서 일본의 내수를 살려야 할 돈이다.

일반적으로 생산 가능 인구 즉 소비 가능 인구를 늘리기 위한 외국인 노동자의 유치 또한, 번 돈을 그들의 고국으로 송금하기에 국내 소비를 증대시키는 것은 미미하다.

즉 자국의 인구 증가 효과보다 훨씬 못하다는 점도 참고로 알아둬야 한다. 이제 '소비가 미덕'인 세상이 전 세계에 찾아온 것이다. 이른바 뉴노멀 시대다.

2 부동산으로 돈을 벌려면, 주식도 알아야 한다

경제학을 배울 때는 거시경제학과 미시경제학으로 나누어서 학습한다. 미시경제학은 주로 제품의 가격 결정에 관한 이론을 다루고 거시경제학은 국민 소득과 화폐와 금융 등을 다룬다.

이제는 주식이나 부동산에 투자할 때에도 미시적 투자론과 거시적 투자론에 맞춰서 투자해야 한다. 돈은 항상 이익이 가장 많이 나는 곳으로 알아서 저절로 이동한다.

사실은 저절로 이동하는 것이 아니라, 시장에 참여하는 기관투자가나 외국자금 등 이재에 밝은 측이 먼저 이익을 좇아 자금을 이동시킨다.

그러므로 초장기 즉 롱텀(Long Term) 디플레이션이거나, 평상시의 경기 순환에 따른 숏텀(Short Term) 디플레이션의 경우에도 큰 자금이 이동되는 순서는 같을 수밖에 없다.

롱텀 디플레이션이 해소되어 인플레이션 경제로 회귀하거나, 경기 순환적인 약 3~5년간의 디플레가 끝나고 호경기가 다시 시작될 것으로 느껴지면 돈들은 움직임을 시작한다.

불경기 동안에는 경기부양을 위해서 금리를 지속적으로 내리게 되고, 이에 맞춰 국채 가격은 최고가격을 유지하게 된다.
그러나 호경기가 시작되고 즉 수출이 늘어나고 인플레 징후가 보이면 각국 정부들은 금리 인상을 검토하기 시작한다.

금리 인상 기미가 보이면 기관 투자자, 외국인 등은 이제 국채를 처분하고 자금을 이동시키기 시작하는 것이다. 정부의 금리 인상 시기가 좀 늦어지면 물가는 지속적으로 상승하고 모든 자산 가격이 올라서 언젠가는 거품이 터지면서 경기는 또다시 급속히 냉각된다.

즉, 과열된 경기는 거품이 터지면서 디플레로 진입하여 서민을 괴롭히고 잘못하면 재선에도 실패하기 때문에 숨겨진 경제정책 순위 1위가 바로 바람직한 인플레율 유지이다.

국채는 거의 100% 안전하다. 거대한 자금들은 금리가 지속적으로 내리는 롱텀이든 숏텀이든 디플레 기간 중에 대개의 경우 국채에 풀베팅하였기에 거대한 자금이 움직이게 된다.

이처럼 큰 자금의 흐름을 좇아 주식이나 아파트 채권 등으로 투자자산을 이동시키는 투자기법을 거시투자이론(Macro investment theory)이라고 명명한다.

산보다도 더 큰 산맥을 보고 투자하는 기법이다. 반면에 기존의 투자기법들은 전부 미시투자이론(Micro investment theory)이 된다.

새로운 전철이나 철도 도로의 신설 등에 따른 투자이론은 미시적 투자이론으로 보면 된다. 신기술의 발견, 신제품의 출시, 신항로의 개척 등을 반영하여 주식에 투자할 경우가 미시적 투자이론이라고 할 수 있다.

반면에 투자자산의 가격 변동에 가장 큰 변동요인을 제공하는 국내 달러가격의 추세와 금리변동에 민감하게 투자하는 것은 거시적 투자론이다. 즉, 거시적 변수에 따라 투자자산을 골라 이동 투자하는 것을 거시적 투자론이라고 한다.

투자자들은 먼저 거시적 투자이론에 따라서 투자하려는 시점이 경기순환의 어느 지점인가를 먼저 파악한 후 즉 자금이동 순서에 따라 투자자산(주식, 아파트, 달러, 국채)의 선택을 하여야 한다.

그럼 어느 정도로 이자가 오를 때 움직이면 좋을까?
개인 투자자들은 첫 금리 인상에서 자금을 로테이션할 이유는 없다. 기관 투자가 등은 거대자금을 움직이므로 0.25%의 금리 인상에도 수익금액이 엄청나게 차이가 나기에 바로 자금을 움직여야 하지만 거대 자금을 투자한 개인 투자자들은 거의 없기 때문이다.

10년물 국채의 경우 1% 금리가 오르면 국채 가격은 약 7%가 급락한다. 0.25% 금리가 오르면 10년물 국채 가격은 7/4×100=1.75% 내린다.

한마디로 개인 투자자 입장에서는 별것 아니다.

그러하니 개인 투자자들은 첫 금리 인상 시에 채권으로 이동시키지 않아도 될 만큼만 수익률이 내리므로 대개 3회차 정도 금리가 오르면 자금을 채권에서 주식으로 이동시키면 된다. 그러나 뉴노멀 시대이냐 예전의 고금리 시절이냐에 따라 로테이션 타임이 다를 것은 뻔하다.

하지만 각자의 위험 선호도와 수익에 대한 욕구에 따라 임의대로 움직이게 되는 것이지만, 동서양을 막론하고 삼세번(3 times principle) 전략이 통한다. 보다 자세한 것은 [번외1] Three Times Principle을 참조하면 된다.

즉 자금이동 시점은 금리 인상의 지속성 여부로 판단하는 것이 더 안전하다는 뜻이다. 거시투자론에 맞춰서 투자 자금을 이동시키면 되는 것이다.

약 몇 %의 금리에서 로테이션 하느냐보다는 금리 인상의 지속 가능성 여부로 판단하라. 보통 3회째 인상 시기에 옮겨 타는 것이 정답이다.

지금은 금리의 경기조절능력보다 국내 달러 가격의 변동이 경기에 더 큰 영향을 끼치는 것으로 보인다. 역시 환율의 변동도 추세적으로 오름세일 것인가? 내림세일 것인가로 투자자산과 투자 시기가 달라져야 하는 것이다.

환율예측은 누구도 맞출 수 없을 만큼 어렵고 변동 요인도 다양하다. 이 또한 산맥의 흐름으로 판단하되 움직임을 보고 판단해도 늦지 않다.

주식과 아파트는 재산증식을 할 수 있는 양대 축이다. 즉 월급쟁이와 가난뱅이가 부자가 될 수 있는 유일한 통로다.

두 자산은 서로 맞물려서 교대로 그 가격이 상승, 하락하는 자산이며, 먼저 주식이 오르고 그다음으로는 부동산이 오르는 게 법칙 아닌 법칙이다.

따라서 주식, 아파트의 대세 상승이 끝나면서, 저자가 주창하는 제4부 [챕터1]의 Big Money Big Cycle 이론에 따라서 양 자산을 달러로 반드시 교체 투자를 해야 한다. 그 후에는 불경기 즉 디플레이션으로 금리는 지속적으로 내리기 때문에, 또 다시 투자 자산들을 국채로 반드시 바꿔야 하는 이유가 된다.

큰 자금들은 이익을 좇아 모이는 곳으로만 모여드는 것이다. 이 순서가 바로 자금의 순환고속도로이다. 이 돈의 이동 경로를 같이 따라다니면 적어도 10년 이내에는 자산이 4~10배까지 불어나게 됨은 자명하다.

이 거시투자론에 따르면 주식은 장기보유가 답이 아니라 최대 3~4년간 주도주만을 호경기 시절에 보유하고 자금의 순환 고속도로 즉 Big Money Big Cycle을 따라서 아파트 → 달러 → 국채의 순서로 로테이션시켜야 하는 자산이다.

아파트 등 부동산도 최대 3~4년간만 보유했다가 돈의 이동 경로에 따라 자산을 순환시킨 후에 다시 사야 하는 자산이다.
부동산은 주식의 대세 하락이 시작되는 시점부터 약 7개월간 본격적으로 급등한다는 사실이다. 주식시장이 꺾여야 부동산이 폭등세로 돌아선다.

이 아주 간단한 원리를 모르고서는 부동산의 폭등 시기를 알 수 없어 역주행을 하게 되거나 너무 일찍 팔고 손가락만을 빨아야 하는 것이다. 그러기에 주식을 모르면 부동산으로 큰돈을 벌 수는 없다.

그러나 불경기 시절에도 호경기 시절에 못지않은 성장을 거듭할 주식이거나, 아파트라면 로테이션도 없이 장기간 보유해도 무방할 것이다. 경기는 보통 10년 단위로 순환하니까…

하지만 적어도 10년 이상을 보유한 후 다음 대세 상승기 정점까지 오랜 기간 동안 보유해야만 최대 수익을 확보하게 된다는 사실을 기억해야 한다.

보유한 아파트나 빌딩 등을 대세 하락기에 팔았다가 대세 상승기 시발점에 되사더라도 데이터에 따르면 약 20~30% 이상의 수익이 발생한다는 사실이다.

참고로 앙드레 코스톨라니의 달걀 그림은 돈의 이동 경로를 파악하기에 유용하긴 하지만, 몇 퍼센트의 금리에서 언제 옮겨야 하는가를 설명하지 않는다.

또한 그의 이론은 미국 달러를 일상의 화폐로 쓰지 않는 나라의 투자자들은 중간에 달러 매도·매수 과정을 반드시 거쳐야 하는데 이를 이론화하지 못한 결점이 있다. 즉 그의 이론은 미국의 달러를 일상의 화폐로 쓰는 투자자 결국 미국인 입장에서 쓴 글이다.

현재는 달러 기축통화제도이다. 결국 그는 달러 국제통화제도하에서의 미국 안과 밖에서의 투자 방법 차이를 설명하지 못했다.

부분적 결함에도 불구하고 앙드레 코스톨라니의 달걀이론은 투자자들에게 큰 영향을 끼친 것은 사실이며, 아직도 그의 이론을 추종하는 투자자들이 많다. 그의 달걀이론도 결국 거시적 투자론이다.

제1부 [챕터11]에서도 설명했지만 부동산(매매차익+월세 수입)으로 성공하는 가장 좋은 방법은 부동산을 싸게 사는 것이다.

부동산을 가장 싸게 사는 요령은 Big Money Big Cycle상 가장 쌀 때 사는 것이다. 경매나 공매도 있지만 이 중에서 제일 좋은 방법은 역시 급등 직전에 혹은 호경기가 시작될 때, 배짱부리며 부동산을 골라서 사는 방법이다.

좋은 부동산이 경매나 공매로 나올 가능성은 적으며, 망한 부동산을 사는 것은 동양사상에 비추어서도 좋은 방법도 아니다. 게다가 남의 피눈물 나는, 피 묻은 재산을 사는 것이어서 추천할 만하지도 않다.

약간 부연하면 Big Money Big Cycle을 제대로 이해하고 주식시장이 꺾인 이후에 공격에 나서면 아파트 등의 급등시세를 즐길 수 있다.

주식 부동산의 兩大 자산은 달러 교체 매매 과정을 중간에 거쳐야만 큰 폭의 이익을 챙길 수 있음을 다시 강조한다. 주식을 모른다면 좋은 부동산을 급등 직전에 싸게 살 수 있는 타이밍을 놓치게 되는 것은 너무나 당연하다.

3 조선소와 철강소는 죽어서 땅을 남긴다

2018년 12월 5일 무려 16년 만에 제주도에 우리나라의 첫 영리병원이 최종 허가되었다. 그러나 2019년 4월 법정 개원기간 안에 병원을 열지 않아 결국 허가취소 되었다. 비록 외국인만 진료하는 반쪽짜리 허가지만 이는 원희룡 제주도 지사의 혜안이었던 것은 맞다. 병원 측은 여러 가지 이유로 개원을 거부한 것으로 보인다.

그러나, 전국의 8개 경제특구와 산업구조조정으로 폐허로 변해 가는 지역과 조선소 철강소가 있던 자리에 더 많은 투자개방형 병원이 들어서야 한다.

한국은 그동안 규제왕국이었다. 오죽하면 크리스토프 하이더 유럽상공회의소 총장이 최근 기자회견에서 "한국은 세계에서 유례가 없는 독특한 규제들이 많은 '갈라파고스 규제' 국가"라고 비판했겠는가.

이제 첫 발걸음을 띄었지만 여전히 미흡한 규제개혁 속도를 더 내야 하고 기업이 마음껏 투자할 환경을 만들어 줘야 한다. 그것이 4차 산업혁명으로 가는 가장 빠른 지름길이다. 4차 산업혁명의 핵심은 바로 의료산업에 있다.

조선일보 2018년 12월 6일 자 기사(OECD 자료)에 따르면 2016년도 병원 수를 기준으로 한 주요국의 영리병원 비율은 멕시코(68.9%) →

이탈리아(56%) → 독일(42.6%) → 칠레(41.3%) → 스페인(39.6%) → 호주(39.3%) → 터키(38%) → 체코(36.7%) → 프랑스(32.7%) → 뉴질랜드(31.5%) → 오스트리아(29.9%) → 핀란드(28.7%) → 이스라엘(27.4%) → 미국(21.6%) → 포르투갈(5.3%) → 캐나다(1%) → 아이슬란드(0%) → 한국(0%)이다.

1960년대 한국의 인재들은 전자공학과, 기계공학과, 전기공학과, 화학공학과, 조선공학과, 원자력공학과 등등 주로 공대를 갔다. 이런 흐름이 약 30년간 이어진 결과, 한국은 약 30년 이상 비약적인 발전과 함께 중화학공업 수출 대국이 되었다.

또 다른 30년간 이번에는 한국의 인재들은 의과대학. 약학대학, 한의과대학. 수의대로 갔다.
그러나 이들 공과대학 졸업생들의 뛰어난 성과와는 달리 의약계 학과 출신들은 겨우 5천만 명을 대상으로 한 좁디좁은 국내시장만을 대상으로 돈벌이밖에 하지 못한다. 내국인 치료만 담당하기 때문이다.

공과대학 출신들은 전 세계 73억 인구가 소비하는 물건들을 만들어 팔면서 돈벌이를 하였지만, 30년 이상 누적된 한국 최고의 인재들이 전 세계를 제쳐두고 겨우 5천만 명을 상대로 돈벌이에만 나선 결과 한국은 점점 쪼그라들고 있다. 즉, 정부는 의료쇄국정책으로 돈벌이 할 수 있는 최고의 성장 아이템을 닫아 두고 있는 것이다.

전 세계 인구의 고령화로 영원한 성장산업이자 중국이 감히 넘볼 수 없는 의료분야를 포기하고 있는 것이다. 얄궂은 의료영리화를 피하기 위해서란다. 어차피 의료산업 즉 병원은 무료병원은 없다.

병원은 의사나 복지법인 등 특수한 사람들만이 세우고 운영을 할 수 있다. 즉 의료인들에게만 영원히 의료독점을 보장한다. 경제학적인 관점에서 독점은 제일 좋지 않다. 이익도 독점한다. 가격도 비싸진다. 관련 산업은 발전도 안 된다.

현 의료시장 체제는 바로, 경쟁도 하지 않고 국민들의 건강을 위한다는 명분하에 이들 의료인들의 철밥통을 보호해 주기 위한 것이라고 생각해 보지는 않는가?

투자개방형이라는 적정 단어를 마다하고 굳이 영리병원이라는 단어를 고집하는 것은 출발부터 어폐가 있다. 지금 현재도 모든 병원은 영리병원이니 단어 자체가 잘못된 것이다.

투자개방형 병원은 전국의 경제특구 8곳과 제주도에만 들어설 수 있도록 법제화되어 있다.
이상한 논리를 개발하여 반대하지만, 한국의 산업 중 국제경쟁력을 가진 산업은 이제 극소수에 불과하며 예전의 제조업이 번창했듯, 이제는 의료산업밖에 없다. 이제, 한국은 투자개방형 병원 제도를 도입하지 않으면 활로가 없다.

자동차산업의 울산 군산, 제철산업의 포항에는 줄기세포 등으로 특화된 투자개방형 병원이 들어서지 않으면 한국은 떠 보지도 못하고 지는 별이 된다.

기존의 8개 경제특구를 재지정하거나 지는 산업으로 특화되었던 지역에 투자개방형 의료 관련 산업을 유치해서 경제를 살리고 30년간 누적된 한국 인재풀을 제대로 된 돈벌이로 나서게 해야 한다.

사양산업인 조선소, 제철소의 해변에는 최고급 요양 비치병원이 들어와야 하는 것이다. 원래 제철과 조선 사업은 영국의 글라스고우에서 출발하여 미국의 US스틸을 거쳐 일본의 신일본제철(현 신일철주금으로 개명)을 거쳐 한국의 POSCO로 건너온 것이다.

전 세계 산업발전 단계상 이제 중국의 국영 제철 회사를 거쳐 베트남과 인도의 제철 회사로 바통을 넘겨줘야 하는 것이 세계의 산업발전 역사이다.

시대적 흐름을 놓쳐서는 안 된다.
도로, 항만, 비행장, 자동차, 선박 등의 생산이 줄어듦으로 철의 시대는 서서히 지나가고 있는 것이다. 이제는 고부가가치 산업을 취해야 한국이 사는 것이다.

전 세계는 노령화 시대를 맞고 있고 인구는 줄어들 운명이다. 제조업 기반의 성장은 이제 그 힘을 다해가고 있음은 누구나 아는 사실이다.

하지만 노령화 저성장 인구 감소 시대를 맞아 크게 번창할 의료산업은 꽃을 피우지도 못하고 있다. 한국만을 봐도 총 인구는 줄어들 운명이지만 노령 인구는 급증하고 있다. 전 세계도 마찬가지로 절대 인구는 증가 폭이 줄어들지만 고령, 노령 인구는 급증하고 있다.

한국 바이오기업 중 세계 제일은 수두룩하지만 갖은 규제로 꽃을 피우지도 못하고 있고 정부의 각종 규제를 피해 심지어 해외로 임상 거점을 옮기고 있다. 한심한 일이다.

이른바 바이오제약 주는 신시장주다. 지구상에 없던 시장이다. 이런 신시장 진출을 포기하는 나라가 바로 한국이다.

30년간 인재들이 모여든 관계로 경쟁력은 전 세계 1위, 2위를 다툰다. 이런 실력으로 세계 73억 인구를 포기하고 겨우 5천만 인구의 치료만을 담당한다.

73억을 대상으로 의료기술과 바이오 제품을 팔 것인가. 5천만 인구만을 대상으로 할 것이냐 하는 결단을 16년 만에야 원지사가 결단한 것이다. 더 많은 투자개방형 병원이 필요한 곳에 들어서야 대한민국이 산다.

바이오, 제약, 줄기세포 세계 시장규모는 반도체 시장의 10배를 넘을 뿐 아니라, 산업의 확장성은 거의 무한대이다.
보통 신약 하나 만드는 데 수조가 들어가며 임상 기간 등을 포함 약

15~20년 정도가 걸린다.

즉 임상 기간이 길고 성공 확률도 낮기에 후발주자들은 아무리 열심히 해도 따라잡을 수도 없는 산업이 바로 바이오, 제약, 줄기세포, 헬스케어 산업이다. 이런 뛰어난 의료기술을 우물 안 개구리 식으로 독점적으로 겨우 5천만 명에게만 팔 것인가? 전 세계 73억 인구에게 팔 것인가를 생각하고 국가를 경영해야 한다.

일부 직업적 운동권의 방해를 이겨내서 산업화에 나선 것은 잘한 결정이다. 경제가 나락으로 떨어진 후에야 국민적 합의를 도출할 것인가. 미리 예측하여 발전시킬 것인가를 결정한 제주도의 결단은 단연코 옳다.

한국의 줄기세포산업은 가히 세계 1위 수준이다.
줄기세포 치료를 위해서는 환자 및 부수 인구를 포함해 최소 5명 정도가 국내에 장기간 체류하여야 하며, 즉 이들은 최소 6개월 정도를 국내에 거주하면서 줄기세포 치료를 해야 한다. 이에 따른 엄청난 부가가치의 확장성을 감안해 보라. 단순한 관광 같은 효과가 아니다.

이탈리아, 중국은 40조, 미국은 110조 원을 관광산업으로 벌어들인다. 싱가포르는 10조, 일본도 13조 원을 벌어들인다. 한국은 10조 적자 국가다. 터키와 호주도 1년에 단순 관광산업으로 20조 원이나 번다.

3050클럽은 국민소득 3만 달러 이상, 인구 5천만 명 이상인 국가를 말하는데, 일본, 미국, 영국, 독일, 프랑스, 이탈리아 순서로 가입되었다.

우리나라도 2018년 기준 1인당 국민소득 3만 불을 넘겨 이제 전 세계 7개국이 3050클럽 국가가 되었다. 우리나라는 무려 12년 만에 선진국에 진입하였다. 축하하고 기뻐할 일이다.

그러나 3050클럽에 가입하자마자 우리에게 다가올 미래는 너무나 팍팍하다. 이제는 3050클럽 회원 자리를 지키고 지속 성장하여야 한다.

관광 사업이 돈벌이가 된다고 하여 우리나라도 관광 사업을 발전시키려 해 봐야 솔직히 말하면 그들의 관광자원은 수천 년 된 자원이고 우리의 자원은 빈약하기 그지없다.

다른 나라도 관광산업만으로도 선진국이 되었으니 우리나라도 관광산업을 키우자고 외쳐도, 애당초 관광자원이 부족한 우리가 관광산업으로 특화해서는 영원한 2등밖에 할 수 없는 것임을 알아야 한다.

다른 나라가 가지지 못한, 하지 못할 산업을 키워야 국제경쟁력이 생기고 돈벌이가 되는 것이다.
세계에서 제일 잘하는 분야를 포기하고 어찌 1등 국가가 지속되길 바라는가?

우리나라는 이제 철강소와 조선소가 남긴 땅에, 자동차 공장이 남기고 간

땅에 투자개방형 병원을 세우고 의료관광을 산업화해야 활로가 트인다.

의료관광은 단순한 일반관광과는 달리 그 부가가치 면에서나 가족의 동반 효과, 체류 기간 면에서 비교조차 되지 않는다.

의료산업화의 반대론자들은 국민들의 의료비 급증을 우려하지만 그것은 '구더기 무서워 장 못 담근다'는 한국 속담에 불과한 말이다. 현재는 '구더기 무서워 장 안 담근다'가 된 것이다. 구더기는 건져 내면 된다.

우수 의료인력의 투자개방형 병원으로의 이적을 걱정하기도 한다. 의료인들도 이제는 국제경쟁력을 갖추게끔 공부하고 경쟁해야 하는 것이지, 내국인 5천만 명만을 대상으로 해서 철밥통을 지켜야 하는 것이 아니다.

어떤 이유로 내국인이 신치료법이 필요해서 투자개방형 영리병원에서 치료를 해야만 하거나, 본인이 원해서 투자개방형 병원을 찾는 국민에게는 의료비의 이중 가격제를 도입하는 셈이 되는 것이다. 모든 제도는 인간들이 만드는 것이며 그 부작용은 최소화할 방안을 찾으면 얼마든지 의료개방은 가능하다.

한국 정부와 국민들이 전 병원들이 영리만을 추구하는 행위 하나를 지켜내지 못할 만큼 한국의 사회감시 체제와 시스템이 허술하지 않음도 알아야 한다.

특정 지역 즉 8개의 경제특구와 제주도, 기존산업이 쇠퇴한 지역에 특화시킬 투자개방형 병원을 도입하는 것이 급하다.

지금 현재에도 중국, 베트남, 태국, 싱가포르 등등 아시아 국가들은 물론 전 세계는 투자개방형 영리병원 제도를 도입하여 전 세계의 뛰어난 의료인을 불러 모으고 있고, 이미 우리보다 훨씬 앞서가고 있음을 잊지 말아야 한다. 실기하면 또다시 의료산업마저도 2등 국가로 전락시킨다.

한국의 병원들이 지금 현재는 영리를 추구하지 않는가? 이들도 전부 영리를 목표로 하는 병원들이다.
얼마 전까지도 돈이 없는 사람은 응급상황이어도 진료를 거부한 사례가 수두룩하다. 법제화되었기에 그렇게 못하는 것뿐이다.

단지 영리를 목표로 하되 투자자가 이익금을 회수해가지 못하고 병원 내의 시설 증설 혹은 연구투자나 의료종사자들의 인건비로 나눠가지는 것이다.

그러기에 월급쟁이 의사들의 월급이 너무나 많고 개업의들은 정년도 없이 영원히 지속적이어서 한국의 두뇌들이 의료종사자로 몰려든 것이다. 한마디로 국민들은 그들이 철밥통을 유지하도록 무한 응원을 보내고 있는 것이라고는 생각조차 못하는가?

의료인들만의 완전 독점 사업이니 연구하고 노력하지도 않고 경쟁하지도 않고 73억 세계 인구의 치료는 거부하고 있는 것과 같다. 그들은 겨우 5

천만 명만을 대상으로 하면서 해외 의료인들과는 서로 경쟁도 하지 않는 사실들은 아는지 묻고 싶다.

이제 의료인들은 당당히 세상 밖으로 나아가야 한다.
나서서 경쟁하여 치료기술을 세계만방에 펼치고 예전의 공과대 출신 이루었던 업적을 30년간 이루어 내야 한다.

5천만 명을 대상으로 하지 말고 전 세계 73억 인구를 대상으로 의술을 펼치고 공과대학 출신들이 그랬던 것처럼 국가를 생각하며 일해야 한다. 그렇게 해야 내 철밥통도 더 커지고, 국민들의 성원에 보답하는 것이다.

또 하나,
얼마 전에 중국으로 몰려갔던 한국의 백화점. 대형마트 등은 철수에 철수를 거듭하고 있다. 미국의 Sears 백화점도 그동안의 명성을 뒤로하고 문을 닫을지도 모르는 지경이 되었다.

반면에 한국의 백화점들은 새로이 대형 건축물을 짓고 새로이 용기차게 개점한다. 무모한 것인가? 현명한 것인가를 생각해 보게 한다. 내가 무지하여 시대적 흐름을 놓치고 있는 것인가? 아니다.

이것은 대형 파도다. 타고 넘을 수 없고, 거스를 수 없는 대형 파도다. 그대로 맞아야 하는 초대형 파도다.

인터넷은 모든 것을 삼키고 있음을 간과한 결과다. 인터넷은 특히 대형 판매시설들. 은행들을 하나둘 무너뜨리고 있다. 심지어 동네 골목의 자영업자들까지 하나둘씩 무너뜨리고 있다.

인터넷 쇼핑은 값이 더 싸고 택배로 물건을 집에서 편하게 받으며, 빅세일 행사로 가끔 쇼핑하는 재미도 준다.
아마존을 보라.
모든 걸 삼키고 있다.
이게 정답이고 갈 길이다.

한국은행이 온라인쇼핑 확대가 연평균 물가 상승률을 0.2% 포인트 떨어뜨리고, 고용은 1만 6천 명을 감소시킨다는 내용의 첫 실증연구 결과를, 즉 아마존 효과(Amazon Effect)를 작년 12월 발표한 바 있다. 빅 브라더가 탄생하는 게 아닌지 두렵기도 한 세상이 되었다.

인터넷을 발명하여 전 세계에 무료로 공급한 영국 옥스퍼드(Oxford)의 교수였던 팀 버너스 리(Timothy John Berners Lee)도 인터넷을 없애고 싶다고 말한 적이 있을 만큼….

이런 의미에서 빅 비즈니스(Big Business) 아이템을 하나 봤다. 홈플러스, 이마트, 모모 백화점 등등 대형쇼핑 시설은 중심상업지구에 엄청난 땅을 보유하고 있다.

교통도 좋고 높이만 올린다면 경관도 무척 좋은 곳이다. 바로 이곳이 최고급 주상복합아파트가 대형으로 들어올 최적지다. 언젠가는 이렇게 변할 것이다.

빅 비즈니스 기회가 여기에 있다. 외부자의 눈으로 내부를 봐야 빅 비즈니스 기회가 보인다.
이들 대형 판매시설도 죽어서 땅을 남기게 된다. 트럼프가 잘하는 사업이 바로 도시 재생사업이다. 그는 이렇게 성공했고, 미국의 제45대 대통령까지 되는 명성과 부를 함께 얻었다.

여태까지 한국의 독점시장이 깨지지 않은 곳은 의료산업뿐이었다. 이제야 제주도 도지사의 결단으로 무려 16년 만에 제주도에 투자개방형 소규모 병원 하나가 허가되었다.

변호사 시장도 개방되었다. 경쟁을 통해서 능력을 배양하고 비용을 절감하여야 의료산업도 국제적으로도 경쟁력이 생기는 것이다. 따라서 산업이 쇠퇴하여 폭락한 이들 지역의 부동산을 예의주시하고 사업성을 검토해 볼 가치가 있다.

해당 지역의 수익성 부동산을 완전 헐값에 거저줍는 기회가 될 수도 있음을 생각해 보라!

의료관광 세계 시장 규모가 1천억 달러가 넘지만 한국점유율은 겨우 1%

조금 넘는다. 이제 시작이지만 투자개방형 의료법인이 8개 경제특구 등에 도입될 경우 부가가치 유발액은 GDP의 1%, 일자리 창출 효과는 18만 개에 이를 것이라는 논문이 나온 지 벌써 오래 전이다.

국제계약은 쌍무계약이다. 우리는 개방하지 않으면서 외국의 의료개방을 원하는 기초적인 신사협정도 감안하지 않는 조치를 우리나라는 원하고 있는 경우까지 있다.

누구나 개방하지 않으면 결국에는 도태된다. 일본은 메이지유신으로 개방을 해서 오늘의 번영을 이루었고, 우리는 쇄국정책으로 결국 국가가 무너졌음을 기억해야 한다.

제주도까지 비행기로 2시간 이내에 도착 가능한 1천만 명 이상인 도시가 5개나 있다. 더 넓게 보면 인구 300만~1천만 명 도시가 13개나 있다. 저가 항공사의 등장과 고령 인구의 증가로 그야말로 치료 실력만 좋으면 돈방석 위에 앉는 것과 같은 산업이다.

의료관광 시장이 급성장하는 상황에서 30년간 누적된 한국 최고의 두뇌들의 모임인 의료인들은 73억 인구의 시장을 포기하고 5천만 명만을 치료대상으로 삼는 것은 스스로 무덤을 파는 격이다.

의료쇄국정책을 고수하는 동안 한국의 의료관광 경쟁력은 동아시아 내에서의 경쟁력도 태국, 인도 말레이시아에도 뒤진다는 평가다. 참 한심한 나라가 되어가고 있다. 스스로 성장을 포기하는 나라가 되어가고 있다.

썰물이 빠지고 시간이 지나면 밀물이 밀려온다. 산업 공동화로 사람들이 빠진 곳이 상전벽해로 변할 수 있다.
이른바 도깨비 같은 상황이 벌어질 수 있는 곳이 바로 조선소가 있던 곳, 철강소가 있던 곳, 한때 자동차산업으로 흥청거렸던 군산. 창원 등등의 다가구 주택 단지, 상가의 재활용 시점은 온다.

이들 지역이 미국의 Lust Belt처럼 소생할 수 있는 기회를 잡을 기회는 반드시 온다. 디트로이트는 단기간에 부동산이 3배가 올랐고, 지금도 오름세는 지속되고 있다.

이 러스트벨트의 역발상 투자자들은 부동산을 싸게 샀기에 그 후 부동산 가격의 상승에 따른 월세 수익의 대폭 상승으로 투자금액과 대비하면 월세 수익률은 매년 20~30%는 될 것이다. 이처럼 투자든 정책이든 미래를 보고 투자하는 지혜가 항상 필요하다.

현 제주도지사의 투자개방형 영리병원 허가결정은 결국 현명한 선택이었고, 이제서나마 우리나라가 처한 상황을 제대로 파악하고 제주도만이라도 먼저 구한 것으로 본다.

앞으로도 한국의 불황형 흑자는 지속될 것이기에 지금의 무역 흑자 요인에 새로운 성장 동력을 즉 새로운 신산업인 의료업을 추가로 산업화하지 못한다면 일본의 잃어버린 20년을 따른 후에, 잃어버린 30년 세월까지 그대로 따르게 된다.

한마디로 의료산업은 제4차 산업혁명의 핵심고리이며 반도체 시장의 10배가 넘는 무한성장 산업이다. 8개 경제특구와 제주도, 산업구조 조정으로 폐허로 변해가는 지방 도시들과 조선소와 철강소의 해변을 활용해야 한다.

가까이에 반면교사인 일본을 두고서도 그들이 지나온 긴 세월의 시행착오와 장단점을 활용하지 못한다면 한국의 미래도 없다.

4 한국은 일본보다 더 급격한 디플레가 온다

일본의 도쿄, 나고야, 오사카의 지가는 2018년에 0.1%, 상업지는 4.2%, 주택지는 0.7%가 올랐다. 반면에 지방 소도시 지역의 땅 가격은 27년간 계속해서 내림세다.

일본은 1990년에 시작된 대세 하락을 2018년에 벗어나지 않았는가? 하고 의심스러울 정도로 땅값이 27년 만에 약간 올랐다. 그것도 세 개의 대도시권 상업지역과 지방의 네 개 핵심 도시 상업지역이 올랐다.
롱텀 디플레이션이 이렇게 무서운 것이다. 그동안 주택지는 최고치 대비 평균 80%, 상업지는 평균 90%가 폭락했다.

이처럼 길고 깊은 디플레이션은 모든 경제를 마비시킨다. 일본은 2012년 아베의 취임 이후 아베노믹스로 얼마나 많은 돈을 퍼부었는지 통계조차 밝혀진 게 없다.

EU도 2018년 연말을 끝으로 양적 완화가 종료되었다. 언젠가는 일본도 양적 완화를 중단하고 금리를 올려야만 한다. 그래야만 경기조절 정책수단을 확보하게 된다.

이렇게 될 경우, 엔화는 다시 강세로 돌아선다. 향후 여러 가지 이유로 촉발되는 달러 가격 인하 즉 약 달러는 원화, 위안화, 유로화 등의 강세를 초래하게 되어 또다시 세계 경제에 큰 변동을 가져온다.

2008년 미국에서 시작된 금융위기를 돌파하기 위해 미국은 약 4조 5천억 달러를 퍼부었다. 일단 미국은 부실채권의 신속한 정리로 회생의 기회를 잡아, 2015년 12월 16일 첫 금리인상을 시작으로 작년 말까지 9회째 연속해서 금리를 인상했다. 빠른 부채 청산은 미국의 비소구형 주택담보대출 제도 때문이었다.

일본은 지금도 양적 완화 중이지만 한국은 양적 완화를 시행한 적도 없다. 그러나 한국도 이미 일본식 롱텀 디플레이션이 시작되었으나 일반인들은 모르고 있다.
한국은 일본보다 더 급격한 디플레가 온다는 사실을 알아야 한다. 한국도 곧 일본처럼 롱텀 디플레이션 국가가 된다. 정부와 일부 전문가들의 전망이나 기대와는 달리 한국은 일본보다 더 빠르고 깊은 디플레가 올 것이다.

한국이 일본과 다른 점으로 고려해 볼 만한 것은 2천만 명의 인구를 가진 북한과의 통일이다. 그러나 단기간에 통일될 가능성은 거의 없다.

단지 비자에 의한 자유 왕래만이라도 통일로 본다면 즉 항구적인 평화가 온다면 이것만으로도 다소 완화될 수는 있을 것이지만 그래도 디플레이션을 피할 수는 없다.

디플레가 진행되는 이유는 한마디로 인플레가 더 진행될 수 없기 때문이다. 인플레가 더 이상 진행되지 못하는 이유는 여러 가지가 있지만 우선은 부채와 이자 때문이다. 신용 부족으로 즉 상환에 대한 위험으로, DSR 규제에 따라 원리금 상환액의 과다로 더 이상 인플레이션은 진행될 수 없다.

현재까지는 정부의 원리금 분할상환 정책으로 인해 원리금을 동시에 상환하는 비율이 약 50%에 달하지만 점점 늘어나게 되며, 1~2년 이내에는 주택담보대출자의 약 70~80%가 월 소득액의 약 30% 이상을 원리금 상환액으로 지불하게 될 것으로 보인다.

소득의 30% 정도를 매월 원리금 상환액으로 본다면 각 가정의 추가 소비 여력은 거의 없는 셈이다.
가계부채 비율이 1% 오르면 경제성장률이 0.1% 줄어든다고, BIS(국제결제은행)이 25년간 54개국 자료를 분석한 결과를 발표한 적이 있다. 그러나 부채는 1년 이내엔 소비와 성장에 '+' 효과가 있는 것으로 밝혀졌다.

한국도 갖은 정책수단을 동원해도 디플레는 피할 수 없을 것으로 보인다. 그 이유를 하나씩 짚어보자.

우리가 일본처럼 롱텀 디플레이션을 피할 수 없는 것은 바로 이 가계부채 문제가 첫 번째 이유이다.

우선 한국의 디플레를 촉발시키는 것은 일반적으로 생각하는 인구 문제보다도 빛의 속도로 늘어나는 가계부채가 더 큰 원인이 된다. 원리금 상환을 하지 못하면 경매 처분 대상이 되며, 아파트 가격이 50%로 내려도 부채는 그대로 남는다.

이 부채는 상속을 포기하지 않으면 자식들에게까지 상속되며, 경제에 연좌제 같은 해악을 끼친다. 이것이 한국과 일본이 채택하고 있는 소구형 주택담보대출제도의 크나큰 결점이다.

소구형 주택 담보 대출 채무자의 다른 자산에까지 무차별적으로 강제집행을 가능케 하며, 빚도 상속포기를 하지 않는 한 상속까지 되므로 빚을 갚기 전에는 영원히 헤어날 수 없다.

그래서 소구형 담보대출제도는 감정평가사들이 자산 가격 평가를 대충하는 결과를 유인케 되며, 융자가능금액 산정 시 금융회사의 도덕적 해이를 초래한다. 언제든지 무제한, 무기한으로 채무자의 전 재산을 압류하여 융자금을 회수할 수 있기에 그렇다.

미국은 한·일과 달리 비소구형 담보대출제도를 시행하고 있다. 이것이 2008년 금융위기에서 미국이 가장 먼저 빠져나온 이유이다. 집을 비우고 열쇠를 은행에 넘기고, 통지만 하면 빚이 전액 없어지는 것이 바로 비소구형 주택담보대출제도이기 때문이다.

2017년 말 한국의 가처분 소득(Disposable income) 대비 금융부채는 무려 185.9%다. OECD 국가 중 7번째로 높다.

한국의 가계부채는 2013년(160.2%) → 2014년(162.9%) → 2015년 (169.0%) → 2016년(180.4%) → 2017년(185.9%) 등으로 증가세를 계속 이어왔다.

같은 기간 가처분 소득은 599조 4천억 원에서 907조 7천억 원으로 51.4% 늘어나는 데 그쳤다. 매년 가계 소득이 늘어나는 것에 비해 부채가 너무 빠르게 증가하는 것이다.

총 1천 500조 원, 가구당(총 1천 967만 가구) 8천만 원이나 된다. 여기에다가 가계부채를 바라보는 시각이 정부와 시장 사이에 큰 차이를 보인다. 민간에서 보는 가계부채 규모는 2천 343조 원이다.

한국은행이 집계하는 가계부채에는 전세보증금대출, 사업자대출, 자영업자대출이 포함되지 않았기 때문이다. 가처분 소득 대비 가계부채 증가 폭은 그리스·스위스에 이어 세 번째로 크다. OECD 삶의 질 보고서에 따르면 부채를 지탱할 수 없는 수준에 도달하면 경제시스템이 위험하다고 한다. 너무나 당연한 얘기다.

바로 부채로 인해 디플레이션이 유발된다는 점이다.
부채 디플레이션이란 한마디로 가계의 부채는 증가하는데 가계가 보유하고 있는 자산의 가격은 하락해 가계의 소비여력이 줄어들어 소비가 위축돼 디플레이션이 유발되는 현상을 말한다. 어빙 피셔교수가 대공황의 원인으로 주장하며 유명해진 이론이다.

전 벤 버냉키 FED 의장도 1930년대의 대공황과 1990년 이후 일본의 디플레이션도 부채 디플레이션 이론에 부합한다고 인정한 바 있다. 보다 더 자세한 부채 디플레이션에 관한 이야기는 제1부 [챕터7]에서 이미 설명한 바 있다.

한편 2017년 당시 GDP 대비 공공부채 비율을 살펴보면, 일본(240.3%), 이탈리아(133.02%), 미국(108.1%), 프랑스(96.8%), 한국(46.1%), 캐나다(98.8%), 영국(92.2%)순으로 우리나라의 재정은 아직 건전한 것으로 보인다.

가계부채를 줄일 수 있는 방법은 갚는 길밖에 없다.
갚지 않고 줄이는 방법은 빚 탕감밖에 없다. 전 국민의 개인 빚을 줄여준다는 것은 도덕적 해이는 물론 결국에는 빚이 없는 사람과의 형평성 문제, 세금 증가 문제 등등으로 결국 불가능하다. 그러하면 결국 각 가정의 가처분 소득이 늘어야 한다.

가처분 소득이 늘려면 결국 취업 문제와 직결되고, 급여인상 문제가 직결되며 취업 인구 증가와 직결된다. 즉 문 정부의 소득주도 성장이 옳은 길임은 자명하다.

신속한 산업구조 조정을 하고, 성장산업 위주로 국제경쟁력을 갖춘 의료산업과 신산업 위주로 성장정책을 과감히 펼쳐야 하는 것이다.

다음으로 큰 한국의 디플레이션 유발요인은 생산 활동 가능 인구의 감소로 인한 인구 문제다. 한국의 핵심 경제활동 인구(35~55세)는 이미 2012년에 정점을 찍었으며, 생산 활동 가능 인구(15~64세)는 2017년에 정점을 기록했다. 이제 일본보다 더 심각한 인구 감소가 우리나라의 산업 전반에 큰 영향을 끼치기 시작한다.

일본의 인구 절벽 즉 핵심 경제활동 인구(35~55세) 감소가 시작된 해는 1990년이다. 한국도 2013년부터 이미 시작됐다. 생산 활동 가능 인구(15~64세)의 감소는 일본은 1996년부터, 중국도 이미 2014년에, 생산 활동 가능 인구가 줄어들기 시작했고, 한국은 2018년 즉 작년에 시작되었다.

한국의 핵심 경제활동 인구는 이후 20년간 약 240만 명(14.1%)이 줄어들 예정이다. 한국이 일본보다 더 빠르고 깊은 디플레가 오는 이유는 일본의 단카이 세대, 한국의 베이비붐 세대 숫자와 총 인구 대비 비율을 봐도 알 수 있다.

일본의 단카이 세대(1947~1949년생, 680만 명)는 한국의 베이비붐 세대(1955~1963년생, 720만 명)보다 인구도 40만 명이 더 적다. 총 인구 비중으로 보면 한국의 14.4%보다 더 낮은 5.7%로 1/3 수준이다.

이는 숫자상으로만 계산하면 일본의 디플레 속도보다 한국의 인플레 진행 속도가 2.5배나 빨리 진행될 수 있다는 뜻이다. 잃어버린 10년의 현상이 불과 4년 만에 나타날 수 있다는 뜻이 된다. 일본의 인구는 한국의 5천만 명보다 약 2.5배 정도가 많은 1억 2천만 명이나 되기 때문이다.

단순히 생산 활동 가능 인구의 감소뿐만 아니라 2018년 한국은 주 52시간 근무제로 근로시간을 단축하는 조처를 했다. 근로시간 축소도 생산 활동 가능 인구 감소와 같은 효과를 나타내는 것은 당연한 일이다.

인구 감소와 함께 찾아올 충격을 줄이기 해서라도 근로시간 단축 문제는 산업별로 시기별로 탄력적으로 운영하여 그 충격을 최소화하거나 연기해야 한다.

장래를 내다봐도 한국의 인구 감소 문제는 너무나 심각하다.
현재 한국의 합계출산율(여성 1명이 평생 낳은 아이 수)은 0.96~0.97명만 놓고 봐도 OECD 국가 중 한국이 세계에서 제일 낮다. 즉 북한과의 통일을 제외하고는 인구 문제가 해결될 기미가 안 보인다.

그러나 인구적·영토적 통일 아니라면 그들도 내수 감소를 해결해 주지 못한다. 일반적으로 생산 가능 인구라는 단어를 쓰니까, 생산능력의 부족으로 인한 디플레를 생각하지만 사실 이 단어는 소비 가능 인구로 바꿔 써야 맞다.

마지막으로 우리나라는 작년 즉 2018년 연말 현재 약 83개월째 무역 흑자가 지속해서 누적되고 있다. 무역 흑자란 결국 국내에서 소비하여야 할 물자를 외국으로 내보낸다는 의미이다.

이만큼 국민의 복지가 줄어든다는 의미가 된다. 또한, 국내 소비를 줄이게 되므로 디플레이션에 영향을 끼친다. 이제는 국제수지의 균형론을 생각해 봐야 할 때가 아닌가 싶다.

크게 봐서 이 세 가지가 디플레의 진척과 정도를 주고받는다.
일본의 디플레 역사를 보면 부동산은 평균적으로 80% 정도가 내렸으며 특히 상업 지역이 더 많이 내렸다.

주식도 평균적으로 80%가 내렸음을 [그림33]으로 확인할 수 있다. 특히 세계 금융위기 중인 2009년에는 약 30년 전 지수인 7,568(1982년 2월 7,518 → 1989년 12월 말 사상 최대거품 38,915 기록 → 1990년 10월 20,221 1차 대바닥 → 1995년 6월 14,517 2차 대바닥 → 2009년 2월 7,568까지 내린 바 있다.

[그림33]의 수직점선 ⑤를 통해서 2009년 7월의 주택지수(2010=100) 최저점(97.71)이 주식 최저점(7,568)을 찍은 2009년 2월보다 5개월 늦음도 확인해 두자.

[그림6]을 통해서는 1974~2007년까지 일본의 상업지와 주택지의 토지 가격의 개략적인 시세 변동 상황을 볼 수 있다. 지바 신도시 맨션(한국의 아파트와 같다)의 26년 동안(1993~2018)까지의 폭락한 주택가격 시세는 [그림7]을 통해서 볼 수 있다.

바로 일본의 토지신화 붕괴 증거와 신도시의 가격 붕괴 결과를 개략적으로 나마 그래프로 확인 가능하다. 정말로 가공할 만하다.

2018년에는 서울 특히 강남의 아파트가 천정부지로 올랐다. 하지만 아직 평당 1억은 되지 못한다.

이번의 9·13조치로 부동산은 일시적인 조정기에 들어섰다고 판단되지만 향후 1~2년 사이에는 다시 평균적으로 즉 주택지수 상으로는 약 50~100%의 한 차례 폭등이 있을 것으로 보인다. 즉 강남의 평범한 아파트 기준으로 평당 1억 시대가 열릴 것이다.

그 주원인은 원화 가치 상승에 있다.
지금 달러 강세를 시현하고 있지만 금명간 달러는 약세로 돌아설 운명이다. ECB는 2015년 3월 시작한 2조 6천억 유로 규모의 자산매입 프로그램인 QE를 2018년 12월로 종료했다.

양적 완화 중인 일본도 양적 완화를 중단하면 한 차례, 금리를 인상하기 시작하면 또 한 차례 달러 가격이 내려가게 된다.

게다가 초장기 호황을 지속 중인 미국의 경제성장률이 금년부터는 줄어들 것으로 예상되어 금년 즉 2019년부터는 금리인상을 멈추고 오히려 금리 인하에 나설 수도 있다.

또한 우리나라는 장기간의 무역수지 흑자국이다. 현재의 불황형 흑자는 앞으로도 지속될 것으로 보이며, 이는 강력한 원화강세요인이다. 일본도 불황형 흑자가 지속되는 동안 엔화강세가 지속되고 있음을 주지하여야 한다.

달러 가격과 국내 자산 가격은 반비례 관계에 있음은 졸저 《일본인의 눈물: 자식들에게만 전해주는 달러 투자로 재산 4배 불리는 기법》 책에서도 약 50년간의 그래프로 입증한 바 있다.

달러 가격 변동이 주원인인 아파트의 일시적 가격 폭등 이후에는 거품 붕괴로 폭락에 이어 2032년 혹은 2033년 정도까지의 지루하고도 지속적인 디플레가 아파트 시장을 지배하게 될 것이다.

이 시기가 한국의 부가 계층 간에 이동되는 마지막 시기가 된다. 당연히 폭등한 시세에서 평균적으로 80% 정도가 내리므로 강남 지역, 목동 지역도 폭락하지만 다른 지역보다는 적게 내릴 것 또한 뻔한 이치이다.

그러나 이번의 마지막 폭등 이후에는 10년 이상, 강남 불패 신화는 강남도 필패가 된다는 점을 잊지 말자. 흔히들 이미 알려진 악재는 악재가 아니며, 알려진 문제는 못 풀 문제가 없다고 말한다.

하지만 일본은 아베노믹스로 2012년 12월 16일 이후부터 양적 완화를 지속하여 인플레로 회귀한 듯한 착각이 들 정도로 경제가 회생하는 조짐을 보이는 것 또한 사실이다. 하지만, 아베노믹스 정책이 중단되고 지금 회수에 나선다면 또다시 디플레로 빠져들 것은 너무나 뻔하다.

일본은 세계 3위의 경제 대국으로 노벨상 수상자만도 무려 29명으로 기초 기초과학 분야의 수상자들로만 25명이나 된다. 이는 일본이 주요 과학 분야의 원천기술을 가졌음을 의미한다. 물론 경제학상 수상자는 없지만, 이것이 일본이 디플레를 적어도 20년 이상 겪은 이유가 되지 못한다.

아무도 연구한 적은 없지만 빚이 가처분 소득의 100% 정도로 같아지는 때가 되어야 소비가 살아나는 것을 경험적으로 알 수 있다. 2017년 말 한국의 가계부채는 무려 185.9%나 된다. 우리의 가계부채 산정상의 문제 등은 제4부 [챕터1]를 참조 바란다.

미국은 2008년 금융위기 당시 135%였던 부채비율을 단기간에 정리하여 100%로 줄였기에 경기가 살아났다. 그들은 비소구형 주택담보대출제도를 도입한 지 오래여서 단기간에 빚을 줄일 수 있었다.

우리나라와 일본은 소구형 담보주택대출제도이다.
즉 죽어서라도 빚을 갚아야 하는 제도다. 이는 그만큼 경기회복이 늦어진다는 뜻이다.

빚을 갚을 방안은 소득이 늘거나 빚을 탕감해 줘야 하지만 이는 현실적이지 않다. 지금의 DSR 규제, 원리금 상환제도 등등은 자산 가치 즉 주택 가격을 떨어뜨리기 위한 제도이다.

잘들 알다시피 자산가치가 대폭 상승하면, 즉 자산 가격이 오르면 화폐적 환상(Monetary illusion)에 빠져 소비가 늘어나는 효과를 보이지만, 우리는 반대의 정책을 펴고 있다.

즉 김영란법, 주 52시간 근무제 등으로 인한 경기 위축 시기에 오히려 부동산 규제책을 쓰고 있고, 한국은행은 미국의 금리인상으로 외화유출을 우려해서, 금리 인하를 해야 할 시기에 오히려 금리를 인상하여 1.75%가 현재의 기준금리이다.

인구 문제 또한 단기간에 해결될 문제가 아니다. 이런 이유들로 한국의 디플레는 일본의 디플레보다 더 급격히 진행될 수 있어 훨씬 충격적일 수 있음을 감안해야 한다.

개략적으로 2032, 2033년은 지나야 다시 인플레 경제로의 회귀가 가능할 듯하다. 물론 중간에 적자생존의 시기가 온다고 본다. 이는 부의 계층 간 대이동이 기다린다고 보는 이유이기도 하며, 인플레 경제로의 회귀도 한참 더 늦어질 수도 있음을 뜻하기도 한다.

빅데이터 경기 예측가인 마틴 암스트롱(Martin. A. Armstrong)도 전 세계 경제는 이때쯤에야 부동산은 인플레 경제로 회귀할 것으로 예측한 바 있기는 하지만…

5 월급쟁이와 가난뱅이를 부자로 만들어 주는 Ultra Gap 상품

월급쟁이와 가난뱅이가 부자가 되는 방법은 많은 것 같지만 사실은 부동산 투자와 주식투자로 성공하는 것밖에 없다. 평범한 월급쟁이들은 월급을 아무리 많이 타도 그것만으로는 부자가 될 수 없다. 월급 수준에 맞춰서 생활을 하기에 그렇게 된다.

금융회사나 증권회사들은 이렇게 하면 부자가 된다고 말해 왔지만 긴 세월 살아 보면 그것은 거의가 다 자기 회사들을 번창시키는 수단이었고 개인투자가들은 거의 다 몰락해 왔음을 알 수 있다.

무엇이 이렇게 부를 갈랐을까?
우선은 Big Money Big Cycle을 맞춰서 투자하지 않은 것이 가장 큰 이유였다. 4단계로 순서에 따라 교체매매하지 않았으니 투자에 제법 성공했다고 해도 주식, 아파트, 달러, 국채의 네 가지 투자수단 중에서 한 가지만 성공하였을 것이고, 결국에는 긴 세월 동안 개미 투자자들의 돈은 알게 모르게 이들 금융회사 등에게 넘어간 것이다. 주식이나 부동산 한쪽에만 투자하는 요령으로는 절반의 수익, 아니 달러와 국채의 교체투자까지 감안하면 1/4의 이득밖에 올리지 못해서인 것이다.

그래서 앞에서 설명한 Big Money Big Cycle을 자세히 알아야 하고 부동산으로 성공하려면 주식도 제법 알아야 하는 것도 긴 세월 동안 연구하고 체험도 했기에 알게 된 사실이다.

흔히들 개구리 뛰는 방향과 구름이 가는 방향은 아무도 모른다고 말한다. 그러나 Big Money Big Cycle을 알면 이것이 다 보인다. 이것은 저자가 다른 전문가들의 연구결과를 융합해서 새로이 만들어 낸 최초의 달러와의 교체투자 공식이다. 이 공식에 대입만 하면 저절로 돈이 가는 자산 간의 이동경로와 시기를 알게 된다.

32년간의 통계치를 그대로 적용한 것이므로 주식의 대세상승 시점을 맞출 수 있고 적중률은 90% 이상이 된다. 경상수지와 기조전환일 투자법으로 1차 판단을 하고 삼선전환도로 확인을 한 후 주식투자를 시작하면 공식에 따라 마지막 국채 투자시기까지 시기에 맞춰 투자할 수 있는 것이다.

그동안 투자자들을 괴롭혀 왔던 부동산 주식 달러 국채의 매수시기와 매도시기가 훤히 보이는 공식이다. 그러하니 각종 재산들의 적정 매도시기와 매수시기의 연월일까지 훤히 볼 수 있는 것이다.

월급쟁이 30년을 성실히 하고 퇴직해 보면 조그만 아파트 한 채 남은 것이 재산의 전부인 것을 알게 되고 너무나 허탈한 기분이 누구나 들게 된다. 그래도 이 정도면 제법 성공한 인생인 것이 월급쟁이의 일생이다.

그동안 한국의 부가 차이 난 가장 큰 이유는 애당초 받은 재산이 있나 없나가 결정한 것이다. 상속이나 증여 등으로 Start Line이 시작부터 달랐기 때문이다. 그러나 이제 이를 뒤엎을 절호의 기회가 왔다.

지식으로 무장된 월급쟁이와 가난뱅이가 부자가 될 찬스가 왔다. 이번 마지막 한 번의 투기적 상승세가 끝나면 이젠 지식으로 무장된 자의 세월이 20년 이상 지속된다.

바로 롱텀 디플레를 이용한 공격타임이 왔다.
장기 디플레이션 시에는 흔히들 알고 있는 대로 현금이 왕이다. 그러나 조금 더 들여다보면 현금뿐만 아니라 현금 같은 현금등가물이 바로 울트라갭 상품이다. 삼성은 사옥까지 팔아 마련한 자금 100조 원의 현금성 자산을 보유하고 있다.

한 가지 명심 또 명심할 것은 롱텀 디플레이션시에는 달러에 절대로 투자하지 말아야 한다는 것이다. 롱텀 디플레이션에 처한 나라에서의 달러는 현금이 아니라 아파트 주식 등과 같은 재산처럼 폭락하기 때문이다.

따라서 달러 현찰은 물론이고 해외에 투자한 해외배당주 해외성장주 해외리츠 등 해외투자 자산은 [그림33]을 보면 일본 국내의 달러 가격의 지속적인 하락으로 일본인의 유령달러 처럼 귀국하지 못하게 됨을 특히 유의해야 한다.

그래서 저자는 이번 대세상승을 끝으로 우리나라도 롱텀 디플레가 본격화되므로 해외투자에 절대 나서지 말라고 말해 온 것이다.

1985년 2월 262.80엔이던 일본내의 달러가격은 대폭적인 폭락을 지속하여 1995년 6월에는 84.78엔(최저치는 2012.1.31일의 76.34엔)을 기록했다. 67.7%가 폭락했다. 즉 해외 투자자산은 67.7%가 올라야 본전인 것이다. 게다가 전 세계에 찾아올 디플레로 해외에 투자한 자산 그 자체의 가격도 대폭 내릴 것까지 감안해야 한다.

단기 디플레 즉 통상적인 불경기가 도래할 때에는 주식시장의 대세하락과 함께 일시적으로 급등했던 달러가격은 앞에서 살펴본대로 바로 제자리로 회복되는 경향이 많다.

그러나 숏텀 디플레이션이 롱텀디플레이션으로 바로 연결된 일본을 보면 일시적으로 급등했던 달러는 롱텀 디플레가 진행되는 동안 지속적으로 하락하게 된다는 사실이다.

따라서 본 저서를 통해 롱텀 디플레 지식까지 익힌 투자자는 롱텀 디플레를 인지하는 즉시 달러인버스 ETF를 사야 하는 것이다. 달러대출을 받는다면 즉시 매도한 후에 달러인버스 ETF를 매도할 때에 달러를 사서 상환하면 된다.

롱텀 디플레이션시에는 왜 달러와 기타 자산들이 동시에 장기간에 걸쳐 하락하는가는 연구대상이다.

지금까지의 사실들을 알게되면 롱텀 디플레이션을 판단해내는 기법과 롱텀 디플레가 끝났음을 알아내는 것이 바로 재테크의 가장 중요한 (비밀의 문)임을 알 수 있다.

키 포인트는 숏텀 디플레와 달리 롱텀 디플레시에는 기존의 다이마몬드 달러투자법과 달리 달러가격이 계속 내린다는 점이 핵심이다.또한 모든 실물 가격도 계속 내린다는 점이다.모든 것이 내린다.

따라서 롱텀 디플레 시절에는 마땅한 투자수단이 없다. 몇가지의 인버스 ETF와 본 챕터에서 소개하는 투자수단 몇 가지 밖에 없다.

롱텀 디플레시에는 기존의 경기순환적 디플레 즉 불경기 때의 투자방법과는 완전히 달라져야 한다. 이 것이 바로 다른 책에서는 거론조차 않는 롱텀 디플레시의 성공 투자에 이르는 비밀의 문이다.

이 비빌의 문을 열고 들어오면 월급쟁이와 가난뱅이도 웬만한 부자가 될 수 있다. 10배 이상, 경우에 따라서는 20배 정도의 부자가 되고 싶은 투자자는 비밀의 문을 열고 안으로 들어오면 된다.

롱텀 디플레시의 대박 투자요령을 요약하면

1)달러에 투자하지 말아야 한다. 국내에서는 물론이고 해외에 투자한 해외배당주 해외성장주 해외리츠 등 해외투자 자산은 일본인의 유령달러

처럼 귀국하지 못하게 됨을 유의해야 한다. [그림33]에서 볼 수 있듯이 1985년 2월 일본내의 달러가격은 262.80엔 부터 대폭적인 폭락 후에도 또 다시 폭락을 거듭했다.

2)국내 주식과 부동산에도 투자하지 말아야 한다.

위의 기간과 거의 비슷한 기간동안 니케이 지수는 74.9% 폭락했다. 1989년 12월 최고치에서 폭락한 지수와 비교하면 80.6% 폭락이다. 부동산은 데이터 부족으로 자세히 비교하지 못하지만 다이아몬드 달러투자 기법 이론에 따라서 니케이지수와 거의 같은 비율로 폭락했을 것으로 짐작할 수 있다.

3)금, 원유, 은, 구리 등등 실물자산에의 투자도 하지 말아야한다. 이들은 국내 투자가 가능한 자산이기도 하고 국제시장에서도 거래되지만 국제시세에 연동되어 움직일 수 밖에 없다. 더구나 실물자산에의 투자는 전 세계가 처한 디플레를 감안하여야 한다.

국내로 투자금을 반입시에는 역시 달러로 환전하여 들여올 때 막대한 환차손이 기다리고 있게 된다. 앞으로는 남고 실제로는 밑지는 투자가 된다. 역시 환차손이 싫어 못 들여오면 해외 투자자산들은 국제 금융시장을 정처없이 떠도는 유령달러(Ghost Dollar)가 된다.

제3부 [챕터2] 환율의 마법(b)에서 자세히 설명한 대로 롱텀 디플레이션

을 판단해내는 기법과 롱텀 디플레가 끝났음을 알아내는 것이 바로 재테크의 가장 중요한 (비밀의 문)임을 다시 한 번 강조한다.

본 저서에서는 현금보다 더 좋은 금융상품을 하나하나 소개한다. 우선 가장 적극적으로 추천하는 현금 등가물 상품은 맥쿼리인프라 펀드라는 시한부 부동산 리츠 같은 상품이다. 우리나라에만 존재하며 IMF 당시 사회간접자본에 투자할 국가재정 부족으로 세금으로 건설하지 못한 고속도로 등의 사회간접자본에 투자하는 펀드로 2043년에 해산하는 시한부 펀드다.

얼마 전까지는 월세투자와 갭투자로 한동안 부동산 투자 붐이 또 인적이 있음은 누구나 안다.

이제 월세 투자자도, 갭투자자도, 해외투자자도 눈물을 흘리는 초장기 디플레 시절이 본격화되는 해가 불과 1~2년 뒤의 일이다.

이때 막대한 시세차익과 매년 쏟아지는 분배금으로 기쁨을 맛 볼 울트라 갭 상품들을 독자들에게 소개한다. 다른 재산들의 가격이 급전직하로 떨어질 때에 막대한 시세 상승차익과 매년의 배당금(분배금) 수익으로 큰 기쁨을 누리게 되는 상품이다.

디플레시에는 현금가치가 급등한다.
제4부 [챕터1]의 Big Money Big Cycle 이론에서 설명한 대로 일본의 니케이 지수는 1989년 말에 38,915로 최고지수를 기록한 이후 2009년

2월에는 30년 전 지수와 비슷한 7,568로 되돌아갔다.
주가지수는 하락율이 80.6%였다.

이 수치를 이용해서 계산해 보면 결국 현금의 상대가치는 20년 만에 504.7%가 급등한 것이다. 곧 설명할 맥쿼리인프라펀드나 국채 주택연금 예금 등의 상대가치 증가는 현금과는 비교가 안 될 정도로 더 오르게 된다. 이 상품들은 보유만으로도 자체 수익이 발생하기 때문이다.

부동산은 데이터가 없어 자세히 분석할 수는 없으나 결국 비슷하게 주택지는 평균적으로 80%, 상업지역은 90%까지 내렸다. 즉 부동산에 비교해서도 현금의 상대가치는 급등하였다.

미국의 1929년 대공황 당시에는 예금의 실질가치가 주식과 비교하여 2년 10개월 만에 924.7%의 급등세를 시현한 바 있다. 역시 상대가치가 오른 것이다. 곧 본격화될 한국의 롱텀 디플레 시에도 자산 간 상대가치의 변동률은 비슷할 것으로 짐작할 수 있다.

앞으로 약 20년간 정말로 무서운 부의 몰락과 부의 이동이 계층 간에 생겨난다. 아파트, 상가주택, 주식 등 실물재산을 가진 자에게서 현금 및 현금등가물을 가진 자에게로….

전후 70년 만에 주어지는 이 기회를 지식으로 무장된 월급쟁이와 가난뱅이들은 절대로 놓쳐서는 안 된다.

재테크에 성공하려면 남들과 달리 안 보이는 것을 볼 줄 알아야 한다. 월급쟁이와 가난뱅이가 간단히 부자가 되는 Ultra Gap 상품으로 먼저 맥쿼리 인프라펀드를 소개한다.

보다 더 자세한 금리 변동에 따른 시세차익과 분배금의 효과 등 시세 예측은 저자의 첫 번째 저서인 졸저 《자식들에게만 전해주는 재테크 비밀수첩》에 자세히 분석해 두었다.

1) 월세 대안 상품① 맥쿼리인프라 펀드

지금까지 월세 투자의 현재와 미래까지 살펴보았다. 그 결과 월세 투자자는 대세 하락 이후부터 적어도 2032년 혹은 2033년까지는 바보 투자자가 된다는 결론이다.

주원인은 한국 가정에 쌓인 약 1,500조의 가계부채와 우리나라의 인구감소·고령화로 인한 기나긴 디플레이션이 예측되기에 그렇다.

하지만, 많은 사람들은 월세 투자를 해 놓고 놀면서 매월 월급식의 돈을 받아서 편히 살기를 원한다. 이제부터 3~4챕터는 월세 투자보다도 좋은 월세식 수익이 보장되는 상품인 맥커리인프라 펀드와 국채, 주택연금, 연금희망주택에 대해서 검토해 보기로 한다.

특히 이제 은퇴가 끝나가는 720만 베이비부머(1955~1963년생)들은 월세 투자로 바보 투자자가 될 가능성이 많으니 잘 읽어주기 바란다.

베이비붐 세대의 마지막 나이인 1963년생은 2021년이면 58세로 정년을 맞는다. 720만 명의 거대한 인구가 실업자가 되는 마지막 해다. 전체 인구 약 5천만 명의 14.4%나 된다. 이들은 계속해서 한국경제에 큰 영향을 끼치게 된다.

이들에게 월세보다 더 좋은 투자 상품들 중 맥쿼리인프라 펀드를 우선 먼저 소개한다.

국내 사회간접자본에 투자해서 앞으로 매년 675~900원의 분배금(상장회사의 배당금과 같다)을 지급하는 맥쿼리인프라(코드번호: 088980)라는 상품이다.

주식시장에 상장되어 있으며 1주 단위로 사고팔 수 있다. 매년 2회, 6월 말과 12월 말을 분배기준일로 하여 2차례에 걸쳐 이익금을 분배한다.

이 펀드는 호주 맥쿼리은행이 조성, 관리한다. 2043년에 해산하는 시한부 펀드이며, 국채보다도 훨씬 분배금(배당금)이 많고, 이 주식은 MRG(Minimum Revenue Guarantee)로 한국 정부가 최소 수익률을 보장하게 되어 있다.

MRG란 SOC사업에 민간투자를 유치하기 위해서, 사업시행자의 운영 수입이 당초 약정한 추정 수입의 일정비율에 미치지 못할 경우 사업시행자에게 재정지원을 약속하고 부족액을 정부가 지급해 주겠다는 보증계약으로 보면 된다.

결국 맥쿼리인프라펀드의 기존에 투자한 모든 투자 사업은 땅짚고 헤엄치는 사업들뿐이라는 뜻이 된다. 즉, 사회간접자본인 인천공항 고속도로. 지하철 등에 투자되어 있고 투자 시에 예상 이용률 등을 감안해서 투자된 자금이다. 몇 년 전 국회에서도 지나친 혜택이라고 거론된 바도 있을 정도로 큰 혜택이 주어져 있다.

IMF시절에 생겨났고, 당시는 고금리 시대여서 최저 예상 수익률이 높게 책정되어있을 것으로 예측된다. 지난 투자 사업들은 예상 수익률이 상당히 높았던 관계로 근래에는 새로운 투자에 나선 사회간접자본은 없다.

이후 저금리 시대로 진입하였기에 지금 새로이 투자하면 오히려 기존의 예상 수익률을 낮추게 되기 때문이고, MRG제도에 대한 국내 여론도 좋지 못하기 때문이다. 어떤 경우에도 국제적 신인도 때문에 한국 정부는 최저수익률 보장 등 약속을 깨트릴 수도 없고, 일종의 부동산 리츠 같은 성격도 지닌 펀드다.

기부채납식으로 약 30년간 지나면 투자된 시설이나 사회간접자본을 국가에 반납해야 하는 구조다. 즉 2043년에는 강제 해산되는 시한부 펀드다.

이 맥쿼리인프라 펀드는 디플레 등으로 이용이 저조해서 최저 수익률만을 받을 경우도 상정해 봐야 하지만, 금리가 오르면 시세 즉 가격은 내리고, 금리가 내리면 가격이 오른다. 즉, 금리와 역의 관계에 있음은 국고채와 같다. 구태여 따지면 맥쿼리인프라는 2043-2019=24년짜리 국고채와 같다.

2019년 1월 10일 현재 시세는 9,310원이고, 연간배당 예정 금액은 2018부터는 연간 675~900원으로 예상된다. 수익률 7.1~9.6%의 초고이자 국고채 채권인 셈이다.

현재 한국의 30년물 국채 수익률은 2% 정도다. 한국은 국고채가 많지 않아 시세 정보가 부족하다. 미국 국채 30년물 금리와 비교해 보면 3.3212%이다.

간단히 비교해도 미국 국채보다도 분배금(주식의 배당금과 같다)을 약 2~3배를 24년간 더 받을 수 있다.

한 가지 고려사항은 이 분배금은 예상 분배금이고 경영실적에 따라서 약간씩 달라진다. 그러나 최저분배금은 MRG로 이미 정해져 있고, 이익금을 매년 90% 이상 분배하지 않으면 모든 수익은 국고로 환수되므로 이익이 나기만 한다면 배당액은 항상 이익금의 90%가 보장되는 구조다.

국채와 다른 점은 만기 시에 액면가(?) 5천 원을 일시에 반환하지 않고 3회에 걸쳐서 강제적으로 미리 분할 지급한다는 점이다.

지급내역을 보면
2024년에 주당 1,300원,
2032년에 주당 1,300원,
2042년에 주당 2,400원이 강제적으로 반환된다.
2018년부터는 배당 예상액이 주당 연간 675~900원으로 예상된다.

국채나 국채성격을 띤 맥쿼리인프라 펀드 등에 투자할 시에는 금리변동추이 분석이 가장 큰 영향을 끼친다.

앞으로 금리 인상을 몇 차례 하면서 가격이 내릴 경우도 미리 상정해서 판단해 봐야 하는데, 이 경우에는 단기적으로는 가격손상을 약간은 입을 것이다.

하지만, 월세처럼 배당금을 목표로 하므로 만기 시까지 보유한다고 해도 인플레경제로 회귀하면서 지속되는 금리 인상만 없다면, 아무런 가격 변동도 없는 것이 된다. 즉 배당금은 같다.

다만 2032년 정도까지는 디플레경제가 진행되고, 2032년 정도부터는 인플레경제로의 회귀하여 향후 60년 이상을 지속하고 금리의 꾸준한 인상 시기가 도래할 것으로 보인다. 이때에는 맥쿼리인프라도 기세를 다하는 타임이 될 것이다.

이 경우, 파는 것이 유리하지만, 시세차익만을 노리는 게 아니라 월세 같은 분배금(배당금)을 위한 투자라면 인플레경제로 회귀하면서 다시 판단해 보아야 할 타임이 된다.

그러나 장기 디플레이션을 맞아 금리의 지속적인 인하가 예상되므로 매년 높은 분배금과 막대한 시세차익은 덤이 된다. 국채와 마찬가지로 펀드의 시세차익은 24년물 국채와 같으므로 금리 1%당 14~16%의 시세차익이 남음은 당연하다.
현재 일본의 국채금리가 마이너스 수준임을 안다면 맥쿼리인프라 펀드는 보물단지인 것을 눈치채야 한다.

월세 및 갭투자 대안상품으로 적극 추천하는 것이므로 역시 분배금에 대한 배당 소득세를 얘기하지 않을 수 없다. 양도소득세는 당연히 없다.
배당액에서 약 15.4%의 세금을 내야하며, 금융 소득 종합과세나 종합소득세 문제도 같이 검토하여야 한다.

일정 연령 이상이라면 비과세종합저축 한도인 5천만 원을 가입하여 이 펀드를 사면 전액 면세 처리된다. 월급생활자라면 ISA를 통해서 맥쿼리인프라 펀드를 구입하면 일정 금액까지는 면세 처리된다.

다가오는 롱텀 디플레이션 시대는 현금이 왕인 시대다. 디플레이션 시대에는 현금보다 더 좋은 투자수단은 거의 없다. 그중의 제1이 바로 맥쿼리 인프라 펀드이고, Second Best(차선책)가 국채다.

소득 없이도 매월 고정 수입으로 살기를 원하는 경우 롱텀 디플레가 지속되는 한, 이처럼 좋은 투자수단은 없다. 개략적으로 1억당 세전 70만 원 정도의 월수입이 보장된다.

부동산처럼 관리비용도 큰 거래비용 등도 필요 없으니 이보다 더 좋을 순 없다. 증권 거래세도 면제 대상이다.
한 번 매수하면 이후에는 매도 매수도 필요 없다. 20년 이상 그대로 보유하며 분배금만을 받으면 되는 자산이니 적극 권한다.

2) 월세 대안 상품② 국채

매월 손쉽게 들어오는 월세만으로 살아간다면 누구나 행복하여 인생은 항상 즐거운 것이 될 것이다.
월세보다도 더 편하고 안전하게 국채 이자로 살아가는 방법도 있다.

채권은 국가에서 발행하는 국채와 회사에서 발행하는 회사채, 지자체에서 발행하는 지방채 등등 종류가 많지만 제일 좋은 것은 역시 나라가 망하기 전에는 원금과 이자를 지급하는 국채(국고채)가 무위험 자산임은 누구나 안다. 즉 최고의 채권은 국채다. 그러나 다른 채권에 비하여 이자가 가장 적다.

미국 국채는 달러와 같고 이자도 나오는 것이어서 각국 정부는 외환보유고(달러)를 보관하는 한 방법으로 미국 국채를 사 두기도 한다.

요즘은 해외에 재산을 투자하는 것이 유행이어서 미국 국채를 사두는 국내 개미 투자가들도 있는 것 같다. 국내에서는 증권사들이 RP 형태로 미국 채권을 상품으로 팔기도 한다.

현재 미국 국채 금리는 약 3%여서 연간으로 환산해 보면 1억 투자 시 이자로 연간 300만 원이 나온다. 여기에서 세금을 역시 15.4% 공제하고 나면 253.8만 원이 된다.

월평균 소득이 21만 원인 셈이다. 흔히들 2인 가구 월 최저생활비로 270여만 원이 필요하다고 하니까 국채 이자로만 살아가려면 적어도 국채를 12억 원어치를 사놔야 월 소득 270만 원을 달성하는 것이 가능하다.

이렇게 큰돈을 가진 사람도 거의 없을 것이고, 곶감 빼먹듯이 이렇게 투자하는 사람도 거의 없다. 미국과 달리 한국은 나라의 빚이 적어 국채 발행액도 많지 않고 2년물, 5년물, 10년물, 20년물, 30년물 등으로 다양하지도 않다.

거래량이 적어 시세 또한 제대로 형성되지도 않는다. 매매는 역시 증권회사에서 할 수 있는데, 거래량도 미미하여 거래가 쉽지 않다. 현재 우리나라의 30년물 국채금리는 약 2% 정도로 미국 국채보다도 이자가 적다.

국채는 평상시에는 가격 변동도 거의 없기도 하다. 그래서 여러 가지로 개미 투자자들에게는 맞지 않는 상품으로 이해하기도 한다.

즉 평상시에 국채는 투자대상이 아니라고 말할 수 있다. 그러나 개미 투자자들도 국채를 꼭 사야 할 때가 있고 꼭 팔아야 할 때가 있다.

한국의 디플레이션은 2013년에 시작되었고, 이미 7년 차에 접어들었다. 단지 우리가 아직 피부로 느끼는 정도가 약할 뿐이며 디플레가 진행 중에 각국의 양적 완화로 약한 인플레가 한국에도 잠시 진행 중인 것으로 보인다.

디플레이션이라고 자타가 인정하게 되면 이미 늦은 것이고, 대개의 경우

우리들은 지나가고 나서나 진척이 한참 되고 나서야 알 수 있는 것이다.

따라서 누구나 이번에 마지막으로 찾아온 주식시장, 부동산 시장의 대세 상승 기회를 잘 활용하여야 한다.

그 후 양 시장의 대세 하락이 시작됨과 동시에 즉 디플레경제가 본격적으로 피부로 느껴지기 시작하는 때에는 오로지 현찰이 최고라고 것은 누구나 알고 있는 사실이다. 맞다. 오로지 현금만이 자산을 유지시켜 준다.

그런데, 사실은 현금보다 더 좋은 자산은 맥쿼리인프라 펀드, 그 다음으로 국채다. 국가에서 발행한 채권이므로 국채는 현금과 마찬가지다. 대한민국이 망하지 않는 한 분기마다 매번 이자를 준다.

만기 시에는 원금은 100% 돌려준다. 보통 이자율은 2~3% 사이이지만 금리가 오르면 채권 가격은 폭락하고 금리가 내리면 폭등한다.

10년짜리 국채라면 금리가 1% 오르고 내림에 따라 채권 가격이 약 7%씩 폭등하거나 폭락한다. 이 7% 정도의 가격 변동에 왜 폭등과 폭락이라는 단어를 쓰느냐 하면 전 재산을 베팅해도 될 만큼 안전하기 때문이다.

그래서 보통 국채에는 큰 금액을 투자하고, 평상시에는 가격 변동도 거의 없는 자산이기 때문이다. 또한 1%의 금리 변동에도 단기 매매차익이 크기 때문이다.

사실 시중에는 국채나 회사채 투자에 관한 두꺼운 책들이 많이 발간되어 있지만, 책 한 권을 읽어봐야 얻어낼 수 있는 정보는 금리가 1% 내리면 10년물의 채권 가격은 7%가 오른다는 사실. 이것이 바로 채권투자의 핵심정보 노하우이다.

채권 투자에 관한 두꺼운 책 한 권을 다 읽어 봐야 이것 한 줄을 핵심적인 정보로 얻을 수 있는 것이다. 20년물은 당연히 14%가 오르고, 30년물은 21%가 급등한다는 정보가 전부다. 반대의 경우는 비례하여 내림은 물론이다.

따라서 이 정보는 중요하므로 개인투자자들은 영원히 잊지 말아야 한다. 어느 나라 어느 시대에도 금리와 수익률의 관계는 같다.

사실 이 정보마저도 공개하지 않는 채권투자 관련 책들이 더 많다. 이 정보는 채권평가전문 회사와 기관투자자들만 공유한다. 한국에는 세 곳의 채권평가 즉 신용평가 전문회사들이 있다.

디플레이션이 진전되면 진전될수록 금리는 꾸준히 내릴 운명이 된다. 보통 국채는 발행금리가 2~3% 물이 주류를 이루고, 시세 즉 채권 수익률도 현재에는 2% 정도다.

만약 한국도 일본처럼 금리가 0%가 되면 간단히 14% 정도는 가격이 오를 것임을 알 수 있다. 즉 국채는 100% 안전한 자산이면서 매년 이자는 2~3%가 나오고, 가격은 14% 정도가 오를 자산이 된다.

우리나라도 모든 물건이 값이 내리는 디플레이션이 적어도 10년, 일본처럼 길어지면 20년 이상이나 진척되므로 현금의 상대적인 가치는 계속 오르는 것이나 마찬가지가 된다.

즉 현금이 실제로 오르는 것이 아니라 다른 물건이란 물건은 즉 부동산 주식 생필품 금, 은 등 세상의 모든 물건은 값이 내리니까 현금의 구매력이 더 세진다는 것이다. 그래서 현금이 최고라고 하는 것이다.

이렇게 현금은 액수가 늘지 않아도 즉 이자가 거의 없이도 최고라는 말을 쓰는데, 국채는 이자에다가 가격까지 오르니 어떤 게 더 좋은가는 불문가지다. 멕쿼리인프라 펀드도 채권가격과 같이 이자율에 따라서 시세가 변동된다.

즉 국채도 제일 좋은 투자대상 자산이 된다. 여기서 꼭 잊지 말아야 할 사실은 일본의 잃어버린 10년이라 일컫는 1993~2002년 사이에 기준금리는 '0%'였다는 사실이다. 지금은 마이너스 금리다.

증권시장에 채권시장이 별도로 열리고 있는데, 즉 거래되고 있는데, 한국 채권시장은 거래량도 많지 않고, 시세도 제대로 제공되지 않는데, 어떻게 국채를 사느냐고 반문할 수 있다. 이럴 경우를 대비하여 증권시장에는 국채 ETF가 상장되어 있다.

이를 통해서 매매하면 국채 실물을 보유한 것과 같은 효과가 있다는 것도 알아두어야 한다. 단기채 ETF국고채, 3년물 ETF, 5년물 ETF, 10년물 ETF, 20년물 ETF국고채 등등이 상장되어 거래되고 있다.

얼마 전에는 브라질 국채가 시장에서 인기를 끈 적이 있다. 전액 비과세 되며 이자도 10%나 된다. 브라질 화폐가치가 아무런 변동이 없었다면 연간 10%의 브라질 국채는 최고의 투자자산이 된다. 한국의 정기예금 금리가 2%에 불과한 현실과 비교해 보면 금방 알 수 있는 일이다.

하지만 '그렇게 좋은 투자 상품이라면 증권회사에서 자기 자금으로 투자 해두고 채권 만기 때까지 수익을 누리지 왜 일반 고객들에게 팔겠는가?' 를 생각해 보면 피할 수 있는 투자자산이었다.

물론 증권회사들은 선취수수료 3% 정도를 챙기고 수조 원어치를 멍청한 국내 투자자들에게 팔았다.
투자의 세계는 정글과 같다.
제로섬 게임이다.

누구도 믿어서는 안 되고 스스로 공부하여 체득하여 실천하여야 한다. 국제적으로 시각을 돌려보면 아르헨티나, 그리스, 터키 등 국채 가격이 폭락(국채 수익률 폭등)한 나라들도 많다.

그리고 어느 나라의 국채의 수익률이 6%가 되면 국가 부도로 치는 국제

관행이 있다. 즉 국채 이자가 6% 정도면 어느 나라 누구에게서도 달러 자금 조달이 불가능해진다는 뜻이다.

이런 나라들은 IMF의 구제금융을 통해서만이 국제통화인 달러를 조달할 수 있고, 국제적으로 관행적인 마지노 국채 이자율은 6%라는 뜻이다.

국채 중 미국 국채는 달러이니까 다르지만 다른 나라에의 국채 해외 투자는 달러와 현지 화폐의 환율 예측에 실패하면 브라질 국채처럼 끝이다.

마지막으로 6% 이자율의 의미를 확실히 해 보자.
이 정도 이자가 나오는 국채라면 평생 가져가도 되는 이자율이다. 무위험 이자율이니까, 이 정도로 매년 재산을 늘려갈 방법은 거의 없다.

인플레가 전후 70년간 진행되었다지만 70년간 6%씩 인플레가 진행된 것이 아님은 당연하다. 그러니까, 이 경우 국채에 투자하여 복리의 마법을 쓰면 돈을 기하급수적으로 늘릴 수 있다. 전혀 위험이 없는 상태이고 확정 수익률 아닌가?

국고채 10년 만기물 1매당 1만 원, 보통 이자율 2%로 발행된다고 치자. 금리 상황에 따라서 이 국고채는 3천~1만 2천 원 등으로 변동될 수 있다. 더 이상의 아래위 진폭도 물론 가능하다. 국고채 1만 원짜리가 3천 300원에 거래되어야만 수익률이 6%가 된다.

수익률은 투자액 대비로 계산되는 것이다.

즉 '이자액(200원)/투자액(3,300원)×100%=6.06%'의 수익률이 되는 것이다. 이 정도의 100% 안전한 무위험 수익률이라면 전 재산을 베팅해도 된다. 복리표로 간단 계산해도 투자금을 배로 늘리는 데에 소요되는 기간은 불과 12년이면 족하다.

이자율이 내릴 경우도 계산해 보자.

금리가 1% 내리면 이 국채는 10,700원에 거래되고, 2% 내리면 11,400원에 거래된다. 일본처럼 디플레이션으로 마이너스 1% 금리가 된다면… 12,100원이 된다.

그러나 사실상 거래 가격은 부르는 것이 값이 된다. 왜냐하면 디플레이션이므로 현금 구매력은 매년 급등하는데, 국채는 이자까지 나오는 현금과 같기 때문이고 만기 때까지 아무도 팔지 않을 것이기 때문이다. 즉, 가격 산정 불가능 상태가 된다.

결국 낮은 이자율이지만 국채를 반드시 사야 하는 경우와 반드시 팔아야 하는 타임을 본 챕터를 통해서 얻어가길 바란다. 즉, 이자가 내리면 국채를 사고, 이자가 오르면 국채를 팔아야 한다.

단, 일회성으로 판단하지 말고 [번외1]의 Three Times Principle를 읽고 판단하는 것이 옳다. 지금까지 설명한 것이 국채 투자 요령의 요체다.

두꺼운 국채 투자에 관한 저서들을 전부 읽어봐야 사실은 이 한 줄의 정보를 얻는 것과 다름없음은 이미 말한 바와 같다.

국채는 이자율 변동에 따라서 이 같은 요술을 부려주는 무위험 수익성 자산이며 만기가 10년 이상인 국고채는 분리과세 대상이기도 하다.

또, 국고채는 사실상의 무기명 채권이며 그냥 자녀에게 현물로 전해주면 되므로 상속. 증여세를 탈루하기가 가장 좋은 재산이 되기도 한다.

이자율 변동으로 수익성 자산의 월세 이상의 이자율이 확보되는 장기 국채라면 이보다 더 좋은 투자대상은 많지 않다.

게다가 한국은 1~2년 후부터는 롱텀 디플레이션에 본격적으로 진입하여 적어도 10년 이상 어쩌면 20년 가까이 지속될 가능성이 아주 크다.

3) 월세 대안 상품③ 주택연금

수익성 자산 즉 월세 투자 대안상품으로서의 주택연금을 살펴보자. 주택연금은 연금이라는 명칭을 도입했지만 사실은 변동금리 장기대출상품이다.

연금이라는 단어로 포장이 잘된 대출이다. 현재 적용금리는 약 6% 정도이다. 게다가 가입 시에는 주택 가격의 2%를 보증 비용으로 내야 하고 해약하면 이 비용은 고스란히 날아간다. 인플레 헷지가 안되므로, 국민연금과도 다르다.

연금을 받다가 이번의 마지막 대세 상승 시에 주택 가격이 올라도 연금을 올려 주지는 않는다. 이 경우는 해약하고 다시 가입하면 연금 액수가 늘어나지만 초기 비용들은 고스란히 손해를 감수해야 한다.

10월 23일 자 뉴시스 기사 제목을 보라.
"'미친 집값'에 서울 거주자 주택연금 중도해지 속출"이라는 제목의 기사다.

이는 주택연금 가입 시기를 잘못 선택한 결과다.
주택연금은 집값이 올랐다고 중도해지 후 바로 재가입이 되는 것이 아니고 3년 이후에 재가입이 가능하다는 점을 알면 가입 시기가 얼마나 중요한지를 알 수 있다. 3년 정도면 경기순환에 따라 시세의 방향은 완전히 역전될 수 있는 기간이다.

이 밖에도 이사를 가지 못하므로, 죽을 때까지 낡은 집에서 살아야 하는 불편을 감수해야 하는 등 불편한 점도 많다. 물론 양로원에도 가지 못한다. 불합리한 규정은 차차 고쳐지겠지만 수시로 변경되는 정보를 잘 판단해야 하는 상품임에 틀림없다. 하지만 조금만 머리를 쓰면 이를 역이용할 수 있다.

변동금리 이자율은 10년 만기 국고채의 직전 5년간의 평균 수익률에 2.0% 포인트의 마진을 더한 수치다. 주택연금에 가입하더라도 주택의 소유권은 엄연히 가입자이니, 재산세 등 각종 세금과 공과금은 가입자가 그대로 내야 한다.

주택연금에 가입된 주택은 대출금 회수 시 빠른 회수를 위해 경매로 처분할 것이어서 매도 시에도 일반 매매보다 유리할 것은 없다.

이들이 이렇게 일방적으로 그들에게 유리한 정책만을 쓴다면 이를 역이용해도 크게 미안할 일은 아니다. 주택연금을 역이용하는 방법은 두 가지로 생각해 볼 수 있다.

즉, 현재 2~3억 정도의 부동산을 사서 4억이나 5억으로 오른 때에 주택연금에 가입하는 것이다.

즉, 아파트가 최고가격으로 올랐을 때 주택연금에 가입하면 될 것이다. 담보율을 약 50%만 잡아 주므로 공시지가가 5억이어야 담보가치는 3억 정도로 인정받을 것이고 이에 대한 연금을 평생 수령하게 된다. 투자원금을 전액 주택연금으로 회수할 방법이다.

둘째로는 마지막 대세상승 후 거품 붕괴로 부동산 시세가 30~40% 정도 내린 가격이 3~4억 정도인 아파트를 사서 주택연금에 즉시 가입하는 것이다.

당해 연도 공시지가는 다음 해 4월에 조정되므로 이 시차에 따른 공시지가의 차액만큼 주택연금액을 늘리는 방법이다. 당연히 부동산이 2차 폭락되기 이전이며, 공시지가 재조정 시기 이전인 즉 4월 이전에 주택연금에 가입해야 한다. 이 방법 역시 투자원금을 100% 가까이 주택연금으로 전부 수령하게 될 것이다.

다가올 대세 상승 기간 중에 주택지수 기준 약 50~100%는 더 오를 것으로 보이고, 그 후 대세 하락 시에는 주택 가격은 80% 정도는 내릴 것이므로 그런대로 주택연금의 계획을 역 이용하는 것이 될 것이다. 즉, 주택연금을 위해 담보로 제공한 부동산의 본전은 전부 회수하고도 남을 정도로 연금을 수령하는 것이 된다.

설령 구입 후에 주택 가격이 오르지 않거나, 기대만큼 오른다고 하여도, 곧이어 대세 하락기가 찾아와서 적어도 주택 가격은 대시세가 있었다면 80~90%가, 아니라면 50% 정도가 내릴 깃이므로 어느 경우에도 담보 가격의 100% 가까이를 주택연금으로 수령하게 된다. 즉 주택연금에 기부하는 꼴이 되지는 않는다.

그래서 이 두 가지 방법은 결국 주택연금을 역이용하는 것이 된다.

그러나 주택연금보다는 4억짜리 주택을 처분하고 1억 원어치 맥쿼리인프라를 사고 3억짜리 아파트를 사는 것이 낫다. 아파트는 공시가격이 시세의 80~90% 정도이고 단독 주택은 60~70% 이하이다.

아니면 4억 주택을 팔고 2억 달러 즉시 연금 등에 가입하고 2억 짜리 주택을 사면 좋을 것이다. 누구나 금융정보나 숨겨진 사실을 알기 위해서는 꾸준히 새로운 금융상품들을 따져 보아야 한다.

그들은 우리를 이용하여 점점 부자가 되고 있고, 반면에 우리들은 점점 가난해지고 있음을 잊지 말아야 한다.

아직 본격적으로 시행된 제도는 아니지만 연금형 희망주택도 있다. 2018년부터 시행될 예정이며, 기존 금융권의 즉시 연금제도 같다고 보면 된다.

즉, 고령자(부부 중 1인이 60세 이상)가 가지고 있는 집을 팔고, 매각대금은 연금방식으로 지급받으면서 공공임대주택에 입주할 수 있는 '연금형 희망나눔주택(옛 연금형 매입임대) 시범사업이다.

연금수령 기간을 10~30년 중 연 단위로 선택이 가능하다. 연금은 부동산 매매금액 잔금에 대해 일정 기간 동안 이자를 가산해 매월 지급하는 '만기 확정형'이다.

금리는 2.13%(2018년 10월 기준) 퇴거(약정) 때를 기준으로 한다. 앞으로 한 차례의 대세 상승이 남아 있다. 게다가 9·13조치 이전의 아파트 가격 폭등세는 아직 단독 주택에는 그 영향이 거의 없다. 즉 시세에 반영되지 않았다.

이제 키 맞추기 가격 급등 현상이 단독 주택(다가구 주택 포함)에도 찾아올 타임이다. 보유 단독 주택(다가구 주택 포함)을 대세 상승 후에 최고 가격일 때 팔고 연금형 희망주택에 가입하면 혜택은 주택연금과 똑같고, 이들을 역이용하는 것이 된다. 덧붙여 주의할 것은 주택연금은 현실에 맞춰 수시로 변경되므로 제도변화를 가끔 검토하는 것이 좋다.

지금까지 디플레시에 투자할 세 가지 상품을 구체적으로 소개했지만 이 밖에 달러와 종합지수를 이용한 인버스 ETF 상품과 국채인버스 ETF도 있다. 국채ETF는 아직 한국에는 국채시장이 발달되지 않았으므로 국채 현물의 투자 대용상품으로 활용하면 된다.

ETF를 활용한 디플레 투자방법은 다음 저서에서 자세히 설명할 예정이다.

《한국인의 눈물(원제: 월세 투자자는 바보투자자다, 부제: 자식들에게만 전해주는 월급쟁이와 가난뱅이가 부자 되는 방법)》은

결론적으로 월세투자에서도, 갭투자에서도, 국내외 주식투자에서도, 금이나 원유 등의 실물투자에서도, 곧 본격화될 롱텀 디플레이션으로 인해 한국인들은 기존의 투자 방법으로는 큰 이익을 볼 기회는 없음을 강조한다.

그러나 주식 → 아파트 → 달러 → 국채 간 교체매매를 통해서 간단히 재산을 4~10배로 불릴 수 있음을 설명하였다. 롱텀(Long Term) 디플레이션 기간 동안 실물자산 보유자들의 재산이 급전직하로 쪼그라들 때,

상대적 가치가 급등하는 현금보다도 더 좋은 투자 상품을 통해서 또다시 약 4~10배 이상으로 투자액을 불릴 수 있음도 설명하였다.

그 후 디플레이션으로 모든 재산 즉 주식, 부동산, 금, 원유 등이 평균적으로 80% 정도가 내렸을 때 폭락한 자산을 매수하는 방법은 가장 좋은 재테크 방법이 된다.

개인차는 있기 마련이지만 이론상 가능한 수십배 배증 게임이다. 디플레 지식으로 무장한 월급쟁이나 가난뱅이들이 자본가나 부자들의 부를 헐값에 인수할 일.생.일.대의 재테크 비법은 바로 롱텀 디플레이션을 활용하는 것, 바로 이것이다.

이 기회는 무려 70년 만에 한 번 찾아오는 딱 한 번의 기회다. 이 부.의.이.동 기회를 미리 공부한 월급쟁이들과 가난뱅이들은 놓쳐서는 절대로 안 된다.

만약 롱텀 디플레이션이 진행 중인 때에 현금이나 현금성자산에 투자하지 못한 경우에는, 2032년경 인플레이션 경기로 진입할 때에 은행차입금을 이용하여 폭락한 실물자산(아파트, 주식, 금 등)에 투자하면 차선책

(Second Best)은 된다.
또다시 Big Money Big Cycle 이론에 따라서 투자시기에 맞춰 투자를 시작하면 되는 것이다.

진정한 부자가 되려거든,
앞에서 이미 설명했듯이 현재 세계 시장 규모과 똑같은 크기의 무주공산 시장을 잡기 위한 인터넷 기반 기업을 창업하여 IPO를 통해 단박에 세계적인 부자가 되는 것이다. 즉 사업으로 부자가 되려면 투입과 산출이 비례하는 사업이 아니라 초과비례하는 사업에 진출하여 임자 없는 50% 시장을 먼저 장악해야 한다.

웬만한 부자가 되려거든
곧 본격화될 초장기 디플레이션에 대비하여 디플레이션 시의 투자법을 활용하여 월급쟁이와 가난뱅이에서 부자로 자리이동을 하여야 한다.

다시 말하지만 이번의 롱텀 디플레이션 기회는 무려 70년 만에 딱 한 번 찾아오는 기회다. 지식으로 무장된 월급쟁이와 가난뱅이들에게 찾아오는 부자가 될 수 있는 마지막 찬스다.

투자자는 남의 위기는 항상 나에게는 큰 기회가 된다는 것을 명심하여야 한다.

마치며

이 책은 지금부터 향후 10년 이상의 한국 자산 시장 특히 월세 투자자 및 갭투자자들을 위한 월세 시장과 부동산 장기 투자자들의 미래 시세 예측과 투자 회수 요령에 관한 지침서이다. 즉 장기 디플레이션 시대를 맞아 부동산 투자자, 주식투자자, 해외 주식 투자자 등 모두 다 살아남을 제테크에 관한 핵심 전략을 제시한 책이다.

그동안 통용되었던 Great Rotation 이론에 달러와의 교체 투자 과정을 추가하여 저자가 새로 명명한 Big Money Big Cycle 이론에 따라 1~2년 후 연말쯤에는 부동산 즉 아파트의 거품 붕괴와 함께 이번의 경기순환이 끝나고, 앞으로는 디플레이션이 본격화된다고 예측하기 때문이다.

즉, 본 저서는 이후 본격적으로 10년 이상에 걸쳐서 한국에서 일어날 일들을 위주로 쓴 책이다. 주 내용이 롱텀 디플레이션(Long Term Deflation) 시대의 월세 투자자, 갭투자를 통한 부동산 투자자와 국내 주식투자자 미국 배당주나 주식 등에 투자한 해외투자자들의 장래를 예측한 글이다.

2018년에 아파트가 폭등하였지만, 아직도 진행 중인 이번 상승장이 우리 생애 마지막 대세 상승장일 확률은 60%다. 지금의 주식, 아파트 가격 하락이 롱텀 디플레로 그대로 지속될 가능성도 40%는 된다.

한국에 디플레이션이 찾아오는 가장 큰 이유는 가계부채와 생산 활동 가능 인구의 감소다. 1998년 한국에 찾아 온 IMF 사태는 기업을 초토화시켰지만, 이번의 디플레로 인한 한국의 금융위기는 가계를 붕괴시키게 된다. 그 파급력은 IMF 시절과는 비교할 수 없을 만큼 잔인하고 무자비할 것이다.

거기에다가 전 세계의 뉴노멀화 현상에 따른 롱텀 디플레이션이 더해지는 것이다. 한때 한국 정부의 잘못된 인구예측과 인구정책으로 이렇게 세상이 변하는 것이다. 전 세계에서 말서스의 인구론은 이미 쓸모없는 이론이 되었다.

'둘만 낳자 → 둘도 많다 → 하나만 낳아 잘 기르자'로 인구정책을 펴 온 한국의 인구정책은 너무나 많은 출혈을 요구하게 되는 것이다. 일찍이 마오쩌둥은 "인구가 자산이다"라고 외친 적이 있음을 보면 그의 예측이 맞았다.

그전에는 세 아이를 출산하면 의료보험 혜택도 주지 않아서 병원비를 훨씬 더 많이 지불해야 했었다.
누구를 탓하랴.

아무리 디플레이션이 진행되어도 의·식·주는 해결돼야 한다. 그중에서 가장 비용 지불이 큰 것은 당연히 住, 즉 집이다.
이후에는 아니 지금부터 월세를 받으려 하지 말고 월세를 줄 생각을 해야 한다. 즉 LH토지주택공사나, 서울도시공사 등의 임대주택으로 주거지를 바꿀 노력을 해야 한다.

이번 대세 상승을 끝으로 아파트 가격이 폭락할 것이므로 이에 따라서 임대료도 매년 내리게 되고, 전세금(임대보증금 포함)도 내릴 것이므로 개인 소유의 주택에 전세를 사는 것도 불안하기 그지없다.

그러나 LH토지주택공사 등은 보증금 환불 등에 전혀 지장 없으며 월세를 내리는 데에도 개인보다는 인색하지 않을 것이다. 보통 10년간 주거를 보장하니 주거 해결책으로는 최선책이다.

그러나 개인회사에서 하는 뉴스테이는 권할 수 없다.
이번의 대세 하락기부터 위험한 순간들이 모든 기업들에게 다가오고 있고, 특히 건설회사에는 더 빨리 다가오고 있기 때문에 신뢰할 수 없다.

모쪼록 이 책이 여러분의 향후 주거 해결책과 새로운 재테크 시각을 제공하는 데에 큰 도움이 되길 바란다.

현재만을 보지 마라.
앞으로의 주거 방법을 정할 때 매수냐, 월세냐, 전세냐를 미리 생각하고 대비해야 할 타임이다.

본전도 못 건지는 월세 투자자는 더욱이 되지 마라.
주택을 매수하지도 마라. 이제 일본인의 눈물에 이은 한국인의 눈물이 곧 시작된다. 바로 월세 투자자의 눈물+갭투자자의 눈물+국내외투자자의 눈물이 하나로 합쳐져서 한국인의 눈물이 된다.

북한과의 영토적, 인구적 통일이 없다면 한국의 롱텀 디플레는 필연이다.

일본과 독일은 1985년의 프라자합의 당시 같은 환율조정 대상국이었다. 일본보다 생산 활동 가능 인구 감소 폭이 더 절대적이어서 '독일소멸론'까지 나왔던 통일 독일과 일본의 지금을 비교해 보면 간단히 추론 가능하다.

한국도 일본처럼 롱텀 디플레를 피할 수 없다!
이에 따라 '곧' 월세 투자자와 갭투자자, 해외투자자는 바보 투자자가 된다는 사실. 전세를 사는 것도 전세 파산으로 너무나 위험해진다.

디플레이션 시대에는 월세를 내고 사는 자가 바로 위너(Winner)가 된다는 사실을 알아야 한다. 우리나라는 전체 빌딩의 79.5%가 개인 소유이고 생산수단을 보유해야 할 기업은 겨우 빌딩의 6.3%를 소유하는 기형적인 소유 구조임은 앞에서도 말한 바 있다. 이것이 바로 기나긴 세월 동안 투기공화국이었던 한국 부동산 소유 분포의 현주소다.

이제 앞으로 다가올 초장기 디플레이션을 지나고 나면 제대로 대처하지 못한 상속, 증여, 투기 등에 의했던 단순한 부자들의 부는 미리 현금을 준비한 기업들과 디플레이션 관련 지식으로 무장된 지식층으로 넘어가게 된다.

이제 비로소 부의 대이동이 일어날 천재일우의 기회가 찾아오는 것이다. 즉 70년 만의 대반전이 일어날 날들이 다가오고 있다.

보유한 부동산이나 주식을 디플레로 극히 차별화될 부동산이나 주식으로 교체하면 중간 이상의 성적을 내게 된다. 모든 것은 소비인구가 결정해 준다.

거주 인구가 꾸준히 늘고 있는 지역 예를 들면 세종시 부근의 부동산은 강세를 시현할 수밖에 없다. 반면에 DMZ나 민통선 지역 등은 오히려 보존지역으로 묶여 생각처럼 큰 이득을 보진 못할 것 같다.

절대인구는 지속적으로 줄어들 것이지만 상대인구가 급격히 늘어나고 있는 노령층이 소비를 급격하게 늘려갈 바이오 제약, 줄기세포, 헬스케어 등의 산업들은 급성장을 하게 됨은 누구나 알 수 있는 기초 지식이다.

제4부에서 월급쟁이와 가난뱅이가 부자 되는 밥법에서 소개한 현금보다 더 좋은 현금 같은 투자상품을 장기간 보유하는 자가 승리하는 세상이 오고 있음을 다시 강조한다. 디플레이션으로 남들의 재산가치는 급전직하로 추락하는 동안에도 현금과 현금성 자산의 상대적 가치는 급등한다.

2032년…. 롱텀 디플레이션의 끝자락에서 현금 및 현금 등가물을 아파트 주식 등과 교체하면 완벽한 부의 대이동이 완성되는 것이다. 이는 미래를 준비한 자에게만 주어지는 특혜다.

끝으로 본 저서에 주가 및 기타 각종 경제 관련 그래프들의 사용을 허락해준 FRED, OECD, KOSPI, NASDAQ, NIKKEI, IMF 등등의 관계자들께 심심한 감사의 말씀을 드린다.

2019년 1월
판교 자택에서 씀

번외1 Three Times Principle(삼세번의 법칙)

재판도 삼세번, 중요한 약속을 걸고 내기를 할 때 가위바위보도 보통 세 번 한다. 유비는 제갈공명을 얻기 위해서 삼고초려를 했다. 천지인을 삼재라고 한다. 작심 3일도 있고 3판 양승제로 하는 씨름대회 결승전도 있다.

만세도 3창을 해야 가득 찬 느낌을 받는다.
이렇듯 중요한 결정을 할 때에는 주로 3회를 한다.

이 삼세번이라는 말은 일본, 중국, 프랑스, 베트남, 러시아, 인도네시아, 포르투갈, 태국, 네덜란드, 이탈리아 등에도 있는 것으로 봐서 이들 많은 나라에서도 통용되는 것 같다.

한국에서는 3이 가장 좋아하는 숫자이고 중국에서는 8이 가장 좋아하는 숫자이다. 이 삼세번의 원칙은 경기순환을 판단하는 데에도 도움이 된다.

돈은 항상 이익이 가장 많이 나는 곳으로 알아서 저절로 이동한다. 이는 시장에 참여하는 기관투자가나 사람들 중 이재에 밝은 기관이나 사람들이 먼저 행동한 결과다. 시장에서는 이들은 보통 세력이라 부른다. 이 세력들의 움직임을 바로 뒤좇아 투자하는 방법이 바로 기조변환일(기조전환일) 투자법이다.

불경기를 지나 호경기가 시작되고 즉 수출이 늘어나고 인플레 징후가 보이면 각국 정부들은 금리 인상을 검토하기 시작한다. 시기가 좀 늦어지면 물가는 지속적으로 상승하고 모든 자산 가격이 올라서 언젠가는 거품이 터지면서 경기는 또 다시 급속히 냉각된다.

이에 따라서 금리를 인상하기 시작하면 가장 먼저 국채시장(채권시장)에 몰려있던 거대한 자금은 이동을 시작한다.
국채는 거의 100% 안전하기 때문에 거대한 자금들은 금리가 지속적으로 내리는 롱텀이든 숏텀이든 디플레 기간 중에 대게의 경우 국채에 풀베팅하였기에 거대한 자금이 움직이기 시작한다.

그럼 개미 투자자들은 어느 정도의 이자가 오를 때 움직이면 좋을까? 개인 투자자들은 첫 금리 인상에서 자금을 로테이션할 이유는 없다.

거대자금을 움직인다면 0.25%의 금리 인상에도 수익 금액이 엄청나게 차이가 나서 움직여야 하지만 거대 자금을 투자한 개인 투자자들은 거의 없기 때문이다.
10년물 국채의 경우 1% 금리가 오르면 국채 가격은 약 7%가 급락한다. 같은 10년물 국채의 경우 0.25% 금리가 오르면 국채 가격은 7/4×100=1.75% 내린다.
한마디로 별것 아니다.

그러하니 개인 투자자들은 첫 금리 인상 시에 채권으로 이동시키지 않아도 될 만큼만 수익률이 내리므로 대개 3회차 정도 금리가 오르면 자금을 채권에서 주식으로 이동시키면 된다. 그러나 다가온 뉴노멀 시대이거나 예전의 고금리 시절이거나에 따라 로테이션 타임이 다를 것은 뻔하다.

하지만 각자의 위험 선호도와 수익에 대한 욕구에 따라 임의대로 움직이게 되는 것이지만, 동서양을 막론하고 삼세번(Three times principle) 전략이 통한다.

즉 금리 인상의 지속성 여부로 판단하는 것이 더 안전하다는 뜻이다. 정부는 경기를 판단하면서 금리 인상의 지속 여부를 판단하기 때문에 그에 맞춰서 투자자금을 이동시키라는 것이다.

앙드레 코스톨라니의 달걀 그림은 돈의 이동 경로를 파악하기에 유용한 툴(tool)이긴 하다. 다만, 달러를 일상의 화폐로 쓰지 않는 나라의 투자자들은 경기순환에 따른 투자과정 중에 달러 매도, 매수의 교체 투자 과정을 반드시 거쳐야 하는데 이를 이론화하지 못한 중대한 결점도 있다.

지금은 전 세계가 달러기축통화제도 하에 있다. 즉 그의 이론은 달러국제통화제도 하에서의 미국 안과 밖에서의 투자 방법 차이를 설명하지 못했다. 그러나 저자는 이를 총론격인 《자식들에게만 전해주는 재테크 비밀수첩》, 각론 격인 《일본인의 눈물: 자식들에게만 전해주는 달러 투자로 재산 4배 불리는 기법》 책에서 자세히 설명한 바 있다.

따라서 투자이론상 '약 몇 %의 금리에서 로테이션 하느냐'보다는 금리 인상의 지속 가능성 여부로 판단하되, 개인 투자가들은 '보통 3회째 인상 직후에 옮겨 타라'가 정답이다.

흔히들 경제는 심리라고 말한다. 3회 정도 금리가 연속해서 인상되면 각 경제 주체들은 앞으로도 금리가 지속적으로 오를 것으로 생각하기 쉽다. 이에 따라서 선제적으로 혹은 동시에 움직이게 되고 경제 흐름상 큰 변동이 생기는 시점이 된다.

2008년 금융위기 이후에 미국이 첫 금리를 인상한다는 소문이 돌자 전 세계 금융시장이 대 요동을 친 적이 있다. 이때 등장한 새로운 단어가 바로 긴축발작(Taper Tantrum)이란 단어다. 금리를 인상한다는 뜻은 경제가 선순환하기 시작했다는 판단이 섰다는 뜻인데도 이를 거꾸로 해석한 결과다.

그 후 미국은 지금까지 금리 인상을 9회째 연속하여 인상시키고 있다. 하지만, 금년에는 미국의 경제성장률도 둔화를 예고하고 있다. 무역전쟁의 탓이 큰 것으로 보이지만 중국경제도 사그라지고 있다.

마지막으로
미국은 전 세계에 찾아온 디플레이션 경제를 너무 가벼이 대처하여 지속적으로 금리를 올려 선제 대응한 것으로 보인다. 전후 처음으로 찾아온 전 세계의 디플레이션은 2032~2033년에야 끝이 보인다고 많은 학자들이 주장하고 있음을 우리는 잊지 말아야 한다.

일본식 불황이 한국에 손짓을 하고 있다.
우리가 일본형 디플레이션을 피해갈 수 있는 것은 북한과의 인구적 영토적 통일뿐이다. 즉 우리에게는 한 차례의 큰 기회가 있다.

또 하나는 불황형 흑자에 새로운 성장산업인 의료산업을 추가해야만 미진하지만 저속성장이라도 가능하거나 한국의 디플레이션 충격을 완화할 수 있을 것으로 보인다.

의료·제약·바이오산업은 아무리 단기간에 인력과 자금을 투자해도 따라잡을 수 있는 분야가 아니다. 신약 하나에 약 15~20년의 연구기간이 필요하다.

이 기나긴 임상기간은 중국에게도 필요하다는 점이 핵심이다. 의료·바이오·제약·줄기세포 산업은 한국의 경쟁력 있는 새로운 산업 분야임을 잊지 말아야 한다.

번외2 American Dream과 Korean Dream

사람들은 흔히 American Dream 이라는 단어를 미국으로 이민을 가서 큰돈을 버는 꿈으로 통용하고 있다. 결국 American Dream은 미국인의 꿈, 희망, 이상 등 대충 이런 뜻으로 쓰고 있다. 본질적인 American Dream의 형성 배경은 원래 그들의 청교도 정신에서 나온 것이다.

정확히는 미국 사람들이 갖고 있는 미국적인 이상 사회를 이룩하려는 꿈을 뜻하는 말로 미국인이라면 대부분이 가지고 있는 공통된 소망으로 무계급 사회와 경제적 번영의 재현, 압제가 없는 자유로운 정치 체제의 영속 등의 개념도 포함된다.

한편 미국 이민의 역사를 되돌아보았을 때, 비교적 이민이 자유로웠던 미국으로 건너간 외국인들이 미국에 가면 무슨 일을 하든 행복하게 잘 살 수 있으리라는 생각 또한 아메리칸 드림에 해당한다.

아메리칸 드림은 단결된 미국을 만드는 데 중요한 역할을 했다는 점에서 호평을 받아 온 동시에 거기에 버금가는 높은 기대치 때문에 비난도 받아 왔다.

역사적으로 하류층의 미국 시민들이 아메리칸 드림으로 인해 사회적으로 조금 더 평등해지거나, 영향력이 커진 사례는 드물기 때문이다.

요즘에는 American Dream이 단순히 미국이 기회의 땅이라는 뜻으로 많이 쓰이는 것 같다. 즉, 부자가 되고 싶은 꿈을 가진 많은 이민자들이 미국에 건너가서 금전적인 성공만을 원하는 것을 뜻하는 말로 변질된 것 같다.

오늘날 전 세계의 사람들은 부자가 되겠다는 이 꿈을 이루기 위해 미국 이주를 선호한다. 인간들은 도대체 어느 정도의 돈을 가지면 부자라고 불리고, 스스로 부자라고 만족할 것인가?
먼 길을 왔으니 여담 한 가지 하고 가자!

10억 부자는 20억을, 1천억 부자는 2천억을, 1조 부자는 10조 부자를 꿈꾸며 탈법도 불법도 서슴지 않는 경우를 한국 사회에서 우리는 흔히 본다. 왜, 부자들은 스스로 자족하지 못하는가?

얼마 정도의 재산을 가지면 부자인가?
어느 정도이면 만족할까?
여기에 명쾌한 대답 한 가지가 있다. '부자란 1년 동안 쓸 만큼 돈을 쓰고도 연말에 돈이 불어나 있으면 부자이다'라는 것이 저자가 보는 부자의 정의이다.

모 재벌처럼 갖은 탈법과 준법의 줄타기를 하면서 돈을 벌어도 그들은 국민들로부터 존경받지는 못한다. 이는 비극이다. 미안하지만 돈에도 퀄리티(Quality)가 있다는 것을 그들은 모르는 것 같다. 국민들은 다 알고 있다.

그들만 모른다는 것이 참 아이러니하지 않는가?

미국의 부자들은 거의가 다 국민들로부터 존경받는다. 그들은 사회적 책임을 다하기 때문이다. 노블레스 오블리주(noblesse oblige)를 기본 철학으로F 삼는다. 아메리칸 드림의 기본철학은 이를 바탕으로 출발한 것이다. 우리가 할리우드 영화에서 흔히 보는 미국인 즉 보통사람들과 미국의 양반들은 다르다. 아무리 세상이 변해도 그들의 책무를 다한다. 바로 예전 한국의 양반계급이라고나 해야 할까?

미국의 양반그룹은 WASP(White, Angro-Saxson, Protestant)의 3가지 조건을 갖춘 사람들에 부합한다. 메이플라워호를 타고 미국으로 건너온 초기 이민자들의 후손을 미국의 양반으로 칭할 수 있다. 미국 인구의 약 30% 정도로 추정된다.

현재까지 이 와스프가 미국 사회의 주류를 이루는 지배적 계층으로 여겨진다. 보수성이 강하며 예의범절을 중요시하고 엄격한 교육으로 자녀들을 가르치고 클럽 활동을 통해 친목을 도모하는 것이 특징이다.

차치하고, 다시 본 이야기로 돌아가자.
American Dream과 같이 생각해 볼 단어가 바로 Pax Americana라는 단어와 American Standard라는 단어이다.

미국이 영국으로부터 독립선언을 한 지 불과 200년쯤 지난 나라여서 우리나라로 비교하면 신생국가나 마찬가지이다. 우리나라는 5천 년의 역사를 지닌 나라니까….
하지만 그들은 세계 1등 국가였던 영국에서 모든 문물을 경험하고 이주하여 이를 제도화한 나라이다.

마그나카르타는 영국의 존 왕(John of King)과 귀족들 사이에 1215년에 체결된 왕권을 제약하기 위한 법률문서다. 지구상 최초의 민주주의와 법치주의, 자유권을 시현한 권리의 장전이다.

미국은 마그나 카르타(Magna Carta) 이후의 민주제도와 사회제도를 도입하여 오늘의 번영을 이룬 것이니 실제로는 유구한 민주주의 역사를 자랑하는 나라임은 확실하다.

민주주의와 자본주의 총 본산인 미국에는 스스로 알아서 수많은 유학생들이 찾아들고 있으며 해외유학생 중 우수한 인재를 자국에 두려는 정책도 도입하여 전 세계의 뛰어난 인재들은 전부 미국에 있다고 봐야 한다.

그 결과 전 세계 신산업의 발상지. 민주주주의 본산 등등 거의 모든 분야에서 1등을 놓치지 않는 나라임은 누구나 아는 사실이다.

한국인의 아메리칸 드림은 1903년 하와이 사탕수수 재배를 위해 이민을 떠난 한국인 102명이 최초였다.
조선 시대에 긴급 신설한 유민국이라는 국가 부서를 통해서 여권을 만들어 떠나기 시작한 미국 이민자는 1905년까지 그 수가 약 7천 명이나 되었다.

노동력을 필요로 하는 이민이어서 당연히 거의가 다 남자였다. 풍요의 땅이라고 생각했던 미국의 하와이에서 일요일만 빼고 하루 10시간씩 일하고, 일당 70센트를 받았다.

1986년 당시 KBS2 생방송 〈태평양은 지금〉 프로그램을 제작하면서 당시의 사탕수수밭을 취재 보도한 적이 있는데, 우리 선조들의 묘소는 그 사탕수수밭 가운데 여기저기에 봉분도 없이 제법 큰 돌로 표식만 해둔 상태였다. 그 쓸쓸함과 황량함이란….

그 후 대개가 노총각들이었던 이들 약 7천 명의 이민자를 배우자로 선택한 '사진 신부'들은 한국에서 사진만을 보고 하와이로 짝을 찾아가서 가정을 이루었다.
하와이에 정착한 조선인들이 행복을 찾아 그 후, 미국 서부로 이주한 결과 오늘날의 미국 서부 지역에 많은 한인들이 거주하게 된 것이다.

그리하여 한국인의 미국이민 100년이 이미 넘은 것이고, 1924년부터는 사진 신부도 사라졌다. 미국의 새 이민법 시행으로 일본인의 미국 이민이 금지된 것에 따른 것이다. 1910년의 한일합방으로 국제법상으로 한국은 이미 일본이 되었기 때문이다.

한편 American Dream이란 단어를 본떠 이제는 Korean Dream이란 말도 생성되고 있다.

미국과는 달리 발생 자체가 물질적인 면을 중요시하는 단순히 돈을 벌어 잘 살아 보겠다는 변질된 형태이지만 많은 중진국 후진국 사람들에게 한국은 기회의 땅이 된 지 이미 오래다.

한국에서 한 달 일한 수입이 자국에서 6개월 내지 1년 치 수입이 되기도 하여 이들에게 한국은 코리안 드림이 아닐 수 없다. 1년간 일하면 10년 치 수입이 되는 것이다.

이제 3D업종의 거의 대부분은 외국인 노동자들이 차지하고 있다. 초기 하와이 이민으로 미국을 개척한 우리 한민족의 경우와 같다고 할 수 있다.

2018년 10월 4일 자 중앙일보 기사,
"평창 온 유커 5,887명, 돈 벌러 눌러 앉았다" 중 일부이다.
"올림픽 무비자로 3만 명 입국, 일부 건설 현장 직행 불법체류"

다음은 2018년 11월 5일 자 조선일보 기사,
"'타이 마사지'가 불러온… 태국인 불법체류 12만 명" 중 일부이다.
"'한국서 1년 일하면 10년 월급'…가게서 쪽잠, 성폭행 위험도"

이렇듯 이제 한국은 아시아의 취업 선호 국가 중 하나다.
Korean Dream을 이루기 위해 아시아 아프리카 중동 등에서 한국 취업을 원하고 있음은 우리나라의 경제력을 생각해 보게 한다.

저자가 어린 시절 들은 얘기는 미국에선 일주일만 일을 하면 한 달을 먹고산다는 것이었다. 이렇듯 세계는 이제 사람도 수출하고 땅도 수출 혹은 수입하는 시대다.

곡물을 수입한다면 땅을 수입한 것과 같으며, 또한 해외에 공장을 건설한다면 땅을 수입한 것과 그 효과는 같다. 우리나라의 공장들은 외국으로 나가고 있다. 즉, 외국의 싸고 넓은 땅을 계속해서 수입하고 있다.

결론적으로, 우리나라에서의 대규모 땅에 대한 투자도 이미 그 힘을 다해가고 있는 것이다. 이렇게 대규모 토지 수요가 계속 줄어들고 있을 뿐만 아니라 이미 디플레 7년 차를 맞은 한국이다. 그러므로 앞으로는 땅에 대한 미련도 가지면 안 된다.

오늘날 국가란 과세와 병역의무를 지우는 것에 불과한 조직이 되고 있다.

번외3 비운의 용산 땅에는
　　　영구임대주택만 지읍시다!

용산 땅은 오랜 세월 만고풍상을 겪고서야 국민들 품으로 돌아올 수 있게 되었다. 무려 130년 만에 되찾아올 땅이다. 2025년이면 국민들 품으로 완전히 되돌아온다.
이 땅은 오욕의 땅이기도 하며 향후 쓰임새에 따라서 민족정기를 되찾을 땅이기도 하다.

용산은 외국 군대가 기나긴 세월을 주둔해 왔는데, 가까운 한강을 통해 상륙한 뒤 남산과 북한산을 점령하면 서울을 쉽게 함락시킬 수 있는 데다 운송이 편리하고 퇴로가 항상 확보돼 있는 전략적인 요충지이기 때문이다. 하지만 오랜 세월 민족의 상흔이요, 오욕의 땅이었다.

외국군이 처음 들어온 것은 13세기로, 고려 말 한반도를 침입한 몽고군이 당시 용산 지역을 병참기지로 활용 → 임진왜란 당시 왜군 → 임오군란 당시 청나라 → 러·일 전쟁 당시 일본군 → 미군이 해방과 함께 접수한 후 1949년 철수했다가 1953년 다시 복귀 사용해 온 용산기지다. 참 기나긴 세월이기도 하고 창피한 민족사이기도 하다.

그동안 국민의 자존심과 정기를 눌러왔던 여기에는 약간의 아파트와 함께 미국의 센트럴파크 같은 대형공원을 만든다는 것이 현 정부의 생각이다.

그러나 이곳에는 우리의 후손들이 영원히 보금자리로 쓸 임대주택만을 지어야 한다.
바로 이 땅으로 눌려 있던 민족의 정기를 되살리고 자존감을 되찾도록 해야 한다.

이곳에 영구 임대주택을 지어 오욕의 땅을 수많은 민초들의 힘으로 눌러줘야 한다. 국민들이 이 자리를 차지해야만 다시는 옛날의 역사를 되풀이 하지 않게 된다.

공원(빈 땅)으로 남겨두어선 안 된다. 이곳에 용적률을 가능한 한 높여 임대아파트를 지으면 임대주택 33,333채 이상을 지을 수 있을 것이다.

다시 말하지만 이 땅은 고스란히 국민들이 점령해 줘야 한다. 민초들이 임대주택에 세대를 물려가며 거주하면서 기를 눌러줘야 하는 땅이다.

더 이상 위정자들에게 맡겨 둬서는 안 되는 땅이다. 용산 땅의 역사를 보라. 그들은 지켜내지 못했다. 오로지 국민들이 대를 물려가면서 거주함으로써만 지킬 수 있는 땅이다.

그래서 되찾은 용산 미군기지 땅에는 다음 세대와 그다음 세대를 위한 영구임대주택을 용적률을 최대한 높여 많이 지어야 한다. 잃었던 민족의 정기를 살려줄 땅이기에 더 많이 짓기 위해 용적률을 최대한 끌어올려 건설해야 한다.

또한 국내 최대 규모이자 세계 최대 규모로 젊은이들의 계층 이동 사다리 삶터로 만들어 세계의 임대주택단지로의 귀감이 되도록 해야 한다.

되찾은 용산은 법을 개정해서라도 고도제한을 적당히 풀고 최대 규모의 임대아파트 단지를 지어 세계의 위정자들에게 귀감이 되도록 했으면 한다. 이제는 세계를 풍미했던 American Standard처럼 우리도 모든 분야에서 Korean Standard도 만들어낼 때가 되었다.

독일에는 서민 주거 문제 해결을 위한 뮌헨 모델(Muenchen Model)이 있는데, 시에서 보유 중인 토지를 건설사에 저렴하게 매각한 후 해당 토지에 지은 주택 일부(약 20%)를 저렴한 가격에 팔거나 임대하는 모델이다.

우리는 100% 임대주택으로 지어서 전 세계의 표준이 될 임대주택 개발의 표준을 만들어 내야 할 필요성이 있다. 전 세계에서 아파트 등 공동주택 거주 인구가 전 국민의 75%로, 제일 많은 나라가 바로 한국이다.

당연히 초대형 임대주택 아파트 단지의 탄생과 운영모델을 우리가 만들어 전 세계에 K-영구임대아파트를 스탠다드로 제시해야 한다. 오늘날 전 세계는 급속히 도시화되고 있고, 도시들은 메가로폴리스화하고 있다.

그 집중화되는 도시의 주거 형태 중 가장 효율적인 주거시스템이 바로 아파트다. 단기간에 인터넷 선 하나로 수만 가구의 IT화가 가능하다. TV 안테나도 눈 깜짝할 사이에 해결이 된다. 사회간접 자본 투자도 획기적으로 줄여주는 주거 형태이다.

전기, 수도, 도시가스, 교통시설 등을 일시에 해결하여 이른바 모여 사는 이점을 최대한 이용하는 주거시스템이자, 사람이 사회적 동물인 것을 가장 빨리 느끼게 해 주는 주거시스템이자, 주거문화다. 게다가 아파트는 일물일가의 법칙이 제법 적용되어 부동산의 동산화, 유동화를 촉진시켜 주기도 한다.

그동안 전 세계는 미국문화 미국제품 미국적 사고의 틀 속에 살아왔다. 하지만 이제는 우리나라가 한류, K-pop, K-드라마, K-영화, K-소설, K-뷰티, K-신도시 건설로 Korean Culture를 창조해 나가고 있다.

이제는 공무원들이나 대학교수, 국회의원 등이 좋아하는 다른 선진국의 사례가 없어도 새로운 것을 만들어 낼 능력도 갖췄기에 머리를 맞대어 생각하고 타국보다 앞서나가면 그들도 따라올 것이다.

세계 최대의 아파트 문화 경험이 있는 한국의 아파트 문화도 이제는 K-아파트 문화로 탄생시켜야 할 때가 되었고, 이번 용산의 초대형 임대주택 시스템으로 새로운 세계 주거문화와 주거 문제를 해결하는 능력을 보여 주어 전 세계 위정자들에게 보여줄 새로운 서민층 주거문화를 만들어 갈 기회를 잡는 것이다.

흔히들 소셜믹스라는 말을 쓴다. 하지만 소셜믹스가 중요한 게 아니다. 나라의 주인인 젊은이들이 집을 찾아 3만 리를 헤매고 있는 작금의 한국이다.

우리나라를 책임질 젊은이들이 교통, 학교, 직장이 가깝고 가장 환경이 좋은 곳에 거주할 권리를 가져야 한다. 용산이 바로 그곳이다. 이곳에 임대주택 33,333채만 지어 후손들에 물려주자.

이곳에 우리들의 젊은이들이 영원히 대물려 살 수 있도록 영구임대주택 아파트를 제공해야 한다. 7~60평까지 골고루 지어, 1인 가구부터 다가족, 나아가 2~3세대가 한 집에서 거주하던 우리의 전통문화도 되살려야 한다.

항상 남을 추종하면 영원한 2등 국가가 된다.
여기 용산에, 그동안 국민 정기를 흐리고 자존감을 잃게 했던 이 오욕의 땅에 국민들의 아파트 거주 경력 60년을 이용해서 새로운 아파트 문화 트렌드 하나를 만들어 세계에 유행시켜야 한다. 최고의 주거환경을 갖춘 곳에 세계 최대 규모의 임대주택 단지를 지을 수 있다.

기회는 찬스다.
이 기회를 놓치면 즉 이곳을 공원화하면 다시는 이런 기회를 잡을 수 없다.
왜, 못하나
왜, 안 하려고 하나
흔히 좋아하는 외국의 사례가 없어서인가?

한류가 세계를 선도하듯이 한국이 새로운 주거문화인 아파트가 제일 많은 나라이듯이, 새로운 신분 상승의 사다리가 되는 임대주택 모범 사례를 전 세계의 위정자들에게 보여 주자.

이제 새로운 주거문화의 기준이나 모범사례는 우리가 만들어가는 것이다. 임대주택과 주거방법도 Korean Standard를 만들어가야 하는 것이다.

이 땅은 243만㎡(약 74만 평)의 대규모 땅으로 여의도와 비슷한 크기이다. 서울 중심부에 위치해 있기 때문에 이곳이 개발되면 부동산 시장에 미치는 영향이 클 것으로 예상된다.

뉴욕시의 센트럴파크는 맨해튼의 중심부에 자리 잡고 있는데, 공원 면적은 약 340만㎡(약 100만 평)이다. 런던의 하이드파크는 140만㎡(약 42만 평)이다.

서울은 이미 미국 뉴욕의 센트럴파크보다 더 좋은 남산과 도봉산 북한산, 한강변 공원이 있다.
맨해튼 전체에서 나무를 볼 수 있는 곳은 센트럴파크밖에 없는데, 그에 비해 서울은 훨씬 많은 공원과 산이 이미 있다.

우리는 중국을 보고도 많이 배워야 한다.
중국의 장가계 천문산 케이블카 길이는 7.4㎞로 세계 최장이며 도심 외곽에서 출발해 1,279m를 올라간다.

서울은 찾은 외국인은 북한산 남산 도봉산 등등 산이 도심 가까이 있음을 보고 놀란다. 그러나 이 산들은 낮 시간 외에는 오를 수도 없다. 즐기지 못하고 가까이하지 못하는 그림 속의 산일뿐이다.

북한산은 사실 설악산보다도 더 좋고 더 많은 사람들이 찾을 공원으로 만들 수 있다. 밤늦게도 찾을 수 있고, 밤늦게 정상에 올라 서울의 야경을 누구나 쉽게 즐길 수 있도록 케이블카를 놓을 방안을 찾아야 한다.

등산로를 줄이거나 폐쇄하고 케이블카를 놓으면 자연은 오히려 더 잘 지켜진다. 지금 대한민국의 미래를 좌우하는 제일 큰 문제가 서민들의 주택문제다.

이것이 해결되지 않으면 출산율은 급락한다. 일을 할 직장이 가까이 있는 곳에 주택이 있어야 한다. 이제는 직장을 찾아서 사람들이 가는 세상이 아니라 기업이 인재를 찾아오는 세상임은 마곡지구 형성과정에서도 볼 수 있다.

사람으로 태어나서 평생 동안 일해도 집을 살 수 없는 세상이 되었다. 일생 동안 자기 집도 없이 떠도는 인생이라면 비참하기 그지없다. 당연히 후손들은 탄생하지도 않는다.

젊은 세대들이 꿈과 희망을 가지고 살 수 있도록 용산에는 영구임대주택만을 지어서 세대를 물려가며 살 수 있도록 해야 한다. 잃어버렸던 민족의 자존감과 정신을 되찾는 계기도 된다. 이 용산 땅에는 기념적비인 조그만 공원 하나면 족하다.

내 자식들과
그 자식들이
집 걱정 없이 살도록 영구임대주택만을 33,333채를 짓자.
되돌아온 용산 땅에 33,333채의 임대주택과 조그만 기념 공원을 함께 조성하는 방안을 생각해 봐야 한다.

물론 이것으로 주택 문제를 다 해결할 수는 없겠지만, 하나의 트렌드이자 문화로 정착시켜야 한다. 나라가 국민을 주인으로 섬기기 시작했다는 것을….

Impossible에 점 하나만 찍으면 I'm possible이 되고,
Hope is nowhere는 띄어쓰기 하나로 Hope is now here가 된다. 대한민국은 발상의 대전환이 필요하다.